Xianzheng Lilun Shiye Xia
Xiandai Zhengfu Zhidu Yanjiu

南开大学法学院
学术文存

宪政理论视野下现代政府制度研究

魏健馨◇著

人民出版社

目　　录

前　言

在当代民主宪政国家中，政府由于拥有强大的控制和配置社会资源的公共权力，在政治、经济和社会等领域内发挥着不可低估的作用，这些作用也是任何社会组织所不能替代的，但与此同时始终存在因此可能给社会带来负面影响的潜在风险。所以，多少年来在宪政理论、政治理论与实践中，人们从来没有放弃研讨的主题就是：理性设计政府制度，提升政府的积极形象，使其能够始终致力于为社会提供充分公共服务的目标，将人们对享受和谐社会生活的美好期待转变成可靠的现实。

通过运用宪政理论深入、系统地研究现代政府制度及其相关问题，阐明不断发展的宪政理论对于政府制度现代化的指导意义，在新宪政理论视野中，政府制度的构成要素应该怎样被设计。随着各国政治过程和宪政实践的不断发展、政治情境的演化、公民社会的成熟，人们更加期待适应当代政治与社会生活的相对完善的现代政府制度。特别是当社会处于转型的背景下，更加需要对构建社会秩序的基础性因素——制度（包括政府制度）给予关注，因为制度的作用不仅是基础性的，也是重要的。但是制度设计与运行中隐含着的缺陷会影响人们对和谐美好生活的合理期待，所以，就要考虑更为可靠的“社会秩序规则”，即控制着人们相互交往的制度安排。实践表明，政府制度总是面临不断现代化的过程以保持与社会的同步状态。

政府制度在国家的宪政制度体系中有着极其重要的地位。人类社会的政治经验证明，在任何一个政治系统中，政府制度是支配各种政治资源、维系政治系统稳定的主要力量。但是政府制度的积极效用并非是独立于其他制度安排之外独自运行的结果，而是不同制度之间结构性整合的结果。每一项特定的制度安排都要与其他制度安排相互链接、相互协调，共同融合在制度体系中，同时，还要受制于其他制度安排的实现程度。对于政府制度的考察是在宏观宪政体制背景下进行的，政府制度的理性设计离不开宪政理论的指导。宪政理念作为现代社会的普适性价值，对于政府制度的引导、创见，对于与政府之间关系和未来的发展趋势，以及对于人类社会制度文明的进化，无疑具有不可或缺的意义。政府、政府制度与宪政、宪政理念、宪政体制有着不解之缘，首先，宪政的滥觞和启蒙从对政府公共权力的认识和解析开始，逐渐形成关于政府和政府权力的系统的理论体系；其次，宪政理念指导政府制度的设计，判断政府制度优良的标准就是它是否忠实反映宪政价值和是否有益于宪政秩序的形成，或者说关于政府的制度安排就是宪政理念的政治实践过程；再次，宪政体制既是政府制度的运行背景，同时又制约着政府制度的发展，政府制度的实际效果取决于整个宪政体制的完善程度。所以，在人类社会已经历的宪政实践过程中，政府制度在每一个阶段的演进都是在宪政理念的指导下进行的，政府制度的实践价值就在于它能够集中地体现宪政的基本要求和价值取向。宪政理论的发展，意味着政府的成长，新的宪政理念总是给政府的进步注入驱动力量和活力。在当代宪政理念指导下，政府制度的现代化是保持其在国家制度中重要地位的必然要求。政府制度作为专门规制政府公共权力的规则体系，其重要性还在于它所调整和规范的内容涉及政府的法律定位、行政权力、政府的组织结构、政府职能部门的职权和职责、政府的运作机制和监督机制，而这一切都同公民的宪法权利、法律权利能否真正实现和获得有效保障息息相关。

笔者的基本思路和逻辑结构是这样的，在探讨有关宪政的发展线索和梳理宪政理论体系的前提下，对现代政府制度及其相关问题进行理论探讨和分析，并结合中国的实际情况提出构建现代政府制度的思路。第一章阐明现代政府制度的宪政意涵、宪政的渊源和不同的发展模式；第二章描述现代政府制度的基本理论，界定现代政府制度的内涵及特点；第三章分析现代政府制度的基本构成要素，从行政职能、行政体制、行政权力、行政程序和行政监督等方面思考现代政府制度的构成；第四章探讨中国构建现代政府制度的障碍，着重于认识和把握在目前形势下影响构建现代政府制度的主要不利因素；第五章关于中国现代政府制度的具体构想，概括实现中国政府制度现代化的建设性思路和具体途径。

任何制度都面临不断现代化的问题，现代政府制度也是如此。随着宪政理论与实践的演进，政府制度的发展与完善是必然要发生的，在构建现代政府制度上付出更多的努力也是值得的。当然，人们也不可能完全被制度塑造成为程式化的机器，因为人的心灵和智识是极为丰富的，除了基于利益的算计服从既定的制度之外，人们也会追求善、尊严与自由，具有某种道德感和对正义的维护。正是这种心灵上的自然趋动力量，制度也就具有了被不断创新的可能性，并因此充满活力。在这个意义上，现代政府制度的理论与实证研究是一个永恒的课题，值得人们为此不懈地探究，现代政府制度的生命力也正在于此。

导　论

> 人类社会是否真正需要能够通过深思熟虑和自由选择来建立一个良好的政府，还是他们永远注定要靠机遇和强力来决定他们的政治组织。
>
> ——汉密尔顿《联邦党人文集》

如果说法律是人类迄今为止影响最为深远的发明，那么宪政就是这一发明中最伟大的部分。因为至少在宪政理论和政治学领域，基于对政府客观而清醒的认识，人们一直孜孜以求的就是能够发现“一种将法律植于人之上的政制形式”（卢梭语），以保障政府行使公共权力的合法性、正当性和有效性。宪政理念为人们弥补了一直以来存在着的这个缺憾，因为它使人类通过宪法这个特定的法律部门，将政治与法律、权力和权利结合起来，使政治行为法律化，政府过程规范化，在一定程度上实现对在以往任何政治形态中都是桀骜不驯的政治权力和政治过程的有效控制，尽管宪法与宪政理论、宪政实践仍然处在不断发展与完善的状态之中。宪政理论从其诞生伊始就与政府制度紧密联结在一起。特别在人类社会经历和体验了不同政府制度之后，对于政府制度有了极其深刻的认知。正如西方早期自由主义理论的奠基人洛克等学者所概括的“政府是一种必要的恶”①，表达了一直以来人们对政府的矛盾

① ［英］洛克著：《政府论》，叶启芳、瞿菊农译，商务印书馆 1964 年版，第 101 页。

心理。人类社会需要政府，现实生活离不开政府；但同时人们又惧怕政府拥有的特殊强制力给社会生活带来困扰。所以，人们始终没有放弃对理想政府制度的探索，期望借助于审慎的制度设计在有效遏止由于政府本身拥有的公共权力而可能出现恣意妄为的同时，使政府权力能够为社会、为公众谋取最大化利益，让每一个人充分享受由政府权力带来的恩惠而非恶果。

不可否认，宪政理论与政府制度之间有密切的关联，政府制度与宪政实践也是不可分割的。潘恩在《人的权利》中曾经说过这样一句话："没有宪法之政府乃不正当之力量"，"宪法的意义与政府相同"。① 因此，宪法的目的是给政治体制规定一套"超规则"(mete-rules)，实际上就是规制政府本身的规则。宪政与政府制度之间的关系可以用立宪政治来概括，尽管立宪政治的模式是多元的，但是立宪政治已经成为当代政治发展的普遍性态势。现代政府制度与宪政的生成、发展之间的关联，及其在未来面临的挑战都是政治学理论与实证研究的重点。只有认识和解析宪政理论与宪政实践才能更好地把握政治过程和政治现实，以便设计理性的政府制度和进行有效的制度安排，最终达成宪政秩序的终极目标。

在政府制度的设计与实践过程中，通过宪政对政治习惯和政治经验的修正，充分表达宪法和法律的技巧性与人的政治理性和政治睿智的交融，这种技巧表现为宪法和法律对传统政治习惯和传统政治经验等政治现象在法律语境中的转换，使政府过程和政府体制更能够体现宪政对它的基本要求。而且，宪法、宪政对政治的反映并非直观和机械的反映，而是一个合理筛选和处理的过程，

① 张翰书著：《西洋政治思想史》，(中国台湾)商务印书馆1971年版，第61页。

即法律上的一种立法技术和司法技术。通过宪政实现对政府权力的有效控制,“最大限度地将人类的命运交到了人类自己手中”。①宪政既代表了人类规制政治生活的普遍性规则,也在一定意义上表明人们需要的政治秩序与和谐状态。所以,宪政从一开始就意味着人类试图有效控制政府权力和政府过程的一种努力,在被赋予这样伟大使命之后,对于公共权力的控制便不再是虚幻的梦想而成为一种现实的可能。

任何制度包括政府制度在内,总是处在发展与完善的动态过程之中,政府制度也是不间断的试错过程。英国著名法学家边沁在《政府片论》中曾经这样讲过:“一种制度如果不受批判就无法得到改进。”②宪政作为现代社会的普适性价值,对于政府制度的创建、指引和发展趋势,以及对人类政治文明的进化无疑是不可或缺的。

一、研究现代政府制度的目的和意义

到目前为止,人们没有停止对构建政府制度及其相关理论问题的研究。随着各国政治过程和宪政实践的不断发展、政治情境的演化、公民社会的不断成熟,人们更为期待适应当代政治与社会生活的相对完美的现代政府制度。特别是在全球化的背景下,来自于发达法治国家比较成熟的宪政实践与经验对于发展中国家的政府体制改革与政府制度建设具有一种不可抗拒的吸引力。那么,如何使曾经被证明是最为有效的政府制度的表达方式或真理

---

① [德]哈耶克著:《自由秩序原理》,邓正来译,生活·读书·新知三联书店1997年版,第375页。

② [英]边沁著:《政府论》,沈叔平等译,商务印书馆1995年版,第99页。

依然保持其对当代人们思维和观念的影响力以及对政治实践和政治过程的控制力，同时在人们现今所熟悉的政治语境中，用新观念、新语言和新概念为政府制度注入新的活力，以便为当代的政治过程和政治实践带来积极有效的影响，为人们今天所面临的问题提供直接的答案，就成为政府理论与实证研究的重点内容。除此以外，人们更为关注的是，能否使这些成熟的经验附和于中国的宪政体制之中，为中国政府制度从传统到现代的转型发挥积极的效果。对于这些问题的思考都对中国现代政府制度的建设与发展提出了更高的标准和要求。

政府问题始终是政治学理论与实证研究的核心。这首先是基于政治过程和宪政实践的善意提示，因为，当人们观察政治过程中所发生的社会生活的表象时，可以发现，这些社会生活表象在一定程度上必然反映着一个特定社会制度安排的性质，以及由制度规则与运行机制等诸多要素构成的宪政体制的重要特质。但是，到目前为止，基于对社会基本矛盾现象的担忧和焦虑，似乎使人们在对这些具体矛盾的控制手段方面投入了过多的精力，而对构建社会秩序的重要基础性因素——制度（包括政府制度）并没有给予更多的关注。事实上，经过认真考量便会发现，有些社会矛盾的产生在一定程度上可能正是由于可以归因于制度本身的瑕疵所引起的，制度设计与运行中隐含着的缺陷影响了人们对和谐美好生活的合理期待，所以制度的作用既是基础性的，也是深远的。显而易见，人们现在所面临的关键问题“不在于改变人们的意识即人们头脑中的东西，而在于改变有关真理产生的制度、政治、经济规则”①。当下，

① ［法］福柯著：《福柯集》，杜小真选编，上海远东出版社 2003 年版，第 447 页。

要获得理想中的政治文明和社会和谐效果,首先就应当考虑更为可靠的"社会秩序规则"——即控制着人们相互交往的制度安排。因为,制度是人们在政治过程中"能够加以利用的促进和谐的力量",而且透过制度体系还能够折射出制度设计者和运行者的宪政主义理想和运行制度的综合能力。

在各种制度的集合中,政府制度对实践宪政、达成宪政目标具有不可替代的作用。因为,政府是由国家制度体系和运行机制所构成的宪政体制的具体操作者和实践者,恰恰在这一点上更能凸显政府的重要作用。任何一个国家的制度安排必定要经由抽象的制度层面到具体的实践领域的外化过程。而在这个转换过程中能否忠实地反映宪政精髓,达成理性制度设计的宪政目标,取决于政府的主导性作用。

中国的社会政治生活也需要现代化的政府制度。在当代中国,20 世纪 80 年代以后对政府制度的构思直面的是全新的政治背景:国家经济体制的转型、社会利益集团的分化、价值观念的多元化以及在不同领域中都有所显现的"社会断裂"状态等诸多具体政治问题缠绕交织在一起的现实状况。在具体的政治过程中,当中央政府的一项调控措施出台以后,人们往往感受不到这种政策本身应该释放出来的控制力。对此,人们有理由怀疑:是制度设计的问题?运行机制的问题?还是制度运行中的具体情境问题?在社会转型的压力下,政府制度的构建如何才能摆脱以往计划经济体制下"政策治国"的窠臼,代之以"制度治国"的新思维,体现出政府制度所蕴涵的宪政性价值,使政府制度能够适应社会主义市场经济体制和建设社会主义法治国家的需要,可以说是对中国传统政府制度的挑战,也是对中国传统政府制度进行现代转型的强行激励。

通过对现代政府制度的理性思考，帮助人们摆脱以往关于政府制度的迷思，使现代政府制度首先体现为一种价值选择，其意义在于这种选择不能仅仅凭借科学本身，而是要通过对政府制度试错过程的历史性反思，使人们能够获得一种关于政府制度的“明智的洞见”。那么，如何从设计者的角度去构思适合于中国的、以宪政为基准的政府制度，寻找并发现政府制度的抽象理性与实践理性相对完美的结合，正是这种基于对实现宪政目标的期待，激发了人们不断思考的热情。

通过对相关的政治文献和政府理论的探讨，梳理和明晰中国现代政府制度的相关概念和理论基础。通过对政府制度的系统研究，有助于促成中国政治过程和政府制度的良性发展，丰富政治学科和公共管理学科的理论体系，拓展对当代中国政府制度议题的研究空间。研究的落脚点是运用政治学、行政学以及法学的相关理论，阐释现代中国政府制度设计的新理念和新思路，解析现代政府制度的基本构成要素及其相互关系和运行机制，深化对中国现代政府制度的理论认知和现实解析，为探求现代政府制度在观念、运行机制上创新运行的有效模式提供比较可靠的理论性依据，推动中国政府过程与政府理论的研究水平。同时，在政治实践领域，采取有效的应对措施尽可能地消解在中国政府制度和政治过程中存在着的“制度性的冷漠”。

二、研究现代政府制度的相关文献综述

政府及其相关研究作为政府发展、政府理论中的重要组成部分，历来是政治学理论与实证研究中的核心课题之一，经过多年来中国政治学者的潜心研究，已经形成了当代政府制度的基本理论

体系,包括广义政府与狭义政府的界定、政府过程的描述和政府体制的分析。特别是在当前中国正在进行经济体制改革与政治体制改革的背景下,政府制度的研究更加切合中国政治发展的需要,学者们纷纷从各自的研究偏好和学术立场出发选择不同的角度进行探讨,其中既有对宏观政治体制与行政体制改革的预期,也有立足于微观层面对政府组织、政府体制、政府职能、政府过程等方面的分析,这些已有的研究成果既代表目前中国政治学领域关于政府及其政府制度理论体系的学术研究现状和水平,也表明改革开放以来政府理论研究的极大丰富和迅速发展。同时为所确定的现代政府制度这一研究主题,奠定了丰厚的理论基础并具有重要的参考价值和指导意义。

笔者仅就国内外政治学领域与现代政府制度相关的理论研究作以下综合性分析。

(一)中国政府制度热点问题研究

到目前为止,中国政治学理论界对政府制度的改革与创新较为关注,也取得了相应的成果。尽管大多数学者并没有直接使用现代政府制度这一名词,但是研究成果基本都是围绕着如何构建现代政府制度的具体内容展开的,为现代政府制度的研究提供了很好的思路和启发。现将学者们的主要观点概括如下。

1. 建立现代政府制度是国内外现实发展的需要

在当前国际国内形势下,学者们充分认识到建设现代政府制度的重要性和现实性。社会发展的需求是各国政府改革的动力,中国政府改革的驱动力量则来自于国内外形势的压力和对外部环境变迁的回应。在宏观方面,学者们注意到了全球化背景对政府制度的影响,认为政府制度的改革是中国参与国际社会国家之间经济竞争的需要。[1] 大多数学者对当下所处的国际环境并不轻松和乐观,看到了世界政治与经济格局剧烈变动的特殊发展时期国际政治环境的基本特点,如人所共知,经济全球化进程进一步加快,国际经济竞争异常激烈,国际市场风云变幻莫测,国际政治关系扑朔迷离。在现行国际法律规范体系中,最具代表性的世界贸易组织的法律规则,法学界的学者大都认为其在性质上不单纯是国际经济法律问题,而是宪法行政法的问题,因为它是直接约束成员国政府的规则,要求政府履行市场准入和增强透明度等一系列国际义务以维护有序的国际市场环境。在这个背景下,只有国家的政府制度相对完善,政治管理规范,投资成本低,办事效率高,服务环境好,才能吸引更多的国际资金、技术和人才,实现民族经济的大发展,提升国家的综合国力和在国际事务中的话语权威。这种外部环境使各国充分认识到,国家之间的竞争实际上就是政府综合素质和管理能力的竞争。全世界都在重新考虑政府的改革与发展,以及如何建立一个与变化着的时代相适应的新政府体系,使政府更具能力、更具有效性,成为社会发展的积极推动力量,这是各国政府面临的共同任务和挑战。[2]

在国内方面,学者们普遍认为,中国正处在历史性的转折过程中,整个社会结构正在发生一系列新的变化:治国理论指导思想的变化、经济体制的变化、社会形态的变化、政治体制的变化,社会矛

① 黄维民:《论全球化背景下我国政府职能转变的特点》,载《西北大学学报(哲学社会科学版)》2004 年第 5 期。

② 张成福:《变革时代的中国政府改革与创新》,载《中国人民大学学报》2008 年第 5 期。

盾和问题空前增多等。① 相形之下，政府部门在管理理念、职能确定、权力配置、政策法规等方面，与市场经济的要求不相符，与国际社会发展的趋势不吻合。许多研究发展行政的学者认为，中国目前发展的主要障碍在于行政的因素而非经济的因素。② 有的学者强调当务之急就是要通过创立“新观念、新制度、新技术和新方法”③来“改造政府”。经济改革的中心环节是政府改革，而不是其他。学者们认为，中国如要实现社会进步，就必须进行改革，不仅是经济改革，还需要政治改革和社会改革，但在总体上，中国的改革与进步依赖于政府的改革与进步。④ 政府改革和政府制度创新的成效，决定着经济体制改革的成败。

综合上述学者的理论，可以明确一点，建设现代政府制度是国内外政治、经济和社会因素影响和推动的结果，其中国际化、市场化、社会化、法治化和民主化是促进中国政府制度进行全面改革的主要驱动力量，政府改革意味着对建立现代政府制度的建设性思考。

2. 政府制度改革的价值取向是宪政理念指导下的以人为本原则

理念的指导作用是不容忽视的，不同理念导致不同的制度安排路径，不同的制度规则设计，收获不同的制度效果。在政府改革与创新的理念上，学者们的立场是高度一致的，即以宪政理论中的

---

① 许晓红：《行政体制改革与构建和谐社会的突破口》，载《管理学研究》2008年第7期。

② 张成福：《变革时代的中国政府改革与创新》，载《中国人民大学学报》2008年第5期。

③ 郑瑜怡：《浅议政府创新的目标及途径》，载《湖北大学成人教育学院学报》2007年第1期。

④ 谢庆奎：《论政府创新》，载《吉林大学社会科学学报》2005年第1期。

人民主权为最高原则。宪政理论作为控制政府权力的理论与政府、公共权力紧密相连。中国的政府改革和创新应该以宪政理论为指导,建立以公民权利为基础,体现公共权力是基于人民的授权,并将公共权力置于全体公民有效监督之下的现代政府制度。现代政府制度建立的过程就是从宪政理念——政府制度安排——政府实践的过程,在价值取向上体现为“以人为本”原则,①并通过法治政府和公共服务型政府的定位加以实现。

以人为本是在人民主权原则指导下首先充分肯定人民的主权者地位,以人民为本位,以人民利益为本位,真正“让人民当家作主”,“让每一个人都得到全面的发展”。② 政府制度是人民根本的、长远的和整体的利益得以实现和维护的重要保障,也是政府制度创新和发展的重要价值取向。③ “作为一个整体范畴,政府转型不是简单地对现有政府管理体制的修补,也不是一般性地调整政府职能,而是建立一个与经济转型、社会转型相适应的,以人为本的现代政府模式。”④

在对政府制度改革中涉及未来政府的定位问题上,政治学界学者一般认为建立法治政府和服务型政府是对以人为本原则的具体实践。在法治政府方面,政治权力的合法性基础是政治权力的获得和运作必须遵循宪政制度;政治权力的有效性基础就是政治

---

① 南开大学周恩来政府管理学院课题组:《公共服务型政府建设问题研究分析》,载《南开学报(哲学社会科学版)》2005 年第 5 期。

② 温家宝:《第十届全国人大五次会议记者招待会答记者问》,载《光明日报》2007 年 3 月 7 日。

③ 沈大涛:《政府制度创新的价值分析》,载《山东省青年管理干部学院学报》2007 年第 11 期。

④ 迟福林:《“政府转型”——一场深刻的“革命”》,载《经济观察报》2003 年 12 月 27 日。

权力必须使人民的利益获得充分的实现，表明公共权力的出发点和归宿都是以人民为依归的基本精神。随着人民主权观念的深入，遵循宪政制度已经成为政治权力合法性的根本性基础。法治政府就是要求政府严格遵守尊重公民自由和权利的法律，政府所遵守的法律必须符合近代人权标准，能够促进全体公民的经济权利和社会权利。① 按照法治原则运行的政府，政府在法律之下，受法律的严格约束，还要依法行政。在法学界学者们的认识中，公共权力意味着程序性和实体性双重合法性标准，尤其强调正当法律程序的宪政价值，使公共权力的合法性基础显现得更为充分。以人为本原则将政府限定在政府代表公共利益的宪政制度框架的既定体系之中。②

在服务型政府方面，学者们对服务型政府问题的研究构成了完整的体系，在服务型政府的概念、价值取向、目标选择、政府规划和实践操作上基本上取得广泛共识和丰硕成果。受西方20世纪80年代以来行政改革的影响，政府创新的发展方向是市场化、社会化和法治化。中国政府制度改革的方向是转变政府职能，重新规划政府角色。一部分学者在总结了西方公共管理改革的经验后，将政府定位为服务型政府。对服务型政府的目标、实现途径和手段进行了富有针对性的探讨，认为21世纪世界性趋势就是服务精神成为行政领导的本质，是政府行政的灵魂。③ 学者认为将政府公共权力的运行目标确定为政府通过公共行政管理手段实现最

---

① 王名扬著：《英国行政法》，中国政法大学出版社1987年版，第11、12页。

② 任剑涛、王伟：《政府与公共利益：代表还是代替》，载《学术研究》2007年第10期。

③ 南开大学周恩来政府管理学院课题组：《公共服务型政府建设问题研究分析》，载《南开学报（哲学社会科学版）》2005年第5期。

大化的公共利益,是对以人为本原则的忠实体现。

以宪政理念指导政府制度改革的意义在于,首先使政府的合法性基础得到充分的确认,将宪政理论中的抽象原则转化为具体的可操作性的规则加以适用,使宪政理念成为活着的政治现实,在终极目标和价值选择上体现出政府的人民性,为政府确立政治伦理的基点、行政的价值坐标。而且立足于宪政的高度,有助于形成理性认识和行动的自觉。作为人类的政治理想和制度安排,宪政价值决定和支配着任何一种公权力的存在与行使,政府机构改革亦在其关照范围之内。

3. 政府制度改革的路径是制度变革和制度创新

在政府改革和创新改什么、创新什么的问题上,学者们进行了审慎的分析和探讨,认为政府改革和创新的对象针对的是政府制度本身,人们意识到在建设社会主义法治国家大背景下制度建设的重要性。“改革开放,不仅使中国迈上了正确的社会主义发展道路,而且使中国在现代民族国家的基础上,真正开始了以现代制度为核心的现代国家建设……中国社会发展的现实以及现代国家成长的逻辑,决定了制度建设将是现在以及未来中国国家成长的重要内容,同时也是国家成长的重要推动力量。”①因为,在所有的因素中,“制度是决定因素”,制度问题“更带有根本性、全局性、稳定性和长期性。”“制度好可以使坏人不能任意横行,制度不好可以使好人无法充分做好事。”“我们过去发生的各种错误,固然与某些领导人的思想、作风有关,但是组织制度、工作制度方面的问

① 《制度建设与国家成长(复旦政治学评论)》(第2辑),上海辞书出版社2003年版,第3页。

题更重要。”①所以,政府改革和创新必须首先从制度上开始着手。学者们认同政府改革的具体路径是进行现代化的制度建设,认识到制度的现实意义。有的学者提出,建设现代政府制度首先要进行制度学习,它可以使中国从封闭走向开放;与人类文明的发展一体化;确立现代化发展所需要的现代国家制度体系。② 有的学者明确指出在进一步深化政府行政改革的过程中创建有中国特色的现代政府制度,③还有的学者对提出现代政府制度的意义进行了探讨,认为现代企业制度、民主政治和法治的完善,要求调整政府在整个社会生活中的角色,重构政府与社会之间的关系模式,并且在新的关系模式的再造中实现政府的现代化管理,建立起现代政府制度。④ 有的学者在论述“政府制度创新”时提到建设现代政府制度的问题,肯定在社会主义市场经济体制下政府制度创新是必需的。对政府制度的内涵学者们则各有侧重,有的学者认为,政府制度主要是指行政体制,指管理国家行政事务的政府机关的设立、职权的划分与运行等各种制度的总称。中国人民大学毛寿龙教授的制度分析 IAPP 理论从三个方面把握政府制度,即事实部分,人类社会存在着各种形式的行为规则,其各种各样的表现形式;价值部分,人类社会的行为规则本身包含着一些价值判断;逻辑部分,是人们对特定规则有着特定的理论逻辑,如立宪规则、政治规则等。在构建现代政府制度的核心内容方面比较一致的看法是,实

---

① 《邓小平文选》第二卷,人民出版社 1994 年版,第 333 页。

② 林尚立:《中国发展的新议程:政府改革与创新型国家建设》,载《毛泽东邓小平理论研究》2006 年第 9 期。

③ 乔耀章:《政府行政改革与现代政府制度》,载《管理世界》2003 年第 2 期。

④ 沈亚平:《现代政府制度:行政发展研究的新视角》,载《中国行政管理》2008 年第 5 期。

现政府制度的宪政、高效、廉洁、公正目标。

西方的重塑政府理论认为,政府必须具有创造性和使命感,要否定传统的官僚制,改变传统的官僚习气,使政府成为适应社会变迁、讲究实效的有效政府。这就要求民族国家国内有一个适宜的政治环境和法律环境,与此相适应的"政府制度性变迁"①成为各国政府的普遍性选择。不论是在外国还是在中国,改革家、政治家和学者们的强烈愿望就是希望通过改革寻找符合现代社会要求的新的制度安排,以取代背负着过多传统包袱的旧制度安排。② 只有通过有效与合理的制度安排,形成一条有效的制度路径,③才能更好地推动社会发展。所以,制度创新在社会的物质文明和精神文明的双向互动和协调发展中处于关键的中介与支配地位,没有不断的制度创新,则任何社会的全面和持续发展都是不可能的。④此外,学者们强调还要关注整体制度环境,就是用来"建立生产、交换与分配基础的基本的政治、社会和法律基础规则的综合,其中,宪法秩序、法律规范、意识形态等,既是制度创新的对象,又是制度创新的重要制约条件"⑤。因为制度框架决定个体的选择能力和选择方向,引导经济活动的激励机制,确定社会福利与收入分配的基础,政府制度创新既是对制度的变革、发展和完善,也是对

---

① 谢庆奎:《论政府创新》,载《吉林大学社会科学学报》2005 年第 1 期。

② 高秦伟:《政府制度演变理论:引入性思考》,载《武汉大学学报(社科版)》2003 年第 5 期。

③ 林尚立:《中国发展的新议程:政府改革与创新型国家建设》,载《毛泽东邓小平理论研究》2006 年第 9 期。

④ 王忠武:《制度创新论纲》,载《文史哲》1995 年第 4 期。

⑤ 刘靖华、姜宪利著:《中国政府管理创新总论》,中国社会科学出版社 2004 年版,第 105 页。

整个制度环境的优化。①

在政府制度改革和创新的具体方案上，学者呼吁政府部门积极实行机构精简、实现管理方式从微观到宏观、直接管理到间接管理的转变。经济学家吴敬琏在《建设一个公开透明可问责的服务型政府》中指出，深化行政管理体制、转变政府职能。学者们认为在政府制度建设的具体内容上涉及政府分级管理、分级定位的问题，在政府职能、政府体制、政府行为和公务员的职业操守等方面的制度改革与创新上都有深入的研究和分析，提出了具有建设性意义的主张。总体目标就是建立适合社会发展要求的有效治理体系，最终推动社会的发展与繁荣。政府在改革中的双重角色，既是改革的领导者和推动者，也是改革的对象和被改革者。随着行政生态演进速度加快，要求政府管理活动不仅要有较强的适应能力，还要在动态环境下，有效处置庞杂公共问题和突发公共安全事件的创新能力，是政府为积极适应各种变化，全面提高工作效率，在管理、服务和机制上实行创新。学者们清楚地看到，中国的政府制度改革是一个非常复杂的系统工程，内容广泛，涉及许多政治关系的调整。现代政府制度建设不是政府管理某一方面、某一领域制度建设的现代化，而是整个政府的体制、组织、职能、机制和程序等制度的现代化。②

尽管相关的理论研究发展迅速，取得的成果也比较多，但是，中国政府制度的改革在目前阶段还存在着薄弱环节和研究的空白

---

① 沈大涛：《政府制度创新的价值分析》，载《山东省青年管理干部学院学报》2007 年第 11 期。

② 沈亚平、舒博：《当代中国行政发展：逻辑的与历史的统一》，载《南开学报（哲学社会科学版）》2008 年第 5 期。

点，缺乏系统、科学和规范的理论准备，①特别是关于现代政府制度，中国公共行政学界提及得很少，相关文献也很少见，中共十七大报告提出，要抓紧制定行政管理体制改革的总体方案，表明国家发展需要一个整合各公共行政领域改革的总体性计划，政府改革所要求的不是某一部分、某一方面的现代化，而是政府的整体性现代化，因此，需要从根本性方面——即从政府制度入手作更深入、系统的思考和研究。上述材料可以充分证明，现代政府制度已经进入学者们的研究视野。

（二）中国政府制度基础理论研究

现代政府制度的建设以政府制度的基础理论研究为前提，政府制度的基础理论研究状况决定着现代政府制度的进一步发展与完善。中国政治学界对政府制度的基础理论研究功底深厚，成果斐然，以各知名高校的学术研究团队为依托，在体现各自学术研究特色的基础上，形成了中国政治学研究中与中国具体实践紧密结合的政府制度理论体系和研究格局，综合已有的研究成果，学者们的学术视角主要集中在政府体制和政府制度的研究上。

1. 政府体制的理论研究

政府体制的内涵表述的是构成政府的立法、行政、司法等几个组成部门的权力划分、机构设置、结构方式及相互关系的综合。②在政府体系中，政府的组织体系及其功能通过制度化的形式构成

① 南开大学周恩来政府管理学院课题组：《公共服务型政府建设问题研究分析》，载《南开学报（哲学社会科学版）》2005 年第 5 期。

② 谢庆奎著：《政府学概论》，中国社会科学出版社 2005 年版，第 32 页。

了政府体制。[①] 所谓“分权型政府”和“民主型政府”就是从政府体制上对政府形象的生动描述。在政治学领域，以政府体制为主题的学术专著非常丰富，大家各有侧重，有的学者注重挖掘基础理论的深度，探讨政府的性质、政府模式、政府价值、合法性和政府发展等问题，论述政府在社会生活中的地位和作用，政府与各种社会组织之间的关系，政府内部各级组织和机构相互之间的关系，以及在此基础之上形成的规范的政府政治方式，政府体制的特点和运行机制，尤其突出对中国政府动态结构模式的研究。[②] 有的学者紧密结合当前改革趋势，对政府体制中的具体政治问题进行实证分析和研究，诸如人大体制改革、行政体制改革、司法体制改革、公务员制度和乡镇政府管理体制等，[③]与中国正在进行的政治体制改革和行政体制改革相呼应。还有的学者专注于在整体改革背景下地方政府体制模式的研究，地方政府制度作为国家政治制度的重要组成部分，与中央政府和微观主体三者之间良性互动的制度环境，当前形势下地方政府体制创新的根本动因、制度结构和路径依赖等，[④]充分肯定了宏观宪政体制架构下地方政府的地位和作用。[⑤] 还有学者从比较的角度分析政府体制问题，在西方由议会民主制发展到行政集权民主制，并以共同参与民主制作为补充的

① 张陈尧著：《当代中国政府体制》，上海交通大学出版社 2005 年版，第 7 页。

② 参见谢庆奎著：《中国政府体制》，中国广播电视出版社 1998 年版。

③ 参见谢宝富著：《中国当代政府体制论略》，北京大学出版社 2005 年版。

④ 参见傅大友著：《行政改革与制度创新：地方政府改革的制度分析》，上海三联书店 2004 年版。

⑤ 参见魏红英著：《宪政架构下的地方政府模式研究》，中国社会科学出版社 2006 年版。

过程中,[①]看到了政府体制创新是一个世界性的问题,20 世纪 90 年代以后西方国家开始政府治理方面的创新,提示中国政府体制创新要重视细节技术。[②]

上述关于政府体制的理论研究成果表明,政治学者既注重基础理论的研究,不断挖掘理论的深度,同时紧密联系政治发展的现实,为政府体制创新和改革提供建设性意见。

2. 现代政府理论研究

政府理论是政治学的核心内容,政府又是政府理论的核心,现代政府制度的构建必须建立在对政府的充分认识基础之上。政治学领域关于政府的理论研究一般以宏观的政府制度、政策为主要研究对象,20 世纪 80 年代以后将中国的政府制度改革、重大政治问题纳入研究的范畴,体现宏大的政治关怀。其研究特点可以概括为以下几个方面。

第一,政府理论的基础研究厚重,特点突出。有的学者以“政府职能”、“政府机构”、“政府体制”和“政府过程”四个重要范畴为基础,提出现代政府理论的“四维分析框架”,以此介绍和论证政府的概念、政府的产生和发展历程、现代政府的主要特征、政府与宪法、政府的合法性;政府的职能比较、政府的功能和职责、“政府失灵”现象;政府机构、政府官员与政府编制、政府的非基本要素、政府的组织;政府体制的组织原则、中国和西方代表性国家的政府体制;政府过程的主要环节、政府周期与公共政策调整、政府更迭、政府规制、政府经济行为;政府与政党的关系,政府发展的理

---

① 参见曹沛霖、徐宗士著:《比较政府体制》,复旦大学出版社 1993 年版。

② 毛寿龙:《政府体制创新要重视技术细节》,载《中国党政干部论坛》2008 年第 7 期。

论与实践等问题。全面、系统地分析现代政府现象和现代政府理论体系,以及由政府所衍生、延伸出的各种政治关系和政治问题。将政府置于广阔的社会生活中,全面考察包括行政机关在内的各个政府机构的活动,以建设公共服务型政府为目标,关注当代中国政府的发展问题。①

第二,在政府制度的理论研究注重引进西方的政治学理论和经验,进行比较和借鉴。在政府结构和政府职能研究中,有宏观的理论演绎,静态的法理性分析和描述,将西方政府制度研究中的学术语言和资源,如"公共选择理论"②、"治理与善治理论"③和"市民社会理论"④等纳入中国政府制度理论研究体系中,以体现与世界政治发展趋势的接轨,提升中国政府制度理论研究的规范性和学理性。⑤

第三,研究政府的角度从宏观到微观,再到中观,注重动态意义上的政府过程研究。在相关的理论分析中,任何政府都不仅是一个体系,而且是一个过程。在现代社会条件下,政府体系是依法设立的,政府过程是依法运行的,但由于政府运行过程中的开放性和持续性,多方面因素对政府过程的参与,政府的实际运行过程都会在一定程度上"偏离"法律对它的规定性。基于政府运作中出现的"偏离"假设以及偏离的规律性,从大政府的视角剖析政府的

---

① 参见朱光磊著:《现代政府理论》,高等教育出版社 2006 年版。

② 参见陈振明:《公共选择理论与当代政治学研究》,载《思想理论教育导刊》1997 年第 4 期。

③ 参见俞可平著:《治理与善治》,社会科学文献出版社 2000 年版。

④ 参见邓正来、景跃进著:《构建中国的市民社会》,中国政法大学出版社 2002 年版。

⑤ 参见贺东航:《当前中国政治学研究的困境与新视野》,载《探索》2007 年第 3 期。

权力构成、意见表达、意见综合、决策、决策的执行，以及信息传输与监督反馈的过程机制；同时分析了政府运行所面临的外部环境，以及政府不同层级之间的运作机制。① 政府理论与政府制度的动态视角，以及政府过程与既有规则之间的关系，对于人们应该如何从制度层面避免政府运行过程中的偏离都有很好的提示。

3. 社会转型与政府制度的研究

政府制度的理论与实证研究不能脱离中国的社会发展现实，社会转型背景下的政府发展研究也是政治学理论与实证研究的重点。中国社会主义市场经济的建立，不仅是经济体制或经济发展模式的转变，且由于经济的基础性地位，它必将引起整个社会生活即人们的社会活动方式的巨变。在这种巨变中，中国的社会结构也将得到根本性的改造，这就是社会转型。② 学者认识到，社会转型带来了中国社会结构的根本性变化，社会转型的实质是社会结构的变迁，造就新的社会结构、新的社会组织和功能以及新的社会生活方式，而且也会开始新的政府与社会关系的模式。因此，必须立足于在社会转型背景下研究行政关系、政府职能、行政机构改革以及政府能力的发展。任何国家的政府都要履行政治统治、社会管理和公共服务的职能，决定了政府与社会有着千丝万缕的联系。在人类历史发展的不同时期，政府和社会的关系具有不同的特点。正是基于社会转型的现实，对政府及其政府制度提出了新的要求。在社会主义市场经济体制下，政府的职能体系、管理体制、管理模式和管理方式等政府制度中的具体内容，应该如何及时地进行调整和变革，即通过政府自身的适应性转型来适应社会的现实需要

① 参见朱光磊著：《当代中国政府过程》，天津人民出版社 2002 年版。

② 参见陈晏清主编：《当代中国社会转型论》，山西教育出版社 1998 年版。

就成为一个非常现实的课题。①

综合目前有关政府的研究成果，可以发现中国理论界对于当代政府理论研究的一些基本特点：第一，政治学的理论研究对象以广义政府为主，在关于政府的论文中，则以中国宏观的政治体制改革为背景，主要讨论的是政府行政体制改革，涉及政府的行政职能、行政组织、行政体制和行政程序等具体内容。第二，在研究方法上，理论分析与实证分析相结合，特别注重实证分析，结合中国政府过程的实际运行状况，强调对政府过程中具体环节的观察和分析，对政府实践具有指导意义。第三，在研究内容上，广泛涉及政府制度的各个不同方面，权力配置与权力之间的关系，政府的功能和政府的职责，政府的机构和组成人员，政府的体制，政府的决策与监督机制等，都有深入的研究、分析和对比。笔者认为，将政府制度的理论和实证研究与宪政理论结合的选题具有一定开创性意义，有助于开拓政府理论研究的视野和理论研究的空间，也为法学与政治学研究政府制度提供一个共同的课题。

（三）外国政府制度理论研究综合评析

政府制度的现代化是世界性议题，国外政府制度的理论研究有悠久的传统和历史，其政府制度的理论变迁是在复杂的社会背景下，在继承本国政治传统的基础上发生的，并不断显现政府制度的现代性和创新性。但也有学者评价西方对改革的政治学研究无论从理论还是实践上都相对处于“不发达”阶段。

在时间顺序上，20 世纪 30 年代，西方的政府制度理论以“有限政府”为主轴，美国的思想家亨利·戴维·梭罗在《论公民的不

---

① 参见沈亚平等著：《社会转型与行政发展》，南开大学出版社 2005 年版。

服从》一书中对此甚至有比较激进的表达，人们都说最好的政府是管事最少的政府，其实还应该彻底一点，最好的政府是根本不管事的政府。足以证明当时占据人们头脑的主流价值观念。在美国，20世纪30年代中期和60年代，欧洲则是在40年代开始，随着政府经济职能和社会职能的扩张，西方国家开始着手"福利国家"的努力，这时的政府制度理论以"全能政府"占据优位。进入70年代，世界环境发生了重大变化，以环境保护和科技发展为代表的新公共政策领域出现；日本经济的发展给欧美国家带来的巨大压力；石油危机达到新的顶点；西方国家经济发展的不稳定、社会结构中中产阶级的壮大等，使政府面临双重发展困境，一方面是政府职能和责任的加重，另一方面是财政危机导致的管理危机和信任危机，"促使人们重新认识有限政府的意义和全能政府的弊端"。[①] 从20世纪80年代至今，西方国家经历了国家分权化、私有化、公司化、放松管制与重新管制和招标、投标制度的建立等广泛而全面的改革，西方学者将其概括为"新公共管理运动"（NPM）。[②]

在总体上，近期西方政治学研究的状况和成果呈现多主题、多中心的态势，以世界经济政治格局的变迁和多边关系的调整为主轴，以现代性问题及其危机的反思和对策为切入，激活传统的理论资源和发掘新的论述话语。人们不再纠缠在行为主义、制度主义的区别，而注重政府制度研究的战略咨议和政策分析，[③]特别是在

① 参见詹福满著：《有限政府论》，中国人民大学出版社2005年版。

② Hood, C. Contemporary Public Management: A New Global Paradigm. Public Policy and Administration, 1990. Vol 10, pp. 104-117.

③ 王利：《近期西方政治学研究的三个特点》，载《中国社会科学院报》2009年第1期。

本国的社会发展现实情境中，考虑政府能力即政府能否成功地适应环境挑战的程度，①以及考虑政府制度的实际效用问题。在改革已经成为政治发展变革的主要路径，相应理论的发展和实证研究则更具有现实意义。从20世纪80年代以来，政府制度的理论以建立有效政府体系，支持、促进社会的发展、繁荣和进步为主旨。在此期间，一些与现代政府制度相关的新语汇，“重塑政府”（reinventing government）、“重建政府”（rebuilding government）、“制度变迁”（institutional change）、“制度转型”（institutional tranformation）、“制度的重新安排”（rearranging institutions）、“制度再造”（remaking institutions）、“制度创新”（institutional innovation）、“制度的重新发现”（rediscovering institutions）等纷纷涌现。学者将焦点集中在政府制度的现代化建设上，因为实际情况表明当资本主义的自由民主制度形成后，根本性的政治制度就不再是制度变迁的内生因素，而制度安排就成为研究经济增长的主要原因。②挖掘政府制度的实际应用价值始终是西方学者进行理论研究的基本出发点。

在微观上，当代西方政治学领域对于政府制度的研究主要集中在国家现代化过程中的目标选择和路径选择上：即经济现代化、社会公平和正义、政治参与和民主化。而且通过理论分析认识到这些目标之间是有背离的，所以对于改革者和实践者来说，重要的是如何在改革的阶段中更好地处理这些背离的关系，以最小的社

---

① Gabriel A. Almond and G. Bingnam Powell, Jr., Comparative Politics: A Development Approach, Brown & Co., 1966, p.29.

② L. Davis, D. north. Insititutional Change and American Economic Growth: A First Step Toward a Theory of Institutional Innovation. Journal of Economic History. 30, 1979.

会代价完成最多的社会和政治改革目标。① 在政府制度的价值取向上确定为"市场化",并在实践中萌发了"市场模式"(Market Model),与"参与模式"(Participation Model)和"弹性化政府模式"(Flexible Government Model)、"解制政府模式"(Deregulating Government Model)成为政府制度改革的主导模式。正如有的学者所言,质量和公众满意度是21世纪政府公共服务的主题。② 但是,围绕着政府职能进行"市场化"的改革,也有学者对此持批判态度,担心因为这种市场化会忽略公共行政源于民主政治理念的"公共"本质。③ 西方政府制度的主要创新点集中在政府组织内的制度,即"公共制度"部分,包括政府的组织结构、行为方式、权力界定与治理工具等规则安排,以公务员制度和人事制度方面的建设为主。因为,人事制度在现代政府制度中具有基础性作用,它的设计优劣直接影响到公务员的素质和能力的提升,良好的人事制度便于选拔优秀人才,激励潜能,活化人力,成为国家发展的推动力。对于西方学者在这方面的研究还可以作后续追踪,及时跟进,掌握新的动态,以便借鉴和学习。

在对上述这些已有的研究成果进行梳理的过程中,笔者有所心得,在民主法治社会,任何一项制度,作为意志和观念的表达,最终都是要借助于法律的形式转化为具体的过程。在制度的背后总是隐含着强大的思想运动,制度与宪政思想、宪政体制密切相关,

---

① 朱毓朝著:《革命与改革:对社会、政治变革的研究》,载华世平主编:《政治学》,中国人民大学出版社2007年版。

② Pierre Morgenrood. Partnership for Public Service. Public Sector Highlights, 2004(2).

③ Waldo D. The Administrative State, Holmes and Meier Publishers, 1984, pp. 159-191.

因此,政府制度与宪政、与法律是不可分割的,现代政府制度的构建不可能脱离宪政体制的框架而存在,透过宪政体制,可以为人们提供更为可靠的分析视角,也为现代政府制度的建设提供一个良好的制度环境。就目前法学理论研究的现状而言,宪政在公法领域几乎已经形成了专门的主题,并正在形成相对完整的理论体系。同时,中国的现行宪法文本在经过了2004年的又一次修正后,明确提出了建设社会主义法治国家的发展目标,这就为中国构建现代政府制度从根本法的角度设定了最高法律依据,即现代政府制度应该是在既定的宪政制度框架内的具体制度表达和制度安排,是实践宪政和法治的必然要求和结果。

三、研究现代政府制度的思路、途径及方法

现代政府制度的研究宗旨在于通过深入分析和探讨现代政府制度的构建与理论,使政府制度能够适应当代的社会发展与公民权利保障的基本要求。此外,立足于中国的政治实践和政府过程。一方面,中国在1999年的宪法修正案中确定了建设社会主义法治国家的纲领性规范,其目标就是要实践宪政。那么,如何在宪政体制的宏观制度背景下设计现代政府制度,使中国的政治文明与政治实践进入到一个“更美好的境界”,就成为中国政治理论研究中具有实践性价值的课题。另一方面,中国正在经历社会转型,其中政治体制和行政体制的改革直接关涉中国现代政府制度的设计思路以及未来的发展方向。在这个过程中,如何通过对具有普适性的宪政理论对现代政府制度及其相关理论问题进行理性分析与借鉴,建立适合中国国情、能够促进中国社会发展的现代政府制度就是一个现实的课题,现代政府制度的确立对中国经济体制改革的

深化、建立与社会主义市场经济体制相适应的政治体制具有实践意义。

对此，作以下几点说明，以进一步明晰理论与实证研究的思路、途径和方法。

第一，现代政府制度并非意味着它是一种最完美的制度。在此，笔者首先想要阐明的一个基本观点是，所谓现代政府制度并不等于就是最完美的政府制度，以明确想要探寻的不是一个“尽善尽美”的现代政府制度，因为在这个世界上原本就不可能存在着“尽善尽美”的事物和状态。所谓“现代”的规定含义其实要构想的是适合中国社会发展实际情况的政府制度，这样一种现代政府制度被描述为——即有利于人们共同社会生活的和谐，并使置身于其中的每一个人享受由此带来的秩序与正义的结果。因此，确立现代政府制度的使命是在对公共权力实施有效控制的过程中，寻求更高程度的政治文明和社会秩序状态。现代政府制度作为保障社会生活、公民自由和财产的制度，引导人们进入一个相对理想化的境界，使得个人的努力能够很好地促进公共利益的总体增长，同时由它带给人们的不便应该是最小的，也是最可原谅的。

第二，现代政府制度的“现代性”是要突出当代中国政治实践与社会转型的时代特点。着重强调现代政府制度的现代性特质，表明这种政府制度当然与人们以往所经历过的传统政府制度有所区别。原因在于确立现代政府制度面临的是全新的社会环境和政治背景，要解决的也是与往日全然不同的社会问题。特别是对于正处在社会转型阶段的中国，政府制度面临的是从传统到现代、从封闭到开放、从民族国家到全球化的若干新问题，而且都是从来没有经历过的问题。现代政府制度的现代性就体现为，那些曾经被证明是最为有益的政治传统与经验应该在人们所熟悉的语境中进行,并能够为解决今天人们所面临的问题提供直接的答案。所谓现代政府制度,不是对西方国家在现代政府制度研究与实践领域中某些成就的单纯模仿,并以此作为所谓现代性的标志,这应该是进行现代政府制度研究所秉持的基本原则和立场。

第三,本书中所提及现代政府制度中的“政府”在论述的过程中属于狭义政府的内涵——仅指掌握和行使国家行政权力的政府机构及其体系。现代政府制度中的主要研究对象是狭义的政府,而不是通常意义上广义政府的概念。因为,狭义政府作为一国公共强制力中具有执行、管理和协调功能的机构,是国家宪法和法律制度所确立的宪政体制的具体运行者;政府所掌控的行政权与立法权、司法权相比有着极为独特的属性和品质。通过对中国政治过程的考察,公共权力的运行效果和公信力主要是取决于狭义政府的所作所为。特别是在当代,随着社会生活的日益复杂,中国同样面临行政权力、行政机构膨胀和行政腐败的现实境况。如何在宪政体制下规制行政权力,并尽最大的可能发挥行政权管理社会、服务社会的积极效应,是思考现代政府制度的一个基本出发点,只有立足于此进行深入的探讨,才能够获得有价值的研究成果。

现代政府制度的研究方法集合了规范研究、实证研究、比较研究和历史研究等多种研究方法,借助于这些研究方法的综合运用,进行充分的论证,以保证研究成果的可靠性。

(1)规范研究与实证研究相结合的方法。在人文社会科学的研究方法中,制度分析的起点本身就具备价值判断或规范分析的性质,所以采用传统的规范研究方法,更好地阐明制度本身的特性。制度是关于规则的体系,制度与法律密切相关,现代政府制度表明,人类在长期的政治实践过程中,通过不断地探索逐渐掌握了借助于法律对政府及其公共权力进行有效控制的手段,并将政府及政府行为纳入法治化的轨道,展示了人类社会的政治文明。通过对与政府制度相关的法律规范的研究,可以使人们充分地认识到政府制度本身的价值,以及在未来的发展中如何更好地完善政府制度体系,规制政府并发挥政府的积极作用。同时还要看到,对与政府制度建设相关问题的分析也必须是实证的,对政府在实践中的组织结构、体制模式、政府过程的现实状况进行分解和描述,作出归纳和总结,这样得出的结论才具有可检验性和适用价值。在采用规范研究方法的同时,对中国目前在构建现代政府制度过程中所面临着的实际问题进行实证分析,并作出理论和逻辑上的归纳同样是有意义的。除此以外,实证研究也为考察和分析当今世界上代表性国家的宪政文化和现代政府制度提供了可能,在此基础上可以获得对于现代政府制度的设计和运行产生实际影响的社会环境和政治背景的相关因素方面的信息。

(2)比较研究和历史研究相结合的方法。对于现代政府制度的研究应该掌握当今世界代表性国家政府制度的晚近发展动态,特别值得强调的一点,笔者是在宪政理论视野下对现代政府制度进行的理论研究,而宪政本身就是源自西方的理念和实践过程,因此对于西方的一些发展的介绍和描述也是必然要涉及的内容。通过比较可以概括出西方代表性国家在宪政实践过程中所体现出来的不同个性特征,在这个背景下考察各国是如何借助于政府制度的设计来追求有利于社会和谐发展的宪政秩序和政治秩序的。同时,比较西方国家政府制度的异同及各自的特点,还可以概括政府制度的发展脉络和演进规律,以便更好地了解未来政府制度的发展趋向,为中国现代政府制度的构建提供有益的参照。而历史研究的方法能够较好地了解作为现代政府制度指导思想的宪政理论的发展及演变过程,以及在不断进步的宪政理念指导下政府制度在宏观社会环境背景、宪法文本中关于政府的定位、政治过程中政府职能和政府体制等方面所发生的变化，获得比较清晰的有关政府制度演进的纵向发展脉络。通过历史研究可以帮助人们掌握有关政府制度发展变化的历史规律，提供历史性的参照和借鉴，一方面可以对以往已经发生的历史过程和经验进行总结，另一方面还可以对未来的发展趋势进行预期。采用比较研究与历史研究方法有助于增强现代政府制度的设计对当代社会政治实践和政府过程的适应性。

综合运用上述不同的研究方法，最终目的在于使现代政府制度的理论研究结果更为客观，更加具有学术深度，使在此基础上提出的建设性意见具有参考意义和实用价值。

四、基本概念的界定及相关理论支持

（一）宪政体制的界定

宪政体制下的现代政府制度意味着人们首先要承认一个基本前提，即宪政及其理念已经在不同文化背景中得到了普遍认同。宪政是缔造国家秩序的规则，已经超越了国家秩序的边界，成为区域性联盟和世界范围内的秩序准则，立宪政治的理论和实践是现代文明社会所取得的最大成就之一。宪法与宪政作为法律渊源中的最高范畴，不仅展示了现代政治发展的价值追求，而且架设了现代政治发展的体制框架。

如何解读宪政体制？首先“宪政的”（Constitutionalist）本身就包含“制定”（to constitute）和“某件事物的构成即该事物作为一个整体的基本性质”（constitution）等多重意思。体制则是指国家机关、企业事业单位的组织制度。宪政体制（constitutional regime）是指在宪政制度中由宪法规范体系所确立的全部国家公共权力机关的组织制度,通过宪政观念促成,经由行为模式外化,以法律化的规则为具体表现形式,并形成对宪政体制下各种具体制度的实践性运作,其中包括政府制度。在最通俗的意义上,宪政体制带给人们最直观的感受是:一个社会是如何构成的,或者让人们感觉到这是一个什么样的社会,并且总是与政府制度相联系。就宪政与宪政体制的关系而言,宪政理念指导下的宪政实践只有借助于具体的宪政体制才能够显现出它的实际意义和价值,如果没有一个有效的宪政体制,宪政就只能是一种空洞的幻想。西方国家的宪政实践已经表明,宪政国家并不单纯依赖一部设计精良的宪法,而更多的是凭借设计和运行良好的宪政体制。宪政体制是在宪政制度设定前提下的政治实践,是体制的运行者对制度富有想象力的运用,即将理性的、抽象的、文本上的制度构架在具体的政治过程中,将它演绎为生动的共同生活的政治图景而又不失宪政的本意,使人们真切感受到宪政的搏动和价值。所以,将宪政体制形容为宪政活的灵魂并不为过。事实上,只有在宪政体制下,才能够真正感受到宪法的根本法地位、宪政的精神和"宪法的雄心",才能够油然而生对宪法的尊崇,并激发起高尚的公民精神。如果说宪政附着的是价值理性的话,那么,宪政体制则是对抽象价值的工具理性。任何制度的设计不是为了自我欣赏,而是要经过外化过程影响周遭环境达成社会秩序状态。因此,关于宪政的理论研究就不应该仅仅沉溺于纯粹的制度和理性,而要以建设性的思考使宪政体制"既富有吸引力又具好功效"(埃尔金语),这才是人们最终要达到的目标。对于中国的宪政实践而言,建立真正意义上的宪政体制是最为重要的,宪政体制为政府制度提供了根本性的制度环境。

（二）现代政府制度的内涵

现代政府制度是指以市场经济为基础，以社会为取向，以宪政为原则，而建立的关于政府组织系统、政府职能体系、政府体制模式和政府运行程序等全部规则的总和。现代政府制度的发展表明人类社会通过法律控制政府权力所作的努力呈现不断完善的趋势。

现代政府制度的概念首先属于政治学范畴，是政治学理论、公共行政学理论体系中的一部分，相关的理论研究基本上是围绕着政府进行和展开的。现代政府制度也属于宪政理论的研究范畴，宪政就是关于如何规制政府权力的理论体系，经过人类社会多年的政治实践检验具有一定的普适价值。尽管不同国家的政治体制、组织形态、运行模式存在着一定的差异，但是在政治领域里有些价值判断则是共通的。现代政府制度所规制的对象是政府及其公共权力，自宪政实践开始以来，人们对于政府及其公共权力的合法性描述不是局限于宪政理论抽象意义的层面，而是要借助于具体的制度设计将宪政理论所包含的意念充分地表达出来，并将其体现在全部的政治过程中。因此，在现代社会越加分化多元的前提下，必然要对政府权力范围有更为严格设定和限制，政府权力的行使应当遵循的正当法律程序，对政府权力的严格监督和提供必要的法律救济，以弥补因为政府权力的疏失而导致的对公民宪法权利和法律权利的戕害。

构建现代政府制度要立足于中国自身的政治发展过程，符合中国实际情况，并能够为未来的政治实践奠定良好的制度基础。现代政府制度的构建过程，实际是实现中国传统政治转型的过程。宪政理念指导下设计的政府制度应符合中国的国情，是在中国的政治历史发展过程中，符合中国当代特点的、能够解决中国社会政治问题并能够传承中国政治文化传统精粹的政府制度。但是,在这个过程中并不排除对发达国家成功经验的借鉴。所以,现代并不意味着对西方经验的全盘照搬,也不是一味地强调所谓"无为政府"或者"有为政府"的概念,而是着眼于"最适合自己的政府"的基本出发点。

采取这一基本立场的理由有三:其一,对其他国家政治经验的简单模仿,在一定程度上会影响人们对整个政治科学作出独到的贡献。其二,一个最为现实的问题是,对其他国家政治经验的直接移植,在很大程度上并不能够真正解决中国自身存在的、特有的社会矛盾和政治问题。因为对于政府制度的评价不仅仅在于其所具有的政治理性和政治睿智,而更多地要考察政府制度的实际运行环境和运行效果。现在的政治体制会使人们有一种切身的体验,就是制度本身可能还是比较好的,起码从制度设定的主观意图上是可以这样肯定的,但是制度运行起来以后其结果往往事与愿违,距离人们期望要达到的宪政目标相去甚远。其三,西方的思想体系并非是唯一适应现代社会的思想体系。向西方国家学习、模仿某些成就用以指导中国的政治过程和政治实践,或许本身就具有些许悲哀的成分。因为这会妨碍人们对自己的政治文化传统中精华部分的有效传承,并在一定程度上抑制了人们利用自己的文化为世界宪政实践提供独特贡献的灵感。

(三)对现代政府制度构成要素的解析

现代政府制度作为宪政制度的组成部分,是在新宪政理论指导下对政府制度的重新安排,新宪政理论立足于社会发展多样化和复杂化的基础之上,超越古典宪政理论严格限制政府公共权力的"消极宪政模式",代之以政府权力更多地关注经济、社会领域的民生问题，而表现出“积极宪政”的姿态。在政府制度的设计上强调发挥三个方面的基础性作用：(1)限制政府权力的滥用；(2)能够很好地解决社会问题；(3)有助于形成公民美德。在现代政府制度中如何体现新宪政理论的指导原则，就需要对其构成要素——政府的行政组织、行政职能、行政体制、行政程序进行审慎的思考。

政府的行政组织及体系的法治化。宪政体制下对现代政府制度首先的一个基本要求就是行政组织的设立、人员编制的规范化、制度化、法律化。行政机关的设立与取消首先以有效满足社会现实发展需求为目标，人员编制也以工作完成的效率为标准，避免随意性，这是保证政府整体运行效果的前提。政府的行政职能可以说是政府制度中最难确定的部分，因为社会总是在不断发展，政府职能也要随之进行相应的调整，并不存在一个可以超越国家的统一的政府职能标准。而政府的行政职能反映行政体系在整个社会系统中所发挥的作用，因此，应当按照新宪政理念的要求——经济调节、市场监控、社会管理和公共服务，准确定位和再造政府的行政职能。政府的行政体制表现的是不同政府部门之间的权力责任结构及其运行方式，而且主要表明的是不同行政机关彼此之间的权力配置关系。政府的行政程序历来是中国政府制度建设中的难点，因为在法律传统上中国向来是重实体而轻程序的，这一点在行政管理领域也体现得颇为突出。在行政执法过程中强调社会正义的最终结果时，常常忽略对行政机关工作人员在程序上的合法性的严格监督与控制，有如“毒树之果”，虽然可以解决一时之需，但从长远效果看，也会极大地伤害到行政机关的公信力。所以借助于行政程序的法治化实现社会的公平与正义才是宪政的本意。

对现代政府制度的解析是在新宪政理论的指导下进行的，能否将政府制度的抽象理性与制度的实践理性结合起来，抵消不同构成要素在运行过程中对整个制度效能的分解作用，对于政府制度运行者的实践能力是一个巨大的考验。所以，在讨论构建中国现代政府制度的时候，人们至少应该理解这样一个基本的道理，即人类社会不是由瞬间的存在构成，而是一种“跨时间的现象”，它只是历史地存在着，需要有一种时间限度，正如它有空间上的整合一样，也有时间上的整合。与自身社会的过去割裂，就如同与现今割裂一样，都会使个人和社会失去秩序的良好状态。在这里，笔者更为注重探讨现代政府制度的宪政意涵，以彰显现代政府制度的现代性特质。

此外，结合中国的具体政治实践和政治过程，分析制约中国构建现代政府制度的各种不利因素，以便探讨在当代中国确立现代政府制度的社会基础性条件、有效路径，服务于中国的政治实践。

五、基本理论假设

任何一个国家的政治法律制度设计都是因人而生的，因此，政治法律制度的设计都隐含着对人性基本假设的前提。在西方的宪政传统中，政治法律制度的设计都是以人性恶预设的，因此，在他们的政治法律制度设计中都充满着对人性之恶的本能警觉，体现为西方固有的“幽暗意识”，休谟的“无赖假定”就是其中最为典型的代表。在“无赖假定”基础上的政府制度设计以对人性恶的深刻洞见为前提，又以对人性之“恶”予以遏制作为一种明智的制度选择。从人性恶的角度出发，“无赖”的存在是政治生活中不可根除的顽症，但是，这并不会导致人们走向绝望。因为，合理而科学的制度安排却可以对此进行有效的控制，一个好的政府制度在这一点上是能够向人们证明它的持久魅力的。而且从最广义的角度看，任何政治制度的设计其实都是隐含着关于人性的假定的。假定善恶的前提不同，就会导致完全不同的政治路径和制度效果。基于人性恶的立场所设计的政府制度必然是宪政体制下的“防恶”思路，强调监督机制的设计。而基于人性善的角度所设计的政府制度以内修为主，不太注重外在的监督制约作用。

在人性假设的问题上，借鉴新宪政理论的思路，试图尝试一种新的解读，即人们能否采取折中的方式来看待人性问题。但是这种折中并非是指对人性恶防范的放弃，而是对这一部分单纯采取围堵的方式并不是唯一的好办法，应当顺其自然，因势利导。这是因为在任何个体的身上都会同时存在“恶”与“善”的因素，一个好的制度不仅在于抑恶，还在于扬善。如果在一个制度体系下，不能够充分地激发人的善性，反而诱导了人的恶性，那么这个制度就不是一个好制度；反过来，如果一个制度抑制了人的恶性，却不能激发人的良善，那么这个制度也是有瑕疵的。在设计政府制度的时候，人们能否抛弃传统思维的局限，坚持这样一个思路：秉承对人性之恶的防范；在由制度及其运行所构成的体制中，以制度特有的方式激发人性之善，祛除让人堕落的种种诱惑，使人复归人性之真，实现对人性的实质占有，实现人与人之间的和谐。具体到政府制度上，尝试着采取“积极宪政模式”，充分发挥政府的能动作用。正如美国学者威尔逊在评价英国政治体制时所指出的那样，“行政管理的发展被有关宪法的斗争所取代了”，“英国民族长期而成功地研究了抑制行政权力的艺术，因而却经常忽视了改善行政方法的艺术。他们在更多程度上是训练自己去控制而不是加强政府。他们较关心的是该政府变得公正、温和而不是使它变得简捷、有秩序和高效率。”①所以,通过制度,包括政府制度激发人的善性,应该成为制度设计时考虑的重点。

---

① 彭和平等编译:《国外公共行政理论精选》,中共中央党校出版社 1997 年版,第 10 页。

第一章　现代政府制度的宪政意涵

制度设计与安排是在思想或理念指导下进行的，现代政府制度也是如此。现代政府制度的指导原则源于宪政理论，作为控制政府权力的理论体系，政府制度在每一个阶段的发展都与其紧密相关。宪政理论使整个政府制度的规则体系能够始终保持其不变如一的内核，随着时代的发展经历着不间断的现代化。

第一节　宪政内涵的解读

宪政是宪法学和政治学理论与实证研究的基本概念。作为理论研究中的起始性问题之一，无论西方还是中国，对宪政概念的认识和理解，已远远超出宪政概念本身所具有的学术价值。透过阐述宪政概念的各种文字表述可以反映研究者所在国家的政治文化背景、政治过程，乃至治理国家的政治原理。如果没有正确的宪政概念，就不可能推导出科学系统的宪政理论，同时也不会为构建现代政府制度提供比较清晰的设计思路，更无从获得对公共利益颇多裨益的宪政实践过程。对宪政内涵的追根溯源，是因为人们依然保持对宪政的虔诚，将其视为迄今为止人类取得的“最高的政治成就”，在政治实践中它能够帮助人们获得政府制度设计的指导思想，人们期待着在宪政体制的庇佑下，社会发展进入和谐状态。要使宪政的意涵在今天的语境中仍然不失却原有的意义，令人一如既往地信服，关注“政治秩序如何实现并得到维持”这样基础性但确实很重要的现实性问题，为人们今天所面临的政治与社会问题提供直接的答案，就有必要去梳理和探寻宪政的本源与发展脉络。在古典宪政思想的启蒙之下，现代人在宪政内涵的解读中倾注了更多的价值关怀，使宪政能够贴近社会现实，人们从中获益匪浅并折服于它。在中外学者关于宪政丰富的描述中都有对于宪政的基本价值预设，反映了研究者对于宪政体制和宪政实践所秉持的理想主义立场。所以，对于宪政内涵的解读，就不能苛求高度一致的评判标准，只在于获得更多关于宪政理论与实践的共识，并尽力去关注那些隐含在政治秩序背后所依据的最具有普遍性价值的原则，作为设计现代政府制度的指导思想；在理论上也可以尽量避免因为基本概念本身的模糊而引发的整个宪政理论体系的混乱，在实践中避免使宪政实践和政府制度的设计偏离正确的轨道而误入歧途。

一、宪政词义探源

宪政（Constitutionalism）既是宪法学中的重要概念，也是政治学中的重要概念。作为悠远的政治传统，宪政在人类最初“无法追索的记忆”中留下了深深的烙印。在法治国家中，宪政是比较热门的词语之一，表明宪政理论与实践的生命力，以及人们充满对由宪政引领的美好生活执著追求的浪漫主义激情。

古典宪政传统的滥觞与限制政府权力紧密相连。一方面基于对人类社会曾经经历过的政治实践的深刻反思；另一方面则是对人类自身存在价值的感悟。宪政是控制政府权力的观念和制度，在初始意义上学者们认为宪政就是从限制王权开始的。从历史发展的角度看，宪政的理论与实践从其诞生伊始，即以表示控制国家权力之运作的技术手段为主旨。学者们经研究考证，宪政在西方最早可以追溯到1832年，宪政成为政治学的重要语汇则是在此之后将近一个世纪的事情。在这个过程中，宪政的意涵有相应的变迁。

在政治过程与政治实践的启蒙阶段，宪政是政治共同体的管理形式，等同于政体。亚里士多德在《政治学》中理解的宪政就是通过宪法的方式来确立国家机构的管理形式，规范城邦国家最高统治机构和政权的组织和制度安排。《布莱克维尔政治学百科全书》中，宪政与宪法被作为同一词目进行诠释。它们所传递出的西方传统宪政思想的精髓就是通过规范与限制政府权力来保障公民的基本权利和自由。在那些启蒙思想家们看来，政治权力意味着"强制"、"腐败"，并含有一种"恶意诱惑的可怕力量"。[①] 人们对此深信不疑，才会有经过深思熟虑的宪政理论这样的政治智慧产生。

在传统上，西方宪政思想的突出主题就是设计行之有效的政治制度，包括政府制度限制政治权力的行使。麦基尔韦恩说："在所有相继的用法中，立宪主义都有一个根本的性质——它是对政府的法律制约……真正的立宪主义的本质中最固定和持久的东西仍然与其肇端几乎一模一样，即通过法律限制政府。"所以，"从定义上看，一切立宪政府都是有限政府……宪政具有一个根本的性质：宪政乃是对政府施加的一种法律限制；宪政乃是专横统治的反命题；宪政的对立面是专制政府，即恣意妄为的政府。"在理解宪

① ［德］哈耶克著：《自由宪章》，杨玉生、冯兴元、陈茅等译，中国社会科学出版社1999年版，第192页。

政内涵方面,赖依则有自己独到的见解,他认为宪政"有两点是根本性的:第一,以一种对一系列的不仅涵盖公民权利而且覆盖政治与经济权利的人权的尊重的形式,来限制与约束国家对社会的侵犯。这一系列原则是从外部对国家权力进行限制,从市民社会的角度来限制国家权力。第二,在政府内部实施权力分立。这一条是内部限制,其目的是要确保任何国家机构或个人都不能凌驾于国家权力之上"。美国学术团体联合会主席凯茨博士(Dr. Katz)对比较宪政项目规划会议中学者们就宪政定义问题达成的共识分析道:"第一,宪政是由一系列用于制度规则的自足或自觉的规则构成的;第二,宪政是由意识形态和文化决定的一系列特殊道德观点,比如尊重人的尊严,承认人人生而平等;第三,任何意义的宪政概念必须考虑到'合法性'"。奥托·迈耶也说过:"只有当在国家权力中有一个人民代议机构存在并参与立法时,我们才把国家最高权力的规则称之为宪法。只有符合这个要求的国家才是宪政国家"。① 宪政主义的中心问题就是"首先是使政府能够控制人民,其次是使政府能够控制自己,信赖人民,无疑是对政府的主要控制;但是,经验教训人类仍需要辅助性的预防办法——对这些辅助性的预防办法,我们就叫它为宪政主义"。② 美国学者华盛顿大学政治学教授丹·莱夫(D. Lev)说过:"宪政意指法律化的政治秩序,即限制和钳制政治权力的公共规则和制度。宪政的出现与约束国家及其官员有关"。印度德里大学历史学教授、英国剑桥大

① [德]奥托·迈耶著:《德国行政法》,刘飞译,商务印书馆 2004 年版,第 1—2 页。

② [美]格林斯坦等编:《政治制度与程序》,朱云汉译,幼狮文化事业公司 1983 年版,第 3、39、43、47 页。

学南亚史研究员雷乔迪休里(T. Raychauduri)认为,宪政是一种制度安排和较好的政治条件,诸如公民基本权利宣言,普遍、平等、秘密的选举制,分权与制衡,代议民主制,多党制,两院制,联邦制,司法独立等。还有学者将宪政理解为"宪治",即通过宪法或根据宪法的民主政治。在这个意义上,宪政是民主与法治的代名词。①

西方学者对宪政内涵的基本共识,宪法是由一组用于制定规则的自足或自觉的规范构成,是"法之法";宪政首先是由意识形态和文化所决定的一系列特殊道德观点,如尊重人的尊严,承认人人生而平等、自由并享有追求幸福的权利;任何有意义的宪政必须考虑到"合法性"(国家权力、公共政策和法律的合法性)和"同意"(人民对政府及其行为的承认和认同)这两个要素。② 古典宪政思想传统关注的是如何最大限度地"保护社会成员彼此不受侵害,……同样将政府侵害公民的机会降至最小程度"。它的主要目标就是"避免暴政"——令人类社会不堪回首仍心存余悸的暴政。早期的宪政理论基于古典自由主义和个人主义的哲学思想,以消极无为的有限政府为价值追求。宪政体现的通过法律对政府的限制,即使不是宪政最重要的部分,也毫无疑问是其最古老的原则。③

经过长期的理论研讨,中国的宪法学和政治学界对宪政的认

---

① 张文显、信春鹰著:《民主+宪政=理想的政制——比较宪政国际讨论会热点述评》,载许清、焦洪昌、薛小健编《宪政精义》,中国政法大学教务处印1994年版,第65—66页。

② 张文显、信春鹰:《民主+宪政=理想的政制——比较宪政国际讨论会热点述评》,载《比较法研究》1990年第1期。

③ [美]麦基文著:《宪政古今》,翟小波译,贵州人民出版社2004年版,第16页。

识趋向于同一。宪政具备以下要素:(1)宪政一词源于西方,其基本的价值目标是通过限制政府权力以保障公民权利;(2)宪政过程既具有普适价值,又有特殊性,并不存在一个统一的宪政模式;(3)宪政与共和、民主、法治、人权和自由有内在的逻辑联系。① 宪政是以宪法为前提、以共和民主为内容、以法治为载体、以人权为目的的政治理念、政治形态和政治过程。宪政是比较理想的政治制度,代表人类的政治智慧。

(一)宪政是民主政治

宪政是民主与宪法的有机结合。张友渔认为,所谓宪政就是拿宪法规定国家体制、政权组织以及政府和人民之间相互关系而使政府和人民都在这些规定之下,享受应享受的权利,负担应负担的义务,无论谁都不许违反和超越这些规定而自由行动的这样一种政治形态。② 宪政就是民主政治、立宪政制、宪法政治。所以,“立宪政治,实质上就是民主政治”。③ 张庆福认为:宪政就是宪法政治,以宪法治理国家,宪政作为民主政治的基本特征就是用宪法这种根本大法的形式把已经争得的民主体制确定下来,以便巩固这种民主体制,发展这种民主体制,宪政就是由宪法确认和规范的民主政治制度及其设施。针对有些学者主张宪政是限制政治权力的说法,张庆福还指出,宪政也不只是“限制政治权力”,它还要保障和发展这种政治权力,以充分实现民主政治。④ 宪政的实质是

① 白钢、林广华著:《宪政通论》,社会科学文献出版社2005年版,第7页。

② 张友渔著:《宪政论丛》(上册),群众出版社1986年版,第100页。

③ 张友渔著:《张友渔文选》(上册),法律出版社1997年版,第123页。

④ 张庆福著:《宪法学基本理论》(上册),社会科学文献出版社1999年版,第56页。

民主政治，再加上形式要件的话，那么宪政应该是实施宪法的民主政治。[①] 宪法是民主的忠实而庄严的记录社会最基本的规范文件，宪政是与宪法相对应的真实的民主政治状态，宪政精神是在宪政提炼为宪法和转化为宪政的过程中起着重要作用的民主意识，这三者是一个有机联系的统一整体。[②] “宪政是以宪法为前提，以民主政治为核心，以法治为基础，以保障人权为目的的政治形态或政治过程。”[③]“宪政是国家依据一部充分体现现代文明的宪法进行治理，以实现一系列民主原则与制度为主要内容，以厉行法治为基本特征，以充分实现最广泛的人权为目的的一种政治制度。根据这一定义，宪政这一概念包含三个基本要素：即民主、法治、人权。民主是宪政的基础，法治是它的主要条件，人权保障则是宪政的目的。”[④]所以，宪政是以实行民主政治和法治为原则，以保障人民的权力和公民的权利为目的，创制宪法（立宪）、实施宪法（行宪）和维护宪法（护宪）、发展宪法（修宪）的政治行为的运作过程。[⑤] 宪政与民主政治息息相关，人们通过对民主政治具体形式的感受而体验到宪政的真正意义。

（二）宪政是人权保障

宪政意味着对人权的充分保障，亦如法国《人权宣言》中的宣誓“凡权利不保障的地方就没有宪法”。一直以来，各国宪法文本

---

① 许崇德：《社会主义宪政的不平凡历程——新中国第一部宪法颁布 40 周年纪念》，载《中国法学》1994 年第 5 期。

② 刘惊海：《宪法、宪政、宪政精神——对宪法学研究对象的认识》，载《吉林大学社会科学学报》1989 年第 1 期。

③ 李龙著：《宪法基础理论》，武汉大学出版社 1999 年版，第 144 页。

④ 李步云著：《宪政与中国》，载宪法比较研究课题组编《宪法比较研究文集》(2)，中国法制出版社 1993 年版，第 2 页。

⑤ 郭道晖：《宪政简论》，载《法学杂志》1993 年第 5 期。

最为一致性的内容就是确认人民享有统治国家的权力,国家的权威来自于人民的意志。宪政精神应体现为对个人权利的尊重和保障,并以保障人民的权力和公民的权利为依归。实行宪政就要有"宪德",所谓"宪德"就是实行宪政或宪法应该具有的政治道德、民主法治观念和人权意识,其核心是法律面前人人平等、民主精神和刚正品质;①体现为"宪政的本质就是用宪法和法律来限制政府专横的权力,保障公民的基本权利"。"用宪法和法律规定并保障人民的自由和权利,划定并限制政府权力和行政的范围,并提供相应的制度措施。""宪政的精义就是对自由、民权的充分保障","没有自由、民权就没有宪政"。② 宪政就是以人权保障为目的的政治形态或政治过程。季卫东认为,所谓宪政指为主权设计一套分权制衡的架构,为人权提供制度性保障和司法救济。李步云则认为,宪政是以充分实现最广泛的人权为目的的一种政治制度。宪法文本中的公民权利必须借助于宪政过程才有可能转化为真实的权利。宪政的最终目的在于实现人权和保障公民权利。

(三)宪政是有限政府

宪政内涵中最具有传统意义和价值的就是对国家政治权力的有效控制,表明人类在政治实践中对政治行为和政府活动进行有效控制的技术手段的探索,以确保良好的政治制度。宪政包含的观念与自然法理论分不开,在人类从自然状态步入政治国家以后,人们通过确立宪法实施宪政强调对国家权力的约束和控制,以达到理想的社会生活境界。宪政就是有限政府,是确立和维持对政

---

① 郭道晖:《宪政简论》,载《法学杂志》1993 年第 5 期。

② 蔡定剑著:《人权与宪法——中国宪政运动》,中国法制出版社 1999 年版,第 38 页。

治行为和政府活动有效控制的技术。“宪政的突出本质就在于‘限政’”,[①]“宪政的本质的确是而且必须是限政”,“宪政的根本原则是限政与法治”,“宪政的核心特征就是对国家权力的法律限制”,“宪政主义的最大目标一直是限制政府的权力”,“分权乃是文明政府之基础,宪政主义之内涵”。[②] 宪政的精髓在于限制国家和政府的权力,保障个人的基本人权。宪政实际上就是将国家生活中的政治性内容上升到法律的层面予以规制。在宪政主义看来,不论政府的组织形式如何,都不得存在不受限制的最高权力。近两个世纪以来,宪政主义的最大目标一直是限制政府权力,阻止一切专断的政治行为。[③] “宪政,无论人们对其含义作出怎样的理解,都不能否认这样一个基本要素,即实施宪政必然限制政府的权力。”[④]宪政文明对于人类社会生活之最大贡献在于将政治问题法律化,通过宪政解决问题,即国家政治权力的合法性基础是什么,应该由谁掌握政治权力,政治权力的范围和合理的限度在哪里,如何行使政治权力等,以获得持久而稳定的政治秩序,保障社会生活的和谐。

（四）宪政就是法治

当代对法治国家的解读就是“依法治国”,“依宪治国”,强调宪法至上,实行宪政,宪政与法治紧密相连。“宪政国家与法治国

---

① 秦德君著:《政治设计研究》,上海社会科学院出版社 2000 年版,第 161 页。

② 张千帆著:《西方宪政体系》(上册·美国宪法),中国政法大学出版社 2000 年版,第 3 页。

③ 刘军宁等编:《公共论丛:市场与公共秩序》,生活·读书·新知三联书店 1996 年版,第 41—42 页。

④ 郭宝平、朱国斌著:《探寻宪政之路——从现代化的视角检讨中国 20 世纪上半叶的宪政实验》,山东人民出版社 2005 年版,第 30 页。

家是名异而实同的东西”，①“宪政也可以被定义为法治”，②或者说“法治的最高形式是宪政”，③“宪政作为静态宪法规范与动态政治实践的统一，在法治状态中的最高表现就是宪法至上。”④没有无宪政的法治，也没有无法治的宪政，⑤宪政的实现取决于宪法文本和法律规范的科学性和合理性，宪法是立法应遵循的最高原则和精神；取决于以宪法为核心而建立的整个法律规范体系的完整性和内在协调性；取决于宪法和法律规范在现实生活中的有效实施，而这一切都和法治建设息息相关。宪政的具体内容就是健全法制，实行法治。实行宪政和法治有一个重要的前提条件，即宪政意义上的法治要求的是“良法”之治，所谓“良法”是体现社会公平和正义之法，表明法律本身不仅是公意的充分汇集和表达，还要符合和反映客观的社会和自然发展规律，以维护人类赖以存在的生态系统和社会环境。

（五）宪政是国家理性

宪政是借助于有效的规则体系对于政府权力进行规制的动态过程，宪政实践的前提是存在着上升为国家意志、设计良好的宪法规范体系，表明宪法规则至高无上的地位，是使“法治政府”秩序化更有效的东西，在宪法实施过程中体现出的制度理性表明宪政的存在，因此，宪政代表着国家理性。宪政就是规制公共权力行使

① 杨兆龙著:《杨兆龙法学文选》，中国政法大学出版社 2000 年版，第 46 页。

② ［瑞士］莉蒂亚 · R. 芭斯塔著:《宪政民主的反思——人权与宪政》，中国法制出版社 1999 年版，第 5 页。

③ 张千帆著:《西方宪政体系》（上册 · 美国宪法），中国政法大学出版社 2000 年版，第 1 页。

④ 文正邦著:《走向 21 世纪的中国法学》，重庆出版社 1993 年版，第 15 页。

⑤ 李龙著:《宪法基础理论》，武汉大学出版社 1999 年版，第 146 页。

的政治机制，使公共权力的权威性和合法性得到全体社会成员的普遍认同。宪政是“用法律的手段使政治家对公民采取负责任的行动，为公民提供判断政治行为合法、正当与否的最为可靠的天平”。宪政体制下的国家应该是一个开放的社会，在这个社会中，人们能够拥有思想与信仰的自由。宪政能够反映并体现人们作为真正的主权者的地位，是经过缜密思考的政策工具，使国家能够保持良好的秩序状态以实现国家目标。

基于以上描述，可以获得关于宪政概念的共识，即宪政就是以宪法为依据，以控制权力为手段，以人权保障为目的的政治过程和政治形态。宪政就是把政治宣言中的精神通过法律概念、规范、原则等以规范的形式表达出来，并与民主、法治、人权密切联系、不可分割。政治目标在法律上被转化为通过法律制度体现的法律任务、法律价值；政治手段通过法律制度和更为具体的法律措施来实现；政治权力转换为宪法和法律权利（职权、权力）方式；政治行为以法律行为（立法行为、行政行为、司法行为等）表现出来；政治关系通过法律关系（行政法律关系、诉讼法律关系）得以体现。宪政成为政治的法律表达机制，实际上就是通过法律的政治统治。就宪法与宪政的关系而言，宪法是静态意义的法律文本；宪政则是动态性质的实践过程。宪政承载的是抽象性宪法制度和理念，是宪法文本中规定的内容在现实生活中的具体体现，是活的宪法。宪政理论与宪政文化作为人类智力活动的产物，表明它根据变化中的人类价值来判决重要性。

根据传统的政治学科，宪政有更悠远和更重要的含义。它指的是社会是怎样构成的，不仅是由正式的或非正式的政府制度构成，而且普遍地是由它的生活方式构成。宪政科学既有经验性的一面，也有规范性的一面。对宪政内涵的理解应把握以下特点：

(1)“宪政”一词源于西方,其基本的价值目标是通过限制政治权力以保障公民权利。(2)宪政既具有普遍性,又具有特殊性。这就要求人们对宪政概念不能做完全中国式的解释,也不能完全照搬西方的现成话语。(3)宪政与共和、民主、法治、人权虽然各有不同的取向和理念,但这几个概念并非独立存在的,而是具有内在的必然联系。①

宪政是关于国家与政府合法性的理论,是通过对公共权力的制约来达到对公民权利保障的制度及制度安排。宪政总是与特定的社会背景相联系,即与政治、经济和社会道德规范相联系。随着历史的演进,宪政理念也在不断地变化,并对政府制度的设计产生深远的影响。在政府制度的演进过程中,宪政成为法治国家政治过程的实践方式。在宪政理论体系中,宪政具有普适性,是一切价值基础的价值,是政治国家发展的目标和激励机制。正是持续的思考让人们不时地迸发出关于宪政的灵感,使宪政理论获得丰富和充实的机会,推动人类社会的制度文明向更高层次递进。

二、宪政的基本模式

(一)古希腊公民参与型宪政模式

美国学者戈登在考察了古希腊的宪政过程与政治实践后,用列举的方式为人们描绘了古希腊宪政制度的基本特质,并将其归纳为所谓现代立宪民主的希腊化(Hellenistic)特征:

(1)一种世俗的、功利的政府观:政府是一种对普遍的利益作出共同选择的工具。

(2)一种牢固的宪政秩序的观念虽然是政治组织的固有特

① 白钢、林广华著:《宪政通论》,社会科学文献出版社2005年版,第7页。

征,但它仍然是能够被改变以适应新环境的。

(3)公民广泛参与法律的制定过程。

(4)“公共舆论”在其中起着持续作用的政治制度不会限制正式法规所明确规定的行为。

(5)法治有两种含义:一是国家的法律适用于所有公民,一是国家的权力必须通过既定正式程序行使。

(6)一种单个的公民能在独立的、有权作出具有约束力决定的法庭面前为案例辩护的审判制度。

(7)一种限制国家公务员擅自使用权力的制度结构。①

古希腊宪政传统的精髓在于构建以公民为核心的政治共同体。城邦是当时人们“追求最高善的社群组合”(亚里士多德语),是按照政治方式组织起来的社会或政治组织社会(a politically organized society),是实现公民身份和自身价值的特定环境和空间。雅典城邦作为公民共同体是以语言代替血腥、以决策行动代替复仇行动的文明之所,并以维系公共生活的持续繁荣与和谐彰显其存在的价值。古代的宪政法治文化作为西方现代宪政文明的缘起,从观念上开启了西方宪政文明的灵感,彻底颠覆了以往专制政治统治的模式。

在古希腊的宪政传统中,“公民的概念,公民资格,公民的权利义务,就成了城邦生活的首要问题,同时也成了政治学的一个重要概念。雅典的公职向所有公民开放,作为一个公民,不但享有广泛的政治参与权,还有担任各种官职的可能,他们轮番当统治者和

① [美]戈登著:《控制国家——西方宪政的历史》,应奇等译,江苏人民出版社2001年版,第65页。

被统治者”,①任何一个公民同时会拥有双重身份——既是统治者,也是被统治者,以强调和激发公民的政治参与热情。因此,“城邦至上”就逐渐演化成为公民的普遍心态,甚至是一种信仰。人们意识到只有在政治参与中,作为公民的个人才会享受到“某种乐趣和自然的甜蜜”。个人依赖于城邦,因参与城邦的生活具有实在的价值和意义,达到至善和“自我实现”的最高境界。古希腊的政治机构设计也充分体现对公民主体地位至上性的肯定,体现“纯粹民主”的公共精神。时至今日,人们依然能感受到古希腊宪政实践所传输的强健的道德和美学气息,让人拥有一种追求生活的不竭的动力和信心。

在古希腊的宪政实践中,宪法并不是人们今天所认为的具有规范国家权力、保护公民权利的最高行为准则的法的结构,而是代表充盈着公民个人善意的“生活模式”。在这个氛围里,公民被训练成为具有“公民美德”的高尚的人,共同分享美好和谐的集体生活。古希腊宪政传统还具有地缘政治学意义。正是那种小国寡民状况,才能维系完全依赖公民个人善意而非理性法律的和谐城邦生活。在现实中缺乏制度保障的公民个人善意的保持,其实是非常困难的事情。这也从一开始就注定了古希腊宪政传统从集体式的激情浪漫走向衰微的悲剧命运。

(二)古罗马权力制衡型宪政模式

如果说古希腊的宪政文明展现的是人类宪政发展进程中启蒙阶段的古典浪漫主义激情,那么,古罗马的宪政文明是以其规范化制度的实践理性而具有令人瞩目的特质。古罗马宪政文明基于发达的罗马私法体系,决定了古罗马的宪政传统从一开始就具有厚

① 应克复著:《西方民主史》,中国社会科学出版社 1997 年版,第 62 页。

重的法律底蕴。在现代法理学逻辑中，宪法是国家的根本法，是母法，宪法具有最高的法律效力，为普通法律的制定奠定基本原则和精神。但是在发生学意义上，普通法律却是先于宪法而存在的，它所确立的原则才是宪法基本原则得以最终确立的真正渊源。

在古罗马，基于私法体系中的契约观念而产生的社会契约理论，在宪政实践中表现为一种朴素的"政约观念"——即行使国家权力的官员必须接受民意的检验。基于私法体系中的所有权制度而衍生的国家主权理论，肯定人民是国家主权的拥有者。国家产生于人类的契约，是由人民的公意所形成的共同结合体。所以，"国家是人民的事务"（西塞罗语），代表一种"公认的法律和共同的利益"。基于私法体系中对生命、财产和自由的尊重与保护而升华为宪法文本中的古典人权范畴——生命、财产、自由和追求幸福的权利。

古罗马宪政文明集中体现为制度理性。与其他宪政模式不同，它最先从制度层面开始实践宪政，其宪政思想其实就是政治过程和政治实践的总结：第一，分权学说指导下的权力分立制衡的实践理性，体现在国家机构设置方面，全体自由居民组成国家民主机构，"行政长官有足够的权威，公民的意见具有足够的影响，人民有足够的自由"。第二，采用混合政体模式——由平民、国王和贵族组合而成的政治制度，是在分析比较了历史上不同政体的优劣基础上的最佳折中方案。第三，政府各种职能交由不同机构行使，不同政治权力、政治势力之间互相协助、互相制约，处于均衡状态。古罗马的宪政实践突破了古希腊城邦宪政模式的局限，具有"世界意义"。在这种宪政体制下，古罗马创造了其历史记录上极度辉煌的发展阶段。

(三)英国多元妥协型宪政模式

近代宪政主义的历史源头在英国。在欧洲率先爆发资产阶级革命的国家中,英国的宪政过程与宪政经验的历史内涵和特点更为突出。

英国的宪政过程以政治自我意识的萌发为起点,在政治生活中尝试对国王权力和政府权力进行有效的制约。所谓政治自我意识是指将人民看做凭借直接明确的制宪行为创造宪法的实体,充分肯定人民主体地位的宪政心理意识结构。在启蒙意义上,政治自我意识是国家、民族衍生宪政观念的重要心理基础和渊源。在英国,政治自我意识的出现由当时的社会基础条件决定,而且在其发展的每一个历史阶段都会有“相应的政治上的成就伴随着”。正如马克思所言:“物质生活的生产方式制约着整个社会生活、政治生活和精神生活的过程”。[①] 政治自我意识是在政治国家与公民社会分立的二元结构、政治体制上的专制与民主结合的复杂背景下进行的,是在国王及王室权力、教会与贵族封建势力、议会与地方自治力量,以及由此分化出来的资产阶级、平民阶层的不同的利益集团和多元的政治权力中心之间,在争夺国家统治权力斗争的政治过程中逐渐显现成型的。政治自我意识体现为在多元化的权力中心既对抗又合作的基础上,形成了以国工治理权为核心的“国家权力有限”的心理意识,各个不同利益集团的政治定位首先在人们的心理上获得基本认同。

英国宪政实践特点突出表现为法律秩序的自发生长,是市民社会已然形成的法律秩序向国家政治生活领域中的正常延伸。它向人们印证了基本事实,体现政治睿智的宪政体制建立在稳固的

---

① 《马克思恩格斯选集》第二卷,人民出版社 1995 年版,第 32 页。

历史政治传统、公民的政治意识、良好的德性，以及繁荣的自由经济秩序等综合基础之上。宪政体制和宪政文化是人类所经历过的政治经验的理性升华，说到底也是在长期的政治实践过程中形成的良好“习惯或传统”①，是一种为满足不断变化的文明的需要而对机构加以发展和修正的持续实验过程。② 所以在观念意识层面，宪政也可以被描述为是一种政府形式、一种宗教、一种哲学，抑或是人类的一种生活方式，其更是一种深厚的文化积淀的结果。

不论宪政模式在实践中存在着何种差别，古典宪政理论的出发点是共同的，即——个人本位和权利本位，对公共权力的严格限制和制约。古典宪政理论从思考个体的主体地位开始，从“人是万物的尺度”这个角度打开思路来看待人与自然之间、人与人之间的关系。其中包括个体与个体之间、个体与群体之间，以及个体与城邦之间的关系。在这些关系中强调个体的主观性、独立性与选择性，彰显个人的价值。在公民人格意义上，强调个体人格上的平等和独立，以确保人们在经济上的自主能力。在政治意义上，基于独立人格而衍生的主体地位和主体意识是作为公民的个体参与政治共同体活动的重要前提。

不同国家的宪政模式充分说明宪政实践是与本国的具体情况紧密联系的，可以具有不同特点，关键在于这种模式是否能够有效解决本国的实际问题。

（四）当代宪政模式的发展

在当代，传统基础上的宪政模式有了新发展。宪政模式的形

---

① ［爱］凯利著：《西方法律思想简史》，王笑红译，法律出版社2002年版，第261页。

② ［英］詹宁斯著：《法与宪法》，龚祥瑞、侯健译，生活·读书·新知三联书店1997年版，第7页。

成受诸多因素的制约,包括历史的、宗教的、政治的、社会的等不同方面。对于宪政的不同理解和不同的政治法律传统,也会导致宪政模式的差异性。现今各国的宪政模式大体上可以概括为两大类型:即分权制衡原则指导下的宪政模式,以美、英、法、德、日为代表;民主集中制原则指导的宪政模式,以中国等社会主义国家为代表。即使是美、英、法、德、日的分权制衡原则指导下的宪政模式,也有细节上的差别。分权型的宪政模式源于西方启蒙思想家的分权制衡学说,是西方各国宪法文本中所普遍确认的基本原则。在这个原则指导下,虽然西方各国的宪政体制各不相同,各具特色,但在基本面上大体相同。如整体的政治制度设计中都有国家权力的横向分权,即把国家权力区分为立法权、行政权与司法权三种不同性质的权力,分别由议会、政府和法院等不同的国家机关来行使相应的国家权力。在国家机关之间形成相互制衡的关系,以保持不同国家权力之间的张力和行使的效果。在国家权力的纵向分权方面一般有两种表现形式,明确分权的联邦制和不断下放权力的单一制,在国家整体和组成部分之间、在中央政府和地方政府之间形成国家权力之间的合理配置。政治制度的总体目标就是保持国家权力的正常行使与运行,更好地实现公民的权利和社会的和谐。

三、宪政内涵的现代解读

随着社会的发展,西方的宪政思想被注入了新的内涵。新宪政理念的出现,主要是因为各国宪政实践的社会环境与往昔相比发生了巨大变化。如果说最初的宪政实践是为了使人类避免曾经经历过的专制统治的痛苦,基于政府是一种“恶”,希望借助于全新的政治制度的理性设计有效地排除国家权力的专横与滥用,使其在人们能够容忍的范围内发挥积极效应,并把它打造成“无为政府”的形象。那么,在经历了资本主义市场经济的大萧条之后,人们痛定思痛,在市场失灵的情况下,相对的自然状态并没有赋予人们达于至善的能力,同样无为政府也不能够必然达成社会治理和宪政秩序的目标。此后,美国的“罗斯福新政”和“凯恩斯主义”在西方世界的盛行,使得古典宪政思想传统受到了极大冲击。无为政府的形象开始褪去往日的神圣光环,逐渐淡出公众的视野,人们开始从崇尚“无为政府”、消极政府的思维惯性中转而向在肯定政府积极作为的前提下来探讨宪政理论与实践问题。

新宪政理念的出现有深刻的社会背景和国际背景。在世界范围内,随着全球化的趋势,市场经济体制占据优势地位。除极少数国家依然恪守计划经济体制外,更多的国家选择尝试市场经济体制,或者在从计划经济向市场经济转型的过程中。与市场经济体制相适应的宪政思想与实践在全球范围内的影响也在逐渐加强。从文化流向的角度看,高层次的文化、发达的文化往往对低层次的文化、落后的文化有一种侵蚀效应,或者说先进的文化更容易被人们接受、模仿和借鉴,比较成功的民主宪政国家的政治实践,无疑对其他国家有一定的示范效应。国际竞争力与世界话语权的激励机制也使得主权国家的统治者们陷入集体性的思考,他们都在努力寻求更好的政治统治方式以增强本国的国际地位,更深地融入国际经济循环,有效参与国际资源的分配,同时也使自己成为国家利益的最好代言人,以获取本国选民的广泛支持,借此巩固政治地位。像如今朝鲜、古巴等传统社会主义制度国家在政治上的转变都充分说明了这一点。在主权国家的政治环境中,随着社会利益的多元化、利益主体的多元化、利益诉求的多元化,法治国家的建设,社会公众的宪政意识、法律意识的不断提升,使得当今的宪政实践面临的是全新的社会环境,也给宪政理论注入新的发展动力,启发新的思路,需要更为丰富的宪政理论,以指导现实的政治实践。

新宪政理念没有抛弃传统宪政思想的经典内涵,依然保有对国家权力的宪法和法律控制的核心内容,而且比早期的宪政实践更加关注对政府权力的界限和彼此之间关系的比较精确的算计,以防止对政府权力的滥用。但单纯的权力控制、保持权力的公共性并不是宪政实践的最终追求,而是在这个基础上,通过对国家权力及其运行机制的有效法律控制,更好地实现权力对自由和权利的最大化效应。因此,设计政府制度考虑更多的是,如何才能够充分发挥政府的积极作用,对应以"有为政府"的形象,在宏观的宪政体制背景下,使政府权力能够为社会公众谋取更大的利益,实现最大化的权利和自由。除此以外,新宪政理念早已进化成为政治国家的利益协调机制。① 当代宪政理论不再因循传统宪政思想的限制,扩展出新的发展空间。宪政理念至少包括双重含义:通过法律手段创立政治秩序;指向不偏不倚的标准、尽可能少的专制等理想事物。宪政的现代启示还在于当代宪政的新理念已经超越了古典宪政理念专心于限制政府权力的各种技术性手段的精心设计的桎梏,而更加着重对公民精神与美德的塑造。因为人类社会的所有政治法律制度设计的核心其实都是围绕着人来展开的,是因人而生,为人而服务的,实现对人的本质的占有才是制度的终极关怀。在面临普遍性矛盾和利益冲突的社会背景下,宪政理念肯定合作的价值,体现出其人性化色彩和人文关怀,着重于不同利益主体之间权利相互性的制度解决机制。宪政也可以说是一种冲突的平衡机制以及由此达成的平衡状态,从而超越了古典宪政理念只

---

① 王人博著:《宪政文化与近代中国》,法律出版社 1997 年版,第 532 页。

是在限制政府权力的层面建构宪政制度的局面。①

新宪政理念的积极意义还在于帮助人们不断地反省过往制度中存在的问题。在新理念的指导下,不断地祛除现有制度中的瑕疵,完善整个制度体系,保持制度对社会生活和社会秩序的规制效果。新宪政理念及其理论体系使得国家的政治过程与政治实践逐渐成为能够实现共同体内全体社会成员福利的统治技术,而且这种技术是通过人类长期以来的政治与社会实践,已经被证明是颇为有效的控制手段。宪政作为表层的政治形式与国家的宏观体制密切相关,也是合乎理性的现代政治形式。"古典宪政理论的主要理论家大都着重于设计这样一种政治体制,它提供一个市场使这种互动成为可能。社会福利的增进是通过私人的努力而不是通过政府的行动来实现的。……新宪政论不否认在宪政制度中政治生活的民主化是件好事,但它需要表明民主政治是怎样能够既受到制约的又能动进取的——也就是说,既能积极促进社会福利,与此同时,又不陷入仅仅在其组织得最好的公民之间分配利益的专制之中"。② 所以,"宪政政体必须不仅是限制权力的政体,它还必须有效地利用这些权力,制定政策,提高公民福利"。宪政作为一种高级形态的政治权力运行模式,以国家政治组织的合理配置为基础,以人的全面发展为最终目标,是为了实现人类的自我发展、自我完善的历史的、必然的反映和最佳选择。在社会政治实践方面,宪政的现实意义使人们能够清楚地了解目前所面临的主要问题是什么——即如何构建政府制度,并尽最大可能消除现有制度

---

① 宋冰编:《程序、正义与现代化——外国法学家在华演讲录》,中国政法大学出版社 1998 年版,第 468 页。

② [美]埃尔金、索乌坦著:《新宪政论》,周叶谦译,生活 · 读书 · 新知三联书店 1997 年版,第 39、156 页。

层面中不利于人类发展的消极因素。

宪政理念的新发展,既是社会现实需要的产物,也是历史变迁和宪政思想理论发展的结果。新宪政理念与传统宪政理念的最大区别,由社会本位替代个人本位,由福利国家覆盖行政国家,在平等、自由和人权的价值目标中更加注重平等的理念,同时以公民宪法权利和法律权利的有效保障和救济作为宪政的终极目标。正如英国宪法学家戴雪所言:"现在盛行的理论……已经越来越有力地倾向于集体主义。作为当然的结果,到 1900 年放任主义的理论……已或多或少地失去了它原有的地位。"①即"宪政理论与宪政实践应当超越对专横地行使政治权力加以限制的古典主张,需要从批判的怀疑主义转向思考一个良好的社会如何得以维系、一种良好的政治体制如何通过制度设计在经济效率和公民精神两个方面加以建构"。② 因此,新宪政理论要对应新的政府制度,这是构建现代政府制度的理论支持,在这种宪政思想的驱动下,西方宪政实践在总体上呈现出了社会化的发展趋势。在政治法律制度上与之相适应的变革就是,国家站在社会的基本立场上出台了大量的社会性法律和政策,即旨在保护社会利益、保护大多数人利益的法律和政策。其中具有代表性的是:美国 1917 年的第 13 条和 1976 年的第 23 条宪法修正案都是旨在保护社会利益的;1914 年的《克莱顿法》、1932 年的《诺里斯—拉瓜迪亚法》、1935 年的《国家劳工关系法》、1935 年的《社会保障法》等有关经济与社会的法律。德国 1919 年的《魏玛宪法》更是将经济权利确定为公民的基

① [美]伯纳德·施瓦茨著:《美国法律史》,王军等译,中国政法大学出版社 1989 年版,第 195 页。

② 李龙著:《宪法基础理论》,武汉大学出版社 1999 年版,第 292 页。

本权利，以国家的强制力干预私人的经济生活，维持经济强者和经济弱者之间的平衡。1946 年的日本宪法也以限制政府权力、保障全体国民权利为宗旨。在这种背景之下，西方国家的宪政实践得到更广泛的社会群体，特别是弱势群体的拥护，国家的宪法秩序获得了稳定发展的基础和保障。

宪政理念的新发展、新内涵可以说是各种社会利益、政治力量之间博弈的结果，其中传递出来的信息是对于不同利益阶层与利益集团之间可能达成的平衡机制的信心和宽容。中国作为世界体系中后发市场经济体制国家，在本土政治法律资源中明显缺乏法治传统和公民宪政美德的情况下，如何完成体现公平正义的自由宪政国家的建设是现实的课题。

第二节　宪政体制的理论研讨

一、宪政体制的含义

界定宪政体制的概念有助于在此基础上展开对于宪政体制更为深入的理论分析。首先“宪政的”包含“制定”（to constitute）和“某件事物的构成即该事物作为一个整体的基本性质”（constitution）等多重意思。体制则是指国家机关、企业和事业单位机构设置和管理权限划分的制度；另有格局之意。① 所谓的宪政体制就是“在立宪政治、民主政治和法治原则的条件下，国家权力的分配、运用、制约的组织制度”②。宪政体制是指宪法规范体系确立的国家权力及其相互关系的制度和运行机制所构成的基本

① 《现代汉语词典》，商务印书馆 2001 年版，第 1241 页。

② 董皞著：《司法解释论》，中国政法大学出版社 1999 年版，第 35 页。

模式，是国家统治的原则、结构、规则及其指导下的宪政实践过程，是现实化了的制度及其行为模式。宪政体制应该被理解成为是一种经过系统组织化了的统治能力，是经过理性的深思熟虑，并且是通过宪法和法律运作的体制。宪政体制本身不是一个纲领或政策本身，它没有目标，也不是提出一个目标，相反，它是为未来无数的可能性创造一个制度性的结构。宪政体制就是要把自由、限制等这些表面上看起来相互对立和冲突的因素组合在一起，形成平衡、和谐的状态。宪政体制就是要把那些看起来是非常抽象但美好的价值取向经由具体的制度和运行机制，将其转化成为现实和可感觉到的客观实在。而要达到这个理想的状态需要人类的政治睿智和深刻的反省能力，需要有精明、有力和综合的头脑。人们要追问的是：什么样的宪法性安排（Constitutional arrangement）、宪政体制，才可能对置身于共同体内的每个人的全面发展有最大的裨益，对现代政府制度的确立具有指导意义？

宪政体制与宪政理念有密切的关联。如果说宪政是理念上的概括，那么宪政体制则是制度层次上的内容。宪政体制是抽象意义的宪政理念的现实转换，任何抽象的内容要经由具体制度表现为现实可操作的形式。宪政理念为宪政体制确定基本原则和价值取向，宪政体制是在宪政理念的指导下对国家权力所进行的制度性安排和具体设计，反映宪政的本质要求，是宪政的具体表现和实施形式。假如没有精良的宪政体制，宪政理念只能处于理性层面，从而失去它的实在价值。而人类的理性思考及其成果，并非只处于抽象思维阶段，其目标就是要通过实践机制作用于人们的生活环境，使人类获得更为自在的生活空间。

宪政体制下具体制度的设计必须考虑到诸多因素，其中宪政体制以对人性的假设为起点。人类行为受个人对私利满足的追求欲望所驱动,这种追求可理解为对安全和收入的直接关注,或者对满足某种无意识需要和欲望的追逐。在设计宪政体制的时候,人们不仅关注选择达到某种既定目标的最佳手段,还要关注除此以外更多的东西。诸如理想的宪政体制设计必须考虑到人类特性的根本限制:人们容易犯错误和受欺骗的倾向,与公共利益相对的个人利益的力量、与理性相对的激情的力量都可能使人们在不经意间误入歧途。如果把宪政看成是利益的平衡机制,是借助于政治制度和法律规则的平衡,对于有意识和生命价值的个体而言只能是一种被动的平衡,那是在制度规则体系的外在强制性控制下的平衡,那么,人们最终要获得的平衡应该是人类自身凭借自己的理性和政治智能自觉达成的平衡。宪政体制体现为对公民的人格价值和尊严的制度性尊重,是对人性的一种升华。

宪政体制除了具有理性的特征外,还具有实践性的特征。宪政体制并非单纯的设计问题,而是理性制度的实践结果。西方的宪政体制不是人们预期而设用来解决国家和民族生存发展的工具,而是基于西方的文化传统,包括对人与国家之间关系的理解、对自由、民主、平等、法治等价值的体验和认知,对宪政的感悟和信念等,是西方社会、文化自然演进的结果。① 所以,正是在长期的政治发展过程中,宪政实践进一步推动了宪政观念的变化,即民主政府既是受制约的,同时又是能动和进取的,宪政体制借助于各项有益的制度设计和安排使政府不断地获得这种能力。宪政体制是在制度前提下的政治实践。除了与既定成型的制度有呼应和互动的关系,宪政体制的运行需要参与体制运行的各方主体对制度本身的富有想象力的理解和运用。国家的政府制度是否有效,除了

① 王人博著:《宪政文化与近代中国》,法律出版社 1997 年版,第 1 页。

看正式制度和非正式制度是否完善，还要看这个国家的制度实施机制是否健全，而制度实施机制在宪政体制的背景下发挥效应。离开实施机制的制度尤其是正式制度犹如空中楼阁，没有任何实际价值。宪政体制带给人们最直观的感受，在这个社会中生存是有益的，感受到生活的意义和个人的价值，感受到由宪政理念和宪政体制所带来的制度温情。

各国在宪政实践中对于宪政理念的认识可以趋同，但是在宪政体制的设计和建构上，基于各国的历史传统、政治制度、经济发展水平的特点，可以有各自不同的思路和考量。这一点对于构建中国的宪政体制有很大启发，也是必须要坚持的一个基本立场。中国宪政体制的发展面临的问题是多重的。从纵向角度分析，中国的宪政理论与文化基础并不雄厚，宪政体制尚不健全和完善，由此会极大地削弱现有的制度设计和实施的积极效果；从横向角度考察，在西方宪政体制相对发达和成熟的比照下，能够映衬出中国宪政体制的粗糙和幼稚，容易使人们对中国的宪政体制萌生挫折感和失落感。对于当代中国的宪政体制建设和宪政实践，应该有信心、耐心和恒心，从基础性条件做起，逐渐接近理想中的宪政目标。

二、宪政体制的构成要素

宪政体制关涉两个基本法律关系。一是政府与公民之间的关系，这种关系在法律上可以直接表述为权力与自由（权利）的关系；二是政府各部门之间的关系，或者说政府各不同性质的权力及其运用。政府与公民之间的关系是主要的宪政法律关系，对它的不同理解构成不同的国家观和宪政观的基础；政府各部门之间的关系是加强对政府与公民之间关系的有效控制手段。正是这两种宪政法律关系的对抗与平衡是宪政的“不朽主题”。①

宪政体制是由不同要素组成的整体结构。宪政体制的各个构成要素对于宪政理念的实现发挥不同的作用，每一种因素的作用在整体结构中都是不可或缺的。这些因素叠加在一起形成了宪政体制的新质状态，发挥总合效应，这种新质状态所取得的效果甚至已经超过单个因素作用简单相加之和的力量。

宪政体制包括观念、制度和行为等，具体而言有指导思想（限制政府权力、保障公民权利）、具体制度（包括政府制度）、宪政体制运行者的实践方式，这些要素交互作用形成实践性的运作关系。宪政理论研究者进一步明确宪政体制的结构要素包括：（1）限制政治权力的滥用；（2）能够很好地解决社会问题；（3）有助于形成公民的性格，即培养出其负责任的行使权力的“宪法美德”。② 事实上，在宪政体制的构成要素中包括无形和有形两个大的部分。其中无形结构是隐含在制度中的抽象理念，是由人们的宪政观念、宪政意识、宪政心理等因素构成的部分；有形结构则是人们实实在在能够感知到的制度规则体系、制度规则的现实转换机制和制度规则的监督保障机制。

在观念层面，宪政体制要忠实地体现宪政理念中所蕴涵的那些重要思想，诸如限制政府的权力，保障公民的权利。任何一个制度规范体系的背后都蕴涵着极其深刻的思想运动，这些思想制度得以存在的灵魂，是使制度保持功效的精神支柱，使宪政体制本身“既富有吸引力又具好功效”。所以，政治科学不仅仅倾向于设计或建立整体政治秩序和对这种政治秩序的改革，还更加热衷于挖

① 陈端洪：《宪政初论》，载《比较法研究》1992 年第 4 期。
② 白钢、林广华著：《宪政通论》，社会科学文献出版社 2005 年版，第 15 页。

掘出制度背后的深层次的东西。正是这种观念上的东西,才促使宪政体制在实践的过程中一直保持着旺盛的生命力。宪政体制本身遵从一定的观念,并且在宪政体制运行的过程中能够很好地塑造人们的观念,即在公共的事务中,遵守既定的法律和制度。因为宪政体制中所蕴涵的观念使人们折服,从而使人们具有一种对法律的信仰,能够自觉地服从自己制定的法律和制度。宪政体制应该具有一种观念的塑造功能,即在宪政体制的运行过程中借由"一种协调的秩序,能够把个人天然的、几乎是与生俱来的追逐私利的欲望转化为社会的利益"①。从而帮助人们完成从自然人到公民的蜕变。

在制度层面,宪政体制下的制度其实就是处理生活情况和政府事务的一种既定的实践和习惯的方法。② 这种方法是通过制度的形式表现出来并受既定制度所确定的范围、方式和程序约束的,而且是体现宪政理念的制度。制度是一个整体的结构,包括政治制度、经济制度、社会制度等各项制度构成的制度体系。人们只有在宪政体制中真切地感受到各项具体的制度对人的权利和自由的保护,才能够获得对于整个制度体系的认同,这种主观上的认同又会反过来促进制度的发展与完善并影响着制度的实施效果。所以,宪政体制以既定的制度为前提,要求有相对完善的制度设计,其中包括政府制度。一个良好的宪政体制的首要条件就是制度本身必须是健全和完善的,并能够形成一个相对完整的制度体系。

---

① [美]多蒂等编著:《市场经济——大师们的思考》,林季红译,江苏人民出版社 2000 年版,第 2 页。

② [美]埃尔金、索乌坦著:《新宪政论》,周叶谦译,生活 · 读书 · 新知三联书店 1997 年版,第 167 页。

作为制度的具体表现形式的规则本身的表述是符合有关规则的特定逻辑结构的，规则也能够比较准确地反映和符合人类社会的发展规律。其次，制度内部是协调的有机构成，也就是说不同领域的制度都在宪法——这个最高法和根本法的统领之下，它们相互之间是不冲突和不抵触的，从而保持一个最佳的集合效力状态。并且，透过构成制度的具体规则能够清晰地传递出制度最终所要追求的社会公平、正义和秩序的价值内涵。

在行为层面，也就是制度的实践过程，宪政体制下的行为当然是与制度相关的行为，包括外化制度的行为和接受制度约束的行为，表现为相对抽象的制度规则如何通过具体实施制度的行为转化为可感知的实际利益的机制，即相关人员实施政府制度的具体行为，以及因此而获得的对整个制度体系所包含的宪政理念的感受。这个过程具有多重意义，包括对相关主体公民性的考验、对制度真伪的检验，以及对制度转换机制的考察。首先它更加强调公民性，一方面是制度的执行者和运行者的宪政意识，另一方面对应的是被约束者的公民意识和宪政美德。当代宪政体制更加强调公民参与政治的权利和制度运行者之间的有机结合。宪政体制需要制度的运行者和制度的遵守者双方的相互配合，因此，更加强调公民性。制度执行者的公民性有助于正确地理解制度的含义，并具有将抽象制度转化为现实可靠的实践过程的政治能力。制度遵守者的公民品格体现为对制度的自觉认同，并非单纯被动地遵守制度，而是能够将制度所确立的行为模式转化为自觉的行动，而非外在强制的结果。其次，是对既定制度的真伪与瑕疵的检验过程。因为只有实践过程中才能发现制度本身存在着的问题，不论是好的还是不好的，制度的实践过程其实也是一个不断地试错的过程，也是制度不断地适应社会发展需求的过程。只有这样才能保持制度的持久的生命力。宪政体制应该成为对于种种有关公共福祉事项的合理安排。再有,任何制度设计都要借助于一个外化的过程,只有制度是不够的,必须把制度充分地贯彻和落实,并由负有管理责任的主体予以运行,制度才具有实在意义和价值。所以制度的运行机制是非常必要的,也是非常重要的。制度的实践过程的意义还在于使人们能够真切地感受到制度中深含着的社会公平与正义的价值取向。不容忽略的是在宪政体制中,还有一项非常重要的制度建设就是宪法监督保障制度。因为在制度和实践过程中存在着一个转换机制,一个好的制度并不必然有一个好的实践的结果,其中要受诸多方面因素的影响。而宪法监督保障制度则是为了避免更大的偏离而设置的制度,以此来矫正制度执行过程中可能出现的偏离,以复归制度的本来面目。

在宪政体制中,不论是抽象观念、制度设计,还是实践过程,最终都要以有形的宪法典为根本和依归。完备的宪法典既是宪政体制启动的基点,也是评价宪政体制的最高标准。宪政体制就是为了使宪法典规定的各项内容得到充分贯彻实施的制度体系和机制。有宪法就要有宪政,就要有宪政体制。只有宪法得到充分的贯彻和实施,人们才会认同这样的国家有宪政实践,是真正意义上的宪政国家。当今世界上绝大多数国家都制定了成文宪法典,这是宪政体制存在和运行的前提条件。“关于宪法,恰当而确切地说,我们意指那些源出于某些固定的理性原则和为了达到某些确定的公益目标而制定的法律条文、制度和惯例的总合;而正是这些构成了总的体制。据此,有关共同体同意接受统治……”①美国

① [美]亨金著:《宪政·民主·对外事务》,邓正来译,生活·读书·新知三联书店1996年版,第7—8页。

《独立宣言》宣称：政府的正当权力，则系得自被统治者的同意。美国宪法在序言部分明确表述："合众国宪法是人民为建立新政府而达成的契约，也是人民与即将成立的政府间达成的契约。人民根据所规定的形式同意受统治，并且受制于该宪法所规定的条款；而政府亦保证尊重那些规定"。①

这一切表明，当代宪政体制的具体内容更为丰富，法律技术性更强，运行目标更明确，宪政体制下的人民能够更好地感受到由此带来的幸福人生。

三、宪政体制下的政府过程

宪政体制的终极目标就是政治文明的实现。宪政体制构成了现代政治文明的核心，并且使政治文明表现为法治文明。因此，政治文明建设的问题，实际上就是法治国家和宪政体制建设的问题。政治文明的发展过程其实也是宪政体制形成、演变、成熟的历史过程，政治文明表现为宪政秩序和宪政文明。宪政体制是近现代民主社会特有的政治法律现象，它是法律化、制度化的政治秩序，是限制和钳制政治权力的公共规则和制度体系。

在政治学视野中，任何实际运行中的政府，都不仅是一种体制，一个体系，而且是一个过程。在逻辑上，任何政府都是以一定的体制组织起来的，是一系列政治关系的组合。当政府真正发挥作用的时候，它就成为了"政府过程"（Governmental process 或 process of government）②。政府过程就是指政府的实际运作活动

---

① ［美］亨金著：《宪政・民主・对外事务》，邓正来译，生活・读书・新知三联书店 1996 年版，第 8 页。

② 朱光磊主编：《现代政府理论》，高等教育出版社 2006 年版，第 13 页。

和工作程序，它着重描述的是政府活动的行为、运转、程序，以及各构成要素等实证内容。政府过程实际上就是既定制度实现的过程。它涉及国家意志的“意见表达—意见综合—决策—施政”整个动态过程，即国家意志从意识形态转换为现实社会效益的过程。而在这个过程中，政府过程应该怎样运转，如何避免偏离，如何保证适度，衡量的标准是什么等种种问题，对于这些问题的回应显然是与宪政体制密不可分的。因为宪政体制能够为政府过程提供一个相对完善的监督体系，以保证政府过程具有正确的指导思想，保证政府过程的合法性、科学性和合理性。因此，政府过程不可能脱离宪政体制而独自运行，它与政府监督体系紧密连接。

首先，宪政体制为政府过程规定了政治运行的终极目标。宪政体制的价值在于实现国家的宪政秩序。宪政体制对于政府过程影响是通过宪政秩序来体现的，宪政秩序对国家基本政治、经济、文化制度的总体框定决定了政府过程的成本和动力，政府过程就是国家权力运行和实践的过程。几乎所有国家的政府在实现国家意志的过程中，也就是将法律制度转化为具体的执法行为的时候，都会出现“偏离”现象。各国的政府实践表明，无论是法治多么发达的国家，偏离都是客观存在着的现象，不过是偏离程度大小的差别而已。在国家内部，不同行政部门、不同地方行政单位在制度的转换过程中也会存在偏离的现象。在纵向上，相同的政府结构和职能，在不同历史时期、政治背景下也会有不同的组织和运行表现。但是，在这里判断偏离的标准只有一个——即宪政体制下理想政府的标准。不论国家的政府过程在实际运行过程中出现多大程度的偏离，其终极目标是不能被修正的，即抽象意义上的宪政理念——人民主权、有限政府，以及保障人民的权利和自由。

其次，宪政体制为政府过程规定了政府运行的程序规则。程序对于国家权力的实现是非常重要的。现代法治国家在很大程度上依赖于程序规则,社会正义不仅包括实体正义,也包含程序正义。事实上程序本身对于制度的实施者是一种具有保护性的价值。当一个行政部门的执法者依据制度规定进行行政执法活动时严格依照正当法律程序进行,如果行政相对人不服从,它就可以据此采取相应的行政强制措施。而如果他在一开始就没有严格按照行政程序进行,则此后的行为都是不成立的,即不受法律的保护。或者它因此而招致行政相对人的人身伤害都不能免除他自己要承担的那部分责任。而在中国的行政执法实践中往往更容易出现的问题恰恰是程序上的问题。当然这与中国长期以来重实体轻程序的传统意识有关。有些学者将不遵从程序的执法行为比喻为"毒树之果",虽然这种行为也能解决一时之需,但从长远看,特别是建设社会主义法治国家的目标看,则对政府过程是一个极大的伤害。因为它会直接影响政府的公信力,导致社会公众对政府的集体否定心理,动摇政府的合法性基础。

再次,宪政体制为政府过程规定了政府运行的实体规则。宪政体制是政府权力行使的制度性环境,为政府权力提供了明确而清晰的制度规定。依据现代宪政理论,在公权力领域,凡是宪法没有明文授予的就不是政府的权力。而在私权利领域,凡是宪法和法律没有明文禁止的就是公民的权利和自由。这种宪政经验传统表明,政府权力的获得及其运行必须要受到严格的限制和制约,以避免掌握政府权力的人滥用公共资源为自己谋取私利。特别是对于政府的行政权力尤为重要,因为行政权力天然具有一种扩张的本能,更由于现代社会发展的需求,行政权力的膨胀也是显而易见的趋势。如果没有实体性规则的有效约束,公共权力本身具有的强制性就会转换成为巨大的具有破坏性的能量,从而影响到宪政秩序的实现。

宪政体制还为政府过程提供了合法性的基础。政府过程的终极价值目标和依归是保障公民的基本人权、法律权利和自由。宪政体制为政府权力运行过程中的各个主体确定彼此之间政治关系的制度性环境，强调不同性质的国家权力不仅是分立的，而且也是相互制衡的。政府权力不仅在宪法和法律的授权之下运行，而且都要在宪法和法律的监督之下运行，以保证权力的合法性和正当性。宪政体制实际上是使政府权力拥有了被认可的价值。在实践社会主义市场经济体制的背景下，中国的政治文化和政治体制也要按照现代市场经济和民主政治的内在要求进行重大的调整和改革。它涉及国家政治文化价值体系的重构，涉及宪政体制的建设，涉及国家权力的重新配置、运行机制和制衡体系的结构性调整和制度性重建。

对国家的政府过程来说，宪政体制为它提供了运行的制度环境，即怎样去组织公共权力，怎样才能够为所有的人提供更多和最好的机会，以便享受自由和富足的社会生活。政府过程不论是推动自由还是阻碍自由、权利等这些基本利益，都需要结合它所确立的制度结构以及它所代表的价值和理念才能实现。宪政体制对于政府过程的积极意义就在于对政府中的不同职能部门的具体执法行为能够进行有效的“民主控制”。因为只有对公民的自由和权利表现出充分尊重的政府权力才是称职的国家机关。所以在进行制度设计的时候，人们必须要思考的问题是，在宪政体制下，制度怎样才能够与宪政价值相匹配；或者反过来考虑，宪政价值和原则怎样才能够博得现代政府制度下的行政机构的尊重，以及这些制度在怎样的机制下能够得到其他国家机关的尊重，以获得总体的执法效果。因此，这种形式的宪政是或者应该是最广泛意义上的公民教育的一个工具：不是指导一个特定的政治制度如何运转，而是指导如何能使各种制度普遍地运转。在这种广泛意义上的公民很多是各种制度中负责的成员身份的一种形式，无论这些制度是国家、公司、联盟或党派。对于普通公民来说，宪政体制的意义在于它影响并反映所调整的国家中的生活方式，这种生活方式的变化对公民具有直接意义。

所以，宪政体制不是"一种脱离为最基本的人类利益服务宗旨的单纯的经验式的活动，也不应是一种对于政治设计的限度漠不关心的规范空谈"，"宪政体制就是一些宪法规则的组合，它们能够有效地约束关于为自我利益而谈判的一般的政治活动。"（布坎南语）宪政体制在于向人们展现设计良好的政治制度和社会制度，并以此去面对全体公民，而制度的操作者所需知识的数量方面则要充分考虑到人类合理性所受到的限制。宪政体制的功能应该是什么？答案是要培养为适当地发挥立宪政体功能所需要的那种公民的个性和品质，其中就包括忠实地遵循宪政理念和实践宪政制度已经成为政府权力合法性的基础。

宪政制度是近现代民主政治发展的产物。宪政体制的运作机制在于强调政府权力的获得必须遵从既定的规则，即程序性的获得，从而赋予政府权力程序上的合法性。规范政府权力的具体运作，又赋予政府权力在运作上的合法性。其中体现的是自由主义所强调的"有限政府"的主张，以尽量比较精确地规制政府权力的范围和对政府权力的实施进行严格的限制。

第三节　现代政府制度的宪政理论分析

一、现代政府制度的宪政理念

马克思曾经说过："在不同的占有形式上，在社会生存条件下，耸立着由各种不同的、表现独特的情感、幻想、思想方式和人生观构成的整个上层建筑。”①不同的理念决定了设计政府制度的不同思路，对政府制度认同程度的差异。现代政府制度作为调整政府权力及其关系的规则体系，要受特定价值观念、理念的影响，这种蕴涵在制度设计背后的强大的思想运动是功不可没的。一如资产阶级革命的胜利，在很大程度上取决于那些资产阶级启蒙思想家们为人们创造的理性智慧的推动和激励。在到此为止的各国政治实践已经证明，有什么样的宪政理念就会有在该理念指导下的特定的政府制度。随着世界各国宪政理论与实践的不断演进，政府制度运行的环境背景的变迁，政府制度的设计也在发生悄然的变化。

众所周知，人民主权理论源于主权学说。所谓主权是指国家的最高权力。近代意义的主权观念由法国的思想家让·博丹首创。主权具有绝对性、至高无上性、永恒性。正因如此，主权的归属尤为重要。因为在一个国家中谁拥有主权，就意味着谁就能够拥有至高无上的政治统治地位。但是，博丹的主权论基于神权基础上的君主主权学说，强调的是君主主权，而且君主的主权是上帝的意志的体现，即君权神授。英国资产阶级思想家霍布斯从坚持集权专制的角度出发，主张君主主权，但坚决反对“君权神授”。另一位思想家洛克则从巩固资产阶级政治权力的角度出发，提出了议会主权，反对君主主权。与前两位不同，卢梭的人民主权理论是对传统主权理论的彻底颠覆，他系统阐述了人民主权理论体系，明确了享有主权的主体。认为人民主权理论是指国家中的绝大多数人拥有国家的最高权力，权力只有一个唯一合理的根据，就是人们以自己为目的而订立的自由协议。人们在建立和确认国家政权

---

① 《马克思恩格斯选集》第一卷，人民出版社1995年版，第611页。

的时候,依照维护政治共同体的共同利益所必不可少的尺度限制了自己的自由,但同时人民享有建立和推翻政府的权力。一切政治权力应该属于人民,人民主权是最后的、固有的和不可被剥夺的,它表现为一种所有权。只有在为了全体人民的利益时,权力才能给予政府。只有通过政治共同体的默契或真实的、一致的意思表示,权力才能够获得。因此,主权总是属于人民。在人民主权理论中,卢梭更是把主权界定为是人民公意的具体表现,只有人民的公意才是最高权力。人民是国家最高权力的来源,国家则是自由的人民根据契约协议的产物,而政府的权力都是人民授予的。因此,国家的主人不是君主,而是人民。国家的治理者只能接受人民的委托,主权只能属于人民。这种先进的思想给国家的政治生活带来了深刻的影响,正是在人民主权原则的熏陶下,人们形成了关于现代政治文明的基本常识,即人民是国家的主人,必须在人民同意政府统治的前提下政府才有合法性可言,政府才能有效地施行管治。

从 18 世纪开始,在"人民主权"观念下,政治权力的合法性由原先的神意论根本性地转换到民意上来。政府不断地寻求民众对其合法性的广泛认可,公众也在积极地寻求选择政府的发言权。几乎每一个政治共同体内部的政治权力主体都试图通过民意来论证其执政的合法性,民意当然也就成为一个最为冠冕堂皇的借口,现代政府的执政基础就是民意的支持。在当代,政府统治的合法性在体现民意的方式上,由人民"同意"向人民"依程序授权"转化,以正当法律程序为先决条件保障实体内容的充分实现。

诚然,同人类已经获得的其他精神产品一样,由于受人类智识水平的限制,人民主权理论在其成型初期同样具有局限性,例如在人民范畴的界定上。但是,它的重大贡献则是在对国家权力的认识上为人们开启了一个新的视角,从而推动了人类社会的政治进步和政治文明。一方面，人民主权理论的立论基础是人类自身无法证实的“自然状态”，在对“自然状态”的主观描述中推导出“自然法”理论和“社会契约”理论。另一方面，人民主权理论中的人民，按照启蒙思想家们的观点，在其发端阶段主要是指当时的新兴资产阶级，而不是今天人们所认同的更为广泛意义上的人民大众。人民主权理论中所包含的权力的内容只是涉及政治领域中的权力方面，而不包括更为重要的社会经济领域中的权力。尽管人民主权理论具有这些局限性，但不可否认的是，在世界宪政发展与实践的过程中，人民主权理论的历史性意义是不能低估的。它不仅仅具有反封建专制统治制度的意义，还标志着人类社会所获得的完整系统的主权理论。正如大家所熟知，国家属于人民，政府的权力来自于人民，政府的建立应当得自人民的同意，政府的权力必须接受人民的监督。在政府和人民的关系中，人民是国家的主人，国家机关及其工作人员只是受托人，人民有权要求政府为人民服务。政府只是宪法的产物，宪法是先于政府而存在的，宪法正是人民基于对政府统治的同意而达成一致的最高公益表达，宪法与政府之间的关系可以说是对人民主权理论的最好诠释。

马克思主义创始人和经典作家所阐述的人民主权思想更带有批判性色彩。他们认为，政治组织应该建立在彻底民主的原则基础上，全体公职人员必须由人民普选产生，每个公民都应享有更换自己政府的权力，人民是最高权力的唯一源泉。“人民的主权不是从国王的主权中派生出来的，相反地，国王的主权倒是以人民的主权为基础的。”①“全体人民享有全部权力”，②“国民议会本身没

① 《马克思恩格斯全集》第三卷，人民出版社 1995 年版，第 279 页。

② 《列宁全集》第十卷，人民出版社 1987 年版，第 313 页。

有任何权力——人民委托给它的只是维护人民的权利。如果它不根据交给它的委托来行动——这一委托就失去效力。到那时，人民就亲自出台，并且根据自己的自主的权力来行动。……当国王实行反革命的时候，人民完全有权利用革命来回答它。"①而且"人民拥立国君是为了保护自己的自由，而不是为了毁灭自由，这是无可争辩的事实，而且是全部公法的基本原则"②。所以，人民主权原则已经超越了资产阶级革命时代的局限性，成为当代各国宪政理论与实践中具有普适性价值的指导原则。

二、宪政理念指导下政府制度的演进

所谓古典与现代的区分标准就是前市场经济阶段与市场经济阶段。采用这样的标准是因为在当今世界，市场经济已经成为主权国家具有普遍性意义的选择；与传统经济体制不同，市场经济体制下必然有着与其相对应的政府制度及其模式选择，或者说现代市场经济是现代政府制度得以构建的基础性条件之一。

市场经济阶段的主要特点是在经济上强调自由经济，以颠覆在此之前的封建自给自足的自然经济模式。在政治上，刚刚脱胎于封建专制统治社会的人们对于专制统治的政治权力有一种本能的警觉心理，其政府制度的重心就在于如何有效地束缚政治权力，以避免其像脱缰的野马一样丧失控制。一些代表性政治人物的经典论述能够比较充分地证实人们的这种心理状态。美国早期著名的宪政学者麦迪逊在《联邦党人文集》中明确指出："如果人都是天使，就不需要政府了。如果天使统治人，就不需要对政府有任何

① 《马克思恩格斯全集》第六卷，人民出版社1961年版，第305页。

② 《马克思恩格斯全集》第三卷，人民出版社1995年版，第482页。

外来的或内在的控制了。在组织一个人统治人的政府时,最大的困难在于必须首先使政府能管理被统治者,然后再使政府管理自身。毫无疑问,依靠人民是对政府的主要控制;但是经验教导人们,必须有辅助性的预防措施。"①政府的存在是基于人们自身的"邪恶"(潘恩语),而政府又是一种必要的恶,②波普就直接说明:"国家尽管是必要的,但却必定是一种始终存在的危险或者(我斗胆形容的)一种罪恶。因为,如果国家要履行它的职能,那它不管怎样必定拥有比任何个别国民或公众团体更大的力量;虽然我们可以设计各种制度,以使这些权力被滥用的危险减少到最低限度,但我们决不可能根绝这种危险。"③而且对政府的警觉是任何情况下都不能免除的,因为"政府即使在其最好的情况下,也不过是一件免不了的祸害;在其最坏的情况下,就成了不可容忍的祸害"。由于人们长期生活在政府统治的环境中,人们有时会失去对政府的恶的心理意识。"在现代世界里,由于国家权力过大所造成的罪恶很大,但却很少被人认识到。"④所以当年美国人在选址定都的时候,经过了一番极其慎重的考虑,把首都——政府的主要办公地点定在了当时的不毛之地——华盛顿,以此提醒那些掌握国家权力的人要以底层社会公众利益为重、以社会公众疾苦为重,在行使社会公众委托的权力时不能有丝毫懈怠,更不能滥用手中的公

---

① [美]汉密尔顿等著:《联邦党人文集》,程逢如等译,商务印书馆 1980 年版,第 264 页。

② [美]潘恩著:《潘恩选集》,马清槐等译,商务印书馆 1981 年版,第 241 页。

③ [英]波普著:《猜想与反驳》,傅季重等译,上海译文出版社 1986 年版,第 241 页。

④ [英]罗素著:《社会改造原理》,张师竹译,上海人民出版社 1959 年版,第 14 页。

共权力。

古典宪政理论萌生在古希腊的政治思想里,通过柏拉图、亚里士多德的理论可以透视古典宪政思想往往是与义务、与服从等概念紧密相连。在古典宪政理论的论证逻辑指导下的政府制度在总体上就体现为一个基本的设计指导原则,即最大限度地受到宪政约束的最小政府权力将具备最高水平的政治合法性。所以,资产阶级革命成功以后的宪政实践初期,也就是自由资本主义时期,政府的形象体现为“夜警国家”、“治安国”,即所谓的无为政府一时成为时尚的政府形象。如果用所谓大小来比喻的话,这时的政府显然属于小政府的形象,即所谓守夜人的国家或者最低限度的国家。与之相适应的是政府机构在设置上以政府机构和人员数量少而精干为主要特征。政府在整体上是有限政府、消极政府的形象。政府的职能局限于向社会公众提供保护和维持秩序的相对狭小的范围。政府管理的事务只是那些最重要但为数不多的事情。因此,这个时期的政府职能是极其有限的。作为“守夜人”的角色,政府不必干预市民社会的经济活动,任由市场充分发挥“无形之手”的作用来实现对社会资源的配置。政府对市场所作的任何干预都被视为不合理的。政府职能主要是保卫国家不受侵犯、维护社会的秩序状态、保护公众的私有财产和人身安全,提供必要的公共事业和公共设施满足社会公众的需求。

随着自由资本主义的发展,出现了资本的高度集中和生产的垄断,仅仅依靠自发的市场机制这只“无形之手”来实现充分的就业和优化经济资源的配置已经成为不可能的事情。20 世纪初期的世界性经济危机扭转了人们关于自由竞争市场的传统观念。第二次世界大战前后,罗斯福新政和凯恩斯主义的政府干预理论,成功地塑造了政府这只“有形之手”,强调政府充分运用国家的财政政策和货币政策对自由竞争的市场进行积极干预,管理社会宏观经济,提高人民的福利水平。这种从“无形之手”到“有形之手”的转型极大地诱发了人们对于政府干预市场行为的高水平心理预期,政府不应再是消极政府,应该担负起更多的社会责任和市场责任。人们没有预料到的,正是因为对政府更多责任的期待导致了政府权力的膨胀,同时也为政府权力的“寻租”行为提供了广阔空间和更多机会,大大增加了政府权力导向政治腐败的可能性。基恩认为,由于官僚主义国家在计划上的加强,导致了其在生产、分配和管制等方面活动的扩张,使得社会和国家之间界限逐步削弱。这对于自由主义的正统的政治合法性理论有着深远的令人不安的影响。“国家分配、生产、纪律活动的系统发展,对旧的个人主义合法政治权力的名声,也产生了破坏性影响。”①而这种破坏性影响的一个直接后果就是出现了公众对于政府权力的信任危机。

在这个背景下,政府迈入积极干预的“大政府”阶段。所谓“大政府”是相对于以往的“小政府”而言,一般表现为政府机构和人员数量十分庞大,政府职能部门得到了迅速的扩张,政府工作人员充斥其间。在这个过程中,能够比较充分地观察到政府行政权力急剧膨胀的迹象。正如有些学者所概括的那样,如果说 19 世纪是立法权优位的话,那么 20 世纪就是行政权驰骋的天下。在政府制度的具体表征上,不仅行政体系的组织壮大,而且行政权俨然成为国家权力体系中的主导力量,成为国家机构中最为关键的部分。作为行使行政权力的政府,其职能不再局限于以往主导法律执行的范围,还扩展延伸到立法过程中甚至能够主控法案的成立。以

① [英]约翰·基恩著:《公共生活与晚期资本主义》,马音等译,社会科学文献出版社 1992 年版,第 295 页。

美国的政府过程为例，在实施罗斯福新政期间，美国政府新增加的职能部门几乎都是依据宪法惯例而成立的，并且是受总统掌握和控制的，行政权和行政机关的主导地位表现得非常突出。像今天为人们所熟知的白宫办公厅、经济顾问委员会、国家安全委员会、行政管理和预算局等若干总统的办事机构，都是为了顺应社会发展和国家需要而创建的，有些就是遵从总统本人的旨意建立的。而充斥于这些机构里的工作人员大都是从总统的亲信、顾问、行业专家和行政人员中选任。目前，这些工作机构的人数还在不断地增加，政治地位也在不断地上升。这种政治实践表明要塑造的是全面管制和积极干预的政府形象，而且政府职能迅速扩张、机构膨胀、人员大幅增加的趋势一直到现在还在持续的过程中。由于政府行政职能的扩张，一个比较普遍的现象就是各国政府行政机关工作人员的数量占总人口的比例在不断攀升。但是，伴随着政府规模的扩大由此而获得的实际效果并没有像人们所预期的那样理想，反而由于政府，特别是政府行政权力对市场的过多干预，导致社会资源配置的低效率，形成了“滞胀”危机。于是现代政治过程中各国普遍面临的通病困扰着人们，让人们见识到了在传统的政治实践中无所不能、无往而不胜的政府遭遇到了“政府失灵”。

人类社会在政治实践领域经历了“市场失灵”和“政府失灵”之后，开始重新思考和定位“无形之手”和“有形之手”之间的关系，于是如何实现两只手的协同效应就成了一个需要人们着力研究和解决的现实课题。显然，以往的实践已经证实，单纯依靠其中任何一只手都不是明智的抉择，特别是由于政府在克制市场失灵方面的窘迫，反对政府干预的呼声开始显现。不可否认，在一定程度上，政府能够为自由经济提供宏观上的法律控制和秩序状态。所以，正是从这一点上来考察政府这只“有形之手”的作用是不能完全被废止的,政府的存在在一定程度和范围内是必要的,有时还是很重要的。客观地分析政府失灵的主要原因在于政府对于公共权力的运用是否得当和适度,较为重要和关键的问题是如何才能对政府的权力进行有效的监督和控制。

新宪政理论要求政府的作用必须在法治、宪政的政治自由主义的理念指导下,并以保证公民个人自由和权利的前提下得以发挥和施展。在政府制度的设计上恪守的基本原则也就不应该是“最小的政府就是最好的政府”,或者全能的政府才是最好的政府。可以肯定的是,在这个过程中宪政理论的内核并没有变化,依然是人民主权原则。但是围绕着这一理念的政府制度的设计却在发生着悄然的变化,以便更好地在现代社会政治环境中体现人民主权原则。“新宪政理论”作为现代政府制度的指导原则,它的基本立场就是:宪政理念应当超越对专横地行使政府权力加以限制的传统主张,应当通过人们的审慎思考和理性设计,借助于有效的政府制度,实现经济效率,民主管理以及其他有益的政治目标。“对于通过行使政府权力以促进社会福利的这种功利主义和民主的关注,如何能与对于在行使这种权力时减少专制的那种长期的关注结合起来。”至少宪政理念要避免政府权力陷入专制与腐败的双重泥潭,以最大限度地促进人民主权原则的最终实现。所以,在政府制度的设计上人们不再一味地强调政府的大或小,而是更加注重通过政府过程达成控制社会、平衡不同利益诉求的实际操作能力。可以这样说只有适合自己的政府,才是最好的政府。人们不再局限于对政府权力的限制,或从外部对政府权力进行控制,而是在限制政府权力的同时,强化政府权力内部的控制机制。同时发挥政府权力的社会效益,以增进社会福利,更好地实现公民的权利和自由。正是在这种新的宪政思想的指导下,政府制度在内部结构、功能以及相互关系上都发生了重大的调整和变化，各种以保障公民福利为宗旨的政府职能部门不断涌现出来。

新宪政理论指导下的现代政府制度实现了对历史的超越。在现代化的过程中，尊重个人自主选择权利，张扬个人进取精神，普及公益教育和技术教育，宽容异端思想和行为方式，要求机遇平等与社会公正，监督与制约管制权力的行使。20 世纪 80 年代以来，以英美为代表的西方民主宪政国家的政府制度发生了重大的调整和变化，开始了政府与市场合作的第三条道路的有益尝试。在政府制度的设计中，人们不再片面地强调市场独占或者政府独占，而是强调二者之间的有益合作。在强调市场占据主导地位的基础上适当加强政府对经济活动的控制和干预。政府的职能定位于为市场创造各种基础性条件，包括法律条件、政策环境，以及适合于经济平稳运行的宏观社会条件，通过有效的公共政策为市场的平稳运转提供有效的制度支持。政府的职能定位更多的是为市场自身的欠缺进行有效的弥补。政府本身不能成为市场的替代者，只有在市场不能的情况下，政府才有积极干预的必要。

在总体上，现代政府制度的变化表现在以下几个方面。其一，在政府制度设计的指导思想上，表现为从直接民主制向间接民主加有限政府政治模式的转型。其二，分权和权力制约机制的新发展，由外部分权制约发展为外部分权和内部制约的双重制约机制。现代的分权有明确而严格的权力分工和制约的动态理性平衡设计。国家权力分别由立法、司法和行政三机关分别行使，彼此之间形成了相互制约、动态平衡的权力制衡机制。其三，政府制度运行的终极目标以系统科学的人权理论为价值基础，实现对人权和公民权的保障。在政府的功能上，强调政府对于市场的适度干预和控制，并将职能的重心投放到社会职能方面，与之相适应的是在政府的结构设置上，政府的职能部门，特别是社会福利部门大量增加。在这些职能部门中，比较能够体现政府社会职能的代表性机构，是欧美国家在20世纪60年代以来普遍设立的“刑事被害国家补偿局”。这个机构专门负责为遭受刑事犯罪行为而导致人身、生命和财产损失的受害人及其家属提供国家补偿，属于国家福利事业的范畴，显示政府对公民的体恤和安抚，客观上达到平稳公民心理、安定社会正常秩序状态的积极效果。正是由于政府所担负的经济和社会职能的扩大，所以行政权力机构内部的决策权力和政策执行权力更加分散，对工作人员专业化和技术化的标准远远高于传统的要求。

在政府制度不断进化的过程中，可以总结出的规律性的内容有以下几个方面：(1)宪政制约。宪政制约始终是政府制度中的不变基调，即以宪政理念作为政府制度设计及其运行的最高原则，以保证政府权力的合法性。正如麦基佛所认为的那样：“以合乎宪法性或可接受的法律标准来作为一个政府合法性的唯一重要标准。”①(2)内外制约，不受约束的政府权力必将导致自身的合法性危机。在新的形势下，对政府的制约形式也在不断地发展和完善，从对权力本身的分立制衡的约束，到对行使权力的人的法律制度约束；从权力内部的约束到权力外部的约束，通过宪法赋予公民有效监督权。(3)制度制约。在制度中要求政府承担更多的社会责任，政府不仅是有限政府，更是责任政府，政府要为自己的行为承担政治责任和法律责任。在政府功能上要为社会公众提供更广泛的社会福利，控制政府的技术性手段是通过法律和制度进行的

---

① [英]约翰·基恩著：《公共生活与晚期资本主义》，马音等译，社会科学文献出版社1992年版，第266页。

社会控制。

现代政府制度的宪政理念表述为人民主权原则，而要将人民主权原则转化为政府制度上的具体设计，并在宪政体制的运行中充分地体现出来的确需要耗费心思。宪法与宪政是现代社会表达多元化利益之间达成最高共识的重要手段，在国家层次上的力量整合只能通过宪法和法律来进行，因为它们才是自由平等意志的集中体现。

三、对中国现行政府制度的实证分析

政府制度的作用不仅是重要的，也是基础性的。因此，对现行政府制度的检讨和反思是非常必要的，它可以帮助人们去发现其中隐含着的不足，督促人们不断地弥补和完善，以保证政府制度能够不间断地发挥效力。对现行政府制度的反思一方面是由于人类智识的局限性，政府制度在设计上存有瑕疵是客观的，一如人们在现实生活中观察到的那样，有些社会矛盾的表象其实并非像它表现出来的那样简单，更多的是由于政府制度本身的缺陷所导致的，实际上就是政府制度设计的问题。邓小平对此曾经有过极为深刻的阐述：制度好可以使坏人无法任意横行，制度不好可以使好人无法充分做好事，甚至会走向反面。[①] 另一方面，是社会政治经济发展的现实需要，随着社会的发展，规则会出现滞后现象，与实际情况发生脱节，不能成为有效的行为规范，维护社会秩序，难以发挥规则的规范效应。特别是当国家的政治形势急速变化的时候，这种现象更为明显，因此只有政府制度的不断发展与创新，才会有政府的更大的效能和社会、经济的迅速崛起。

---

① 《邓小平文选》第二卷，人民出版社1994年版，第333页。

中国的现行政府制度由根本法宪法、基本法律《国务院组织法》、2005 年颁行的《公务员法》，地方各级人民政府组织法，以及地方性法规、政策规范性文件等若干不同层级的法律、规范所组成，其中以宪法和基本法律最为重要。此外，还有 2003 年中共中央颁布实施的《党政领导干部选拔任用工作监督检查办法（试行）》，2004 年《公开选拔党政领导干部工作暂行规定》。从上述所列举的涉及政府制度的主要法律规范来看，中国关于政府制度的规则体系应该说还是比较健全的，不仅有国家法，还有党法，由此构成了一个相对完善的规范体系。笔者对于中国政府制度的实证分析就是以这些现行法律规定为依据展开的。

以规制中央人民政府的相关法律为例，中国现行宪法第八十五条到第九十二条集中规定了国务院的法律地位、组成、领导体制及其职权；第一百零五条到第一百一十条是关于地方各级人民政府的相关规定。但以《国务院组织法》、《国务院行政机构设置和编制管理条例》两部重要的法律规范为例进行深入解析就可以发现其中存在着的问题。

从总体上说，尽管中国经历了 30 多年的改革开放、法治建设的过程，但在政府制度方面依然还存在着需要进一步发展和完善的地方。具体分析概括为以下几个主要方面。

第一，构建政府制度的主要法律法规在结构形式上过于简约。中国的《国务院组织法》是涉及中央人民政府的法律地位、各个行政职能部门的设立及其职权行使的组织法，在整个政府制度中处于非常重要的核心位置，但是这部法律从形式结构上只有十一条，而且在内容的规定上，可以说实际上就是对现行宪法中关于国务院的条款的重述，没有进一步具体和明确规定，许多内容仍然需要借助于其他的规范形式进行更为细致的规定。还有《国务院行政机构设置和编制管理条例》作为规制行政机构设立的重要规则内容，也只有二十五条。而且，上述法律的具体条款基本上表现为原则化、概括化。其中有些语词的表述非常具有典型性，例如，设立议事协调机构"应当严格控制"、"根据工作需要和精简原则"等等。内容过于简约，在相当程度上增加了机构设置和人员编制的随意性。也给行政机构的膨胀预留了一定的制度空间。表明至少在制度设计的思路上还没有具备足够的行政法治理念，行政法治并没有在行政机构的编制中发挥作用，在具体的政府过程中，领导人决定编制、机构编制管理部门的随意性、因人设岗、因事设岗、擅自调整机构编制等等。这些现象的发生与中国行政机构组织法、编制法的过于概括和原则有直接的关系，同时使得中国的行政机构改革几乎都是在精简—膨胀—再精简—再膨胀的循环中不停地轮回。一个重要的并且是庞大的中央政府职能部门体系的组织与编制，仅仅依据如此简约的条款是难以规定完善的。必须依据宪政精神制定系统化的机构组织和编制的法律规范体系，才是明智的选择。

第二，行政机构设置权由行政机关自行拥有，缺乏来自于立法机关的外部法律约束。根据现行相关法律规定，行政机关享有行政机构设置、管理和监督的权力。由此一来，使得各类政府机构的设置缺乏严格的法律约束，特别是缺乏来自于立法机关的外部控制，尽管在这些法律规范中都非常明确地写着要"严格控制"，但由于是自我监督的模式，很难保证整个行政体制设置的科学性、合理性和符合社会需要，同时也就不能保证各个行政职能部门的有效协调运转。

根据《国务院行政机构设置和编制管理条例》的规定，国务院行使行政机构的设置和编制管理权。国务院设立专门的编制管理机关，行政机构的设立、撤销或者合并，由编制管理机关事先组织有关部门和专家进行评估和论证；或者由编制管理机关提出方案；涉及直属机构、办事机构和国务院组成部门管理的国家行政机构的设立撤销或者合并由编制管理机关提出方案，报国务院决定。这些条款的规定传递出的信息非常明确，国务院在行政机构的设置方面拥有很大的自主权。即使是行政机关自行制定机构编制方案，然后提交人民代表大会审议，人大通过的仅仅是方案而已，其间既缺乏相关的组织法制约，在程序上也不能充分体现出民主法治的精神。结果就是行政体制改革过程中，职能部门的调整总是不能完全到位，尽管上述这些法律规范一再强调和重申要本着精简原则设立相关的行政机构，但事实上每一次行政体制的改革总是首先要进行精简，显然，在机构设置上，法律明确规定的精简原则没有得到应有的尊重和体现，行政机关的增加与减少并不总是体现出其应有的公共目的。

第三，缺乏规制行政行为的行政程序法。受中国长期以来法律传统重实体轻程序的消极影响，在行政权力规范中也体现出相关的特点。自 1889 年西班牙制定了世界上第一部行政程序法之后，一般的宪政国家都有《行政程序法》与规范行政主体的其他法律规范相衔接。行政程序法是规制行政行为的基本法，它通过严格规范行政主体的行为和保障行政权力的行使符合正当法律程序，达到提高行政效率的目标。其基本价值就是忠实于行政公开的原则，通过正当行政程序，有助于行政机关的工作人员在实现目的时更加注意采取善意的手段，也使行政相对人能够真心接受行政机关所作出的决定。在行政权力极度膨胀的今天，行政程序法律规范的完善对于公民权力的保障尤为重要。中国目前有些地方通过举行行政首长接待日来解决积压已久的问题，这种做法至少从一个侧面反映出行政机关在行使行政职权时缺乏起码的程序规范，也表明是对以往行政程序欠缺的积极补救，最不可取之处是这种做法让人感觉到遗留的人治色彩。至少让普通公民感觉到找领导管用，而且越是高级领导越能解决问题，那么如此众多的越级上访、直接去北京上访现象的出现也就不难理解了。

此外，除了现行的公务员法之外，没有专门针对国家公务员的特殊伦理道德规范要求。在行政主体方面，法治国家对代表国家和政府具体行使行政权力的自然人主体有特殊的道德伦理要求，仅仅依靠公务员法不足以有效防范和避免政府危机。在行政机关的自然人主体方面，西方宪政国家一般都有专门约束公务员的特殊伦理道德法律规范，通过设定严格的标准，使公务员具有比普通公民更高的道德资质，以保障政府公共权力行使的效果。以日本为例，在《国家公务员法》之后，于 1999 年日本正式公布了《国家公务员伦理法》和《国家公务员伦理规程》作为行政改革的一项重要举措，在弥补《国家公务员法》之不足的同时，起到防止政府公共权力被滥用和防范国家公务员腐败的目的。

通过上述实证分析，可以获知中国需要更为完善的政府制度规则体系，人们现在所面临的关键问题“不在于改变人们的意识即人们头脑中的东西，而在于改变有关真理产生的制度、政治、经济规则”（福科语）。要想获得理想中的政府，即组织效率、职能效率和政治效率都处于最大化状态的政府，首先就应该考虑更为可靠的制度化规则——即控制着政府有效行使其职权的现代政府制度。

只有当人们深入现行政府制度的字里行间，才能够真正领略到它所包含着的真理与谬误。政府制度能否实现其规制公共权力、保障公民权益的价值目标，需要政府制度的完善，政府制度能否尽可能地避免任何基于技术性的理由,或者经济合理性的理由来随心所欲地改变既有的政府制度体系,或者否定法律上的正当程序的随意性,来体现政府制度一贯秉持的公平与正义的宪政立场,是衡量一个法治国家政府制度完善程序的标准。

在政府制度设计之前,要有一系列关于有助于建立理想政治秩序的基本原则和原理。如政府制度是怎样运作的,怎样才能使政府制度有效运行,以及为什么某些政治体制是优于其他体制的。政府制度实质上是对复杂的、充满矛盾的政治共同体的集体生活经验的高度提炼,人们的理想期待觉得政府制度应该是深入的和建设性的理性思考,这个目标是可以达成的,但是对于政府制度也不能抱太大的期望,政府制度的缺陷在一定程度上反映了人类社会面对的实际情况的复杂程度,还有历史积淀沉重负担的困扰,在这个过程中不断燃烧的智识激情可能已经耗尽了人类创造性的能量。"国家的体制愈良好,则在公民的精神里,公共的事情也就愈重于私人的事情。私人的事情甚至于会大大减少的,因为整个的公共幸福就构成了很大一部分个人幸福,所以很少还有什么是再要个人费心去寻求的了。在一个政绩良好的城邦里,人人都会奔向大会去的;而在一个坏政府之下,就没有一个人愿意朝着那里迈出一步了,因为没有人对于那里所发生的事情感到兴趣,因为人们预料得到公意在那里是不会占优势的而且最后也因为家务的操心吸引住了人们的一切。好法律会使人制定出更好的法律,坏法律则会导致更坏的法律。只要有人谈到国家大事时说:这和我有什么相干?我们可以料定国家就算完了。"①

① [法]卢梭著:《社会契约论》,何兆武译,商务印书馆1980年版,第124页。

对现代政府制度的研讨虽然不能解决人类面临的所有问题，但是它能够在一定程度上减轻人们长期以来对于公共权力的担忧。借助于设计精良的现代政府制度，寻求良性的政府过程，实现人们一直追求的终极真理与幸福。在宪政理论视角下，现代政府制度需要人们对公共权力持有一种宪政观念，任何对政府制度的功利性认识与实践，都会消耗政府制度的宪政性价值，使政府制度徒有其表，不能起到规制政府权力、保护公民权利的积极效果。

第二章　现代政府制度的基本理论问题

对中国的政治实践和政府过程而言，现代政府制度是全新的概念，它的构建需要从不同方面入手进行调整，其中厘清与之相关的基本理论是一项基础性工作。通过对现代政府制度的内涵、现代政府制度体现的宪政理念、人性基础等问题的探讨，有助于认识确立现代政府制度的价值和意义，坚持在现代政府制度的设计和实践中，忠实体现规制政府权力、保障公民权利的宗旨。

第一节　现代政府制度的概念和特点

一、现代政府制度的阐释

当今世界，政府是控制和影响人类社会的基本力量之一。它不仅在创造和提升国家的国际竞争优势方面具有不可替代的作用，而且在政治、经济和社会等各类资源的配置方面由于其拥有的强制性手段和有效措施，能够对政治共同体内每个公民的切身利益施加有效影响。人们对政府和政府制度并不陌生，现实生活中的时时刻刻都能够感受到政府及其政府制度的作用。现代政府制度是什么？现代政府制度蕴涵的宪政理念是什么？现代政府制度又将如何完善和发展？关于这些基本问题的厘清对于现代政府制度的思考和设计既是基础性的，也是非常重要的。因为一个民主的、负责的、有能力的政府，以及在此基础上确立的现代政府制度，无论对国家的政治经济发展、社会的可持续性发展，还是对公民个人的福祉都是不可缺少的。

在一般意义上，制度是表明人与自然之间关系、人与人之间关系的规范体系。道格拉斯·C.诺思认为："制度是一个社会的游戏规则或在形式上是人为设计的构造人类行为互动的约束"，"制度是一系列被制定出来的规则、守法程序和行为的道德伦理规范，它旨在约束追求主体福利或效用最大化的个人行为"。①T.W.舒尔兹说："我将一种制度定义为一种行为规则，这些规则涉及社会、政治及经济行为"。②政府制度是专门用于调整政府公共权力及其相互之间关系的一系列规则的总和，是要求政府机关共同遵守的办事规程或行动规则，也指在一定历史条件下形成的政治、经济、文化等各方面的规范体系。通过对政府的规范来实现政府的合法性、保证公共权力的正当行使、增进社会福利、促进政治秩序状态。政府制度既可以表现为具体规则，也可以是一个完整体系。现代政府制度是与传统政府制度相对应的政府制度安排，它是内涵丰富的范畴，可以从多维视角对其进行定义和研究，不同的学科视角对现代政府制度会有不同的认识和理解。

笔者探讨的是宪政理论视野下的现代政府制度，从这一角度出发，将现代政府制度表述为在宪政理念指导下，由法律所规范的有关政府组织、权能、过程、方法和手段等具体制度安排。这种制度安

① ［美］诺斯著：《经济史中的结构与变迁》，陈郁等译，上海三联书店、上海人民出版社1994年版，第225—226页。

② ［美］科斯等著：《财产权利与制度变迁》，刘守英译，上海三联书店1991年版，第253页。

排体现在两个方面，其一是政府组织内部的制度安排，通过法律对整个行政体系的机构设置、权力配置、人员配备、工作方法以及程序等进行规范，以形成权责一致、分工合理、决策科学、执行通畅和监督有力的行政管理体制；其二是政府与社会之间关系的制度安排，明确政府和社会之间的权力(权利)关系，厘清二者之间各自行为的领域和界限，将政府公共权力的行使限定在法定的责任和权力范围内，保护公民自由自主的空间；使政府行使权力履行义务依法进行，凡限制公民权利、自由或者为公民设定义务的政府行为，必须有充分的法律依据，以保障公民的合法权利不受来自任何方面的非法侵犯。

无论从政治学理论的角度，还是在法学理论上，政府制度与政府体制都是两个不同的概念，二者有一定联系，但区别更为主要。政府体制作为一种组织制度，侧重于通过宪法和组织法规范组织机构的设置、管理层次的划分、行政权力的配置以及行政关系的确定，它是通过宪法和组织法确定下来的各个层次和机构之间的关系，是不同的政府机构依据一定的组织原则并通过承担相应的职责所形成的特定关系的整体，是对行政体系内部各个不同机构之间关系特征的描述和概括，一经形成即具有稳定性。如果说政府制度是关于政府整体的规则体系，那么政府体制就是通过宪法和组织法确定下来的各个政府机构之间关系的一种表达。相比之下，政府制度调整的范围比政府体制要广泛得多，包括政府制度的主体、客体及其相互之间由宪法和法律确定的权利义务关系的具体内容。无论是静态意义上的政府职能、行政权力和政府体制，还是动态意义上的行政程序、政府过程，都在政府制度的调整范围之内。确立政府制度的目的是为了更好地规范政府权力的行使，实现政治秩序。政府制度是政府体制确定的基础，政府体制作为实现政府职能的一种手段受政府制度的制约，只有存在政府制度的前提下才会形成特定的政府体制,政府制度的具体内容决定了政府体制的特点。现代政府制度涵盖政府体制,政府体制是政府制度中的一个方面,一个重要组成部分。

现代政府制度实际上就是政府制度的现代化,而政府制度的现代化是一个不间断的过程,任何国家在不同的历史发展阶段和形势下都会面临政府制度的更新问题。从制度构建的角度看,现代政府制度的具体表现形式首先就是关于政府的规则集合。而规则的最适当形式并不是轻而易举就能做到的,它被转化为现实而有效的组织与行为模式需要一个良好的运行空间。现代政府制度的功能在于规范组织与组织、组织与个人、个人与个人之间的关系,通过这种规范制约政府权力,复归人类对人的本质占有。这是基于对专制社会深刻反省的结果,因为"专制制度唯一的原则就是轻视人类,使人不成其为人",现代政府制度就是要借助于宪政理论和宪政机制帮助人们实现成为真正意义上的人的理想。

现代政府制度中蕴涵着某些对于个人的生存来说十分关键的智慧,这些智慧是单个人的理性不能完全具备的,它可以让个人不自觉地或有意识地排除那些或许可以增进自己短期利益却损害长期利益的选择,通过对个人与组织行为的激励与约束,防止个人与组织在选择行为中的损人利己的倾向,以作出有利于整个共同体的理性选择。所以制度本身的性质非常重要,"当个人深信制度是非正义的时候,为试图改变这种制度结构,他们有可能忽视这种对个人利益的斤斤计较。当个人深信习俗、规则和法律是正当的时候,他们也会服从它们。"①制度既应该符合人类社会发展的基

① [美]诺思著:《经济史中的结构与变迁》,上海三联书店、上海人民出版社1994年版,第60、12页。

本规律,也应该体现社会正义,是对以往人类所经历过的社会政治治理经验的最好的筛选。现代政府制度的工具性价值在于能够有效地规制那些掌握和行使行政权的个人与组织的行为。它的主要表现形式为“命令和法律”,其中法律是法治国家普遍认可的制度形式,虽然法律并非制度的全部内涵,但却是所有制度中最为重要的部分,国家倚重法律的形式引入制度并加以实现,如通过修改宪法来促进制度创新,通过法律法规形成整体的制度环境。

确立现代政府制度是必要的。实现宪政的主要表现就是国家的政治法律制度不断发展和完善,考核宪政水平的重要标志体现为抽象意义上的制度理性,它是制度设计和安排的思想指导。政府是国家机器的“制高点”(commanding heights)和政治国家的核心。没有宪政理念的政府制度只能是没有生命力和运行动力的制度空壳,政府也只能在没有有效监督机制的制度空壳内空虚地游走,只有借助于宪政理念和宪政体制才能真正保持和回归制度的理性。现代政府制度是现代国家需要的多项关键性制度之一,对中国而言尤其如此。当代中国面临诸多政治、经济和社会问题,乃至精神层面问题的困扰,解决这些问题需要整个制度体系的深度调整和变革。其中,以基础性的制度包括政府制度的转换最为重要和迫切,因为它是整个社会转型的制度基础。确立现代政府制度具有现实意义。改革开放以来,中国的经济社会发展取得了令人瞩目的成就,这与中国经济体制的深入改革密不可分。中共十四大提出了建设社会主义市场经济的改革目标,1993 年宪法修正案明确了由社会主义计划经济改行社会主义市场经济。经济体制的改革必然要求政府管理体制的改革,这种改革应当以政府转型为中介,以现代政府制度的建立为目标。中共十七大报告提出,“要抓紧制定行政管理体制改革总体方案”,说明当前行政管理体制改革需要系统谋划,整体推进。虽然十七大报告没有使用现代政府制度的概念,但在行政管理体制改革总体方案引导下的系统改革必将导致现代政府制度的实现。现代政府制度的实现对中国的现实意义是,它不仅会推动政府自身的现代化,而且对企业制度、社会组织与运行的现代化也有积极的促进作用,进而言之,政府制度的现代化将对中国社会的整体变迁产生深远的影响,并在很大程度上推进整体改革目标的实现。确立现代政府制度的目的是什么,卢梭回答得非常明确而中肯:"政治结合的目的是为了什么？就是为了它的成员的生存和繁荣。"①

政府制度的现代化是各国共同面临的课题。没有任何一种政府制度是绝对好的制度,只是相对于现阶段的发展水平比较适宜而已。因此,在完善政府制度的时候,必须有明确的价值取向。当代各国面对行政权的膨胀,一些行政法规和政策的制定在一定程度上向政府职能部门倾斜,其中最为典型的是国民收入的分配体系越来越向政府部门倾斜,政府在公共基础服务——如教育、医疗等方面投入的资金不足。例如,在英国出现了 IPOD 代,即没有安全感(insecure)、压力大(pressured)、过重的税负(overtaxed)、高筑的债务(debt-ridden)。现代政府面对这些前所未有的社会问题时必须要调整原有的制度和政策,否则难以保证社会稳定和获得稳固而广泛的民意支持。政府制度的现代化不仅是中国面临的问题,也是其他国家面临的共同问题,表明人类社会的发展、理性的发掘。现代政府制度的意义就在于它要从事的活动,是根据不同利益集团对整个政治共同体的福祉和生存的重要性,给予其相应

① ［法］卢梭著:《社会契约论》,何兆武译,商务印书馆 1982 年版,第 111 页。

的法律地位和权力，以此来协调它们在特定统治单位内的利益关系，使人们获得必要的安全感和保障。

二、现代政府制度的基本特质

现代政府制度的特点是进一步解析其性质的重要基础，在政府制度的历史演进中存在一些不变的特质，与其他制度相区别。

现代政府制度具有历史性。各国的政府制度“实际上也是对过去经验的适应，都是通过有选择地剔除不太适合的行为而最后形成的”①。现代政府制度能够完全摆脱传统约束的先例几乎是不存在的，“尽管美国历史上存在着某些分歧和冲突，美国存在着一个共同的政治传统，即‘虔诚财产权、经济个人主义理论、竞争价值’、把资本主义文化的经济特征视为人的必要的素质”。现代政府制度可以实现对历史的超越，但并不能从根本上割断同历史的联系。

现代政府制度具有差异性。政府制度的差异性是由政府的活动内容决定的。因为“在不同的占有形式上，在社会生存条件下，耸立着由各种不同的、表现独特的情感、幻想、思想方式和人生观构成的整个上层建筑”②。不同的思维方式和内容决定了人们对政府制度的认知水平，不同的政治文化背景决定了对现代政府制度规则的选择方向。不同的政治法律和社会传统、不同的民族性格、不同的地理位置不同，还有面对不同的实际问题，决定了政府制度的本土差异。所以，不同国家的政府制度具有不同的个性特

① ［德］哈耶克著:《自由宪章》，杨玉生译，中国社会科学出版社 1999 年版，第 49 页。

② 《马克思恩格斯选集》第一卷，人民出版社 1995 年版，第 611 页。

征是普遍和正常的现象，除了在共有的规律性方面可以是同一的和相互借鉴的，在适合本土国情时，需要更多的创见性以突出个性，没有必要追求完全一致的模式。政府制度的设计不是关于国家政府过程的预期，而是在政治实践中对人类政治智慧和经验的创造性提炼。只要能够为本国提供良好的制度环境，增进公民的福祉和满足人们对美好生活的期待，就是适合的和有益的政府制度。

现代政府制度具有时代性。任何制度的发展与建设必须保持与社会发展的同步状态，更新制度的主要目的就是为了解决当代社会发展过程中面临的实际问题。而随着社会的发展、政治的进步，政府制度存在的空间不同以往，需要解决的问题在变化，人们对政府的期待也在改变。所以，政府制度就要调整和更新，以回应社会，更好地推动社会进步，使人类社会保持持续性发展的状态，使人们的自由生存空间更为广阔。

现代政府制度具有公共性。现代政府制度的公共性是由政府组织的特性决定的。从民主政治的角度讲，政府是为公民提供公共服务的机关，是创造公共价值的机关，而公共价值在通俗意义上的理解就是人民的偏好。因此，政府就是帮助和促进实现人民偏好的一个机关。从公共管理的角度讲，政府组织可以说是社会中最大的公共组织，它通过行使公共权力，对社会公共事务进行有效管理，直接影响社会生活的总体福利状况和社会的整体发展。政府的构成主体、组织目的、行为方式等各个方面都充分地体现了公共性的特点。在现代民主宪政国家中，为了更好地实现国家的统治职能，保障其统治的稳定性和有效性，政府往往以形式上的中立者和公共利益的代表者向社会公众展示自己的形象，以获得更为广泛的支持。政府制度的公共性质表明正是在这种制度设计与安排下,保持政府的公平和包容性的品格,公共服务体系覆盖到每一个公民,使公共性体现为一种普遍性和非排他性。

现代政府制度具有系统性。现代政府制度的系统性取决于政府行使公共权力的客观需要。政府制度涉及许多方面,如政府机构的设置、职能部门的协调、工作人员的选任、政府制定政策的连续性、工作效率、组织成本等等。这些具体的制度安排组合在一起决定了政府制度是具有内在有机结构的规范体系和一个完整的系统。按照行政管理学的理论,政府行使的行政权力必须由不同职能部门的有效协调和链接才能够获得整体的行政效果,任何职能部门的延宕或渎职,都会直接影响公共管理目标的实现。所以,行政权被人们简约地概括为执行、管理和协调,其中协调部分专指行政系统内部不同职能部门忠实履行各自职责,以配合整体效果的实现。

现代政府制度具有政治性。现代政府制度与政治主体、政治权力、政治现象、政治活动和政治目标紧密相连。其核心是政府权力,政府权力是政治活动的核心。其内容关联到政治过程,即政府的合法性、政府权力的定位、政府权力的运行机制,以及政府权力对社会资源的配置和对不同利益诉求的积极回应。现代政府制度中包含众多的政治现象,即国家的行政权,与政治主体、政治关系、政治制度、政治过程等诸多方面紧密相连。现代政府制度的政治性表明,政府权力意味着统治与管理,受宪政制度的严格制约和支配,政府制度和政府权力的行使必须体现宪政价值取向,在终极目标上要达成公平、正义、自由和平等,在公共治理效果上要实现宪政秩序、社会秩序,达成不同社会利益群体、利益集团之间的均衡状态。

现代政府制度具有规范性。现代政府制度所具有的规范性是由政府行使的行政权力决定的。政府制度的规范性意味着法治和秩序，从政府权力的取得，到政府权力的实施有一套制定良好的完整的规则体系。对于现代政府制度而言，它要遵从宪法和法律的崇高性和至上性。其规范性体现的基本内涵就是治国者首先要受制于宪法和法律，政府的权力要受到有效的监督和制约。在国家公共权力中，行政权的行使最具有经常性、主动性和积极性，同公民的人身权利和财产权利息息相关。为了保证行政权的效果和维护政府的形象，行政权必须严格限定在宪法和法律明文授权的范围，必须依据宪法和法律来行使权力。而且，除了实体的行政权力以外，政府职能部门在行使行政权力的时候必须遵循法定的程序——行政程序法。

三、现代政府制度在国家制度体系中的地位

在社会生活中，每个人都脱离不了来自两大体系对生活的幸福指数的影响。一个是市场体系，人们每天都能感受到市场的存在；另一个就是政府体系，相比之下，政府体系带给人们的影响远远超过市场。而且无论人们对政府的态度是喜欢还是不喜欢，这种影响都客观存在且难以摆脱。人类社会的历史经验已经证明，民主的、法治的、负责任的、有能力的和有效的政府，是国家政治稳定、经济发展、社会进步的保证和必要的前提，现代政府制度正可以为理想的政府运行模式提供比较可靠的制度保障。

当代各国政府管理实践表明，现代政府制度是国家制度中的重要组成部分。现代政府制度是对人民主权原则在新的社会环境下的具体体现和新的发展。人民主权原则是一个相对抽象的宪政原则，人民的范畴是什么？主权作为最高的国家权力怎样才能够体现？主权和国家权力之间的关系如何？对于这些问题的回答意

味着人民主权原则是否能够从相对抽象的层面变成现实可靠的制度安排,人民主权原则只有借助于具体的制度设计才能够实现从抽象到实际的转换。现代政府制度在国家制度体系中的重要意义在于,在新宪政理念的指导下,实现从以政府为中心的传统管理体制到以公民为中心的现代管理体制的转换,强化政府的基本职能定位就是要保障公民的宪法和法律权利。因为有了政府制度的现代化才使得人民主权原则更为充实和具体,从相对抽象的概念转化为公民在现实生活中的真实感受。其一,人民的范围极大扩展,公民不再是一个纯粹的法律概念,更多地具有社会学意义;其二,人民参与的方式和途径愈加广泛,宪法与法律赋予的言论自由、批评建议权、监督权,行政听证等;其三,人民参与的水平更加深入,从一般的社会领域,扩展到经济领域和政治领域,从对国家意志的被动接受,到参与国家意志和政府决策的形成。现代的民主宪政实践充分表明,人民不再是一个相对抽象的概念,它是由一个个享有具体权利的主体、具有多种多样的参与方式以及相互链接的动态过程所构成的具有实在内容的宪政文化的符号象征。

现代政府制度的重要性是由政府在整个社会组织系统中所扮演的角色和所发挥的作用决定的。世界银行在《1997 年世界发展报告——变革中的政府》中指出:“如果没有有效的政府,经济的、社会的和可持续的发展是不可能的。有效的政府——而不是小政府——是经济和社会发展的关键。”宪政理念支配下的政府及政府制度在两个维度上促成秩序状态。一是在更为广阔的领域内能够为人类社会生活营造和谐与秩序,这是符合人类基本需要的;一是在政府组织体系内部形成规范和有序,使政府的各个不同职能部门保持良好的运行机制。人类的社会生活需要秩序,就像人们的生存需要空气和水一样重要,政府的有效运行同样要有内部和外部的共同秩序状态，政府因为其拥有的控制力量和强制力量能够在创设秩序和维护秩序方面发挥不可替代的作用。所以，人们的日常生活离不开政府和政府制度的庇佑，于是政府及政府制度也就成为社会、制度体系里的必要组成部分。

现代政府制度在终极目标上能够帮助人们实现社会公平与正义。在价值观念上，公平与正义对于人类的社会生活尤为重要，也是支撑人们生活下去的精神依靠。无论是为了追求统治的效果，还是为了达成人类社会生活的理想状态，现代政府制度意味着要通过有效的制度引导社会实现公平与正义，帮助人们将对美好生活的期待转化成为可靠的现实。现代政府制度的重要性表明，政府总是同公共权力、创造公共价值和提高公共福利等概念联系在一起，政府主控制度的设计与安排，而政府制度则能够有效地控制政府的行为，这种机制在一定意义上就是社会公平与正义的象征。在目前的条件下，现代政府制度因为其制约的是社会各类组织当中唯一能够合法使用暴力的国家机关，而且它能够实施任何组织和公民个人都无法完成的事情，所以，现代政府制度也能够最大限度地帮助人们去实现社会公平与正义。现代政府制度还与规范、控制等概念紧密相关，可见政府制度本身的重要性。现代政府制度的重要性还在于对其他制度所具有的决定性意义，它是其他制度确立的基础，它的任何变化都会直接引起其他制度的相应调整。

对现代政府制度的重要性认识，还要放在国际背景中去考虑。当今世界主权国家之间的竞争实质上就是不同国家政府之间的竞争，是各国政府在管理、治理能力、管理效能方面的政治能力和政治素质的竞争和较量。这种竞争的结果直接关系到主权国家在国际事务中的地位、话语权和参与权，以及在世界体系范围内各种资源配置方面的国际参与程度，从而使现代政府制度又具有国际性意义，与主权国家的国际形象和国际地位连接在一起。

由于现代政府制度的多重意义，其设计颇具难度。人们要充分地考虑到现代政府制度与现实环境的相关性和依赖性，因为现代政府制度要在这个特定环境中运转，而这是一个几乎不可预测的环境，包含着常态因素和非常态因素，因此应该采取非常谨慎细致的态度。

第二节　现代政府制度的法哲学基础

笔者对于现代政府制度的专题研究设定了两个基本限制性前提，其一是以狭义政府为研究对象，政府以行使国家行政权力的机构体系为限，现代政府制度也是指专门规制行政机构及其权力的法律规范体系；其二是现代政府制度中的制度以正式规则为研究范围，即以享有相应权力的特定国家机关通过法定程序正式颁布的用以规范政府的制度规则为研究对象。此外，笔者的研究视角除政治学以外，还强调法学的基本立场，从法治与宪政实践的角度考察中国现代政府制度的建设。现代政府制度作为中国社会主义法律体系中极其重要的组成部分，同其他法律制度一样要体现宪政理念，并配合实现建设社会主义法治国家目标的整体需要。同时作为法律制度，现代政府制度具有法的共性，体现法的基本价值和精神，也同样遵循法的发展与变化规律，而在最基础的层面上它必然要受到法哲学思想的指导，从而使现代政府制度成为宪政制度的有机构成。

众所周知，在一般意义上法哲学揭示的是在法律理念引导下理想法的状态，即法的应然状态，它要求所有的法律制度在制定和实施的过程中都要指向这样一个终极目标，即在当时的条件下有可能实现的有关社会生活的最完美的和谐。现代政府制度的设计同样要考虑通过具体的规则和制度安排,更好地促进这种理想生活状态的实现。与其他法律制度不同的是,现代政府制度是以政府为规制对象、在公共权力领域中进行的具体制度设计,但也正因如此才更加显现出现代政府制度独有的宪政实践价值和意义。

追根溯源,现代政府制度的法哲学基础是悠远而激进的自然法和自然权利理论,以"权利本位"法律理念为核心,现代政府制度作为人类智识活动的产物,其中所包含的具体规则都是在它的启发下完成和不断进化的。

一、对政府及其权力的客观认识

现代政府制度的设计首先有赖于对政府及其公共权力客观而全面的认识。在这个方面,自然法和自然权利理论关于政府及其权力的逻辑推断和阐述提供了较为丰厚的理论基础。

如同人们已经有所了解的那样,自然法是一种具有思辨性质的理想型的普遍原则体,作为从哲理上发展法律材料和批判法律材料的基础,①在如何看待政府及其权力的问题上,它以政府的起源为切入点,为人们提供了不同以往对政府进行正确定位和评判的标准。

在政府的发端上,政府是基于人们相互之间的"同意"而成立的,保有个人的自然权利是政府存在的前提。在长期的自然生活状态下,人们发现要享有心境的安宁状态、对自身的安全放心,就必须建立一种政府,在它的统治之下一个公民不必惧怕另一个公

① [美]庞德著:《法理学》(第1卷),邓正来译,中国政法大学出版社2004年版,第35页。

民,于是人们在彼此之间达成一致,自愿让渡自己所拥有的一部分权利,将这部分权利交给政府来行使。基于人民的“公意”成立政府,由此进入政治社会,政府则通过合理的权力安排和制定各种体现社会正义的法律规则来行使人民赋予它的权力,以保护人们在进入政治社会之前就已经享有的天赋人权,并保证人们比在自然状态下更好的生活情景。政府的存在以拥有权力为标志,权力代表政府基于公共利益而对社会进行管理的权威。那么在权力和权利的逻辑关系上,自然法理论指出了二者之间存在的内在紧张关系。权力派生于权利。权利是权力的本源,无权利就没有权力,没有权利也就没有权力存在的必要。反之,权力是为了保障、巩固和捍卫权利而存在的,权力是权利的后盾,没有权力的保障就不能够享有真正的权利,因为权力是以国家强制力为依托的一种能动的支配性力量。同时权利与权力公共寓于法律规范体系之中,是法律制度中的基本内容。而且权力本身具有双重特性,在正向意义上,权力具有组织性、建设性和创造性,但是在相反的方向上,权力同样也具有破坏性、侵犯性和腐蚀性。权力以公共利益为神圣前提,可以有效对抗任何单个的个体利益;权力行使过程中可以运用的各种强制性手段和措施,足以使任何组织和个人难以抗衡。人们认识到,权力作为一种自立之物,一旦产生,不但有十分强烈的独立性,而且含有一种自我扩张的本能,会对其所出——权利——构成相当的威胁。

所以,法律制度从其诞生那一刻起即以授予权力、规范权力和限制权力为使命。现代政府制度也正是在这种警示中,确立了关于政府及其权力的正确定位,即政府及其权力源于人民的主权,主权是本源性的,政府及其权力是派生性的。人民主权和权利是政府及其权力的起点,也是政府及其权力运行的终极目标。

二、通过制度对政府及其权力进行有效控制

自然法和自然权力理论对现代政治实践的另一个具有实践性价值的启示在于一贯强调对权力进行严格制约的立场，通过对权力的结构性认识，讲究权力的内部制衡，以权力制约权力，以权利制约权力，实现对政府及其权力的有效控制。所以，一直以来在各国的政治实践中，人们试图通过严谨的政府制度设计来有效地控制政府及其公共权力，以保证政府及其公共权力的公共属性不发生蜕变，其运行不偏离保障和实现权利与自由的终极目标。

鉴于政府权力具有一种扩张的本能，因此在国家的权力结构中首先要实现权力内部的制衡，即在不同性质的权力之间实行分立，分别由不同的国家机关掌握不同的权力。无论是从最初的"两分法"立法权与行政权的分立，还是到后来的"三分法"立法权、行政权和司法权之间的分野，都表明了权力分立的基本思路。权力仅仅分立是不够的，还要实现彼此之间的相互制约，相互牵制以避免任何其中的一项权力超越于其他权力之上，从而形成专制或者独裁。所以限制政府权力的实质其实就是赋予政府适当的权力，实现权力内部的政治秩序。尽管社会主义国家并不承认西方先政实践中的三权分立与制衡原则，但是在具体的政治实践中，也同样有基于权力的不同内容而进行的分工。这种政治实践表明，在对政治体共同具有的结构性的认识上，确实存在着基本的，也应该是统一的政治规则的，因为这种结构性分析对每一个政治体的秩序状态都是有益的。随着公民社会的发展与成熟，以权利制约权力突破了原有的权力内部相互制约的传统模式，使对权力的有效控制更为有力。公民不仅通过行使宪法权利和法律权利来监督制约政府权力，而且还通过对政府过程的直接参与来体现权利的本源性。对政府的有效控制具有双重意义，

一方面使政府的全部活动受到预先确定的制度和规范的制约，另一方面对应于对公民权利和自由的保障，对政府的有效控制因此而具有双重效果。

对政府及其权力规制的制度化和规范化。对政府及其权利的规制不是理论上的阐述，而是一种政治实践，这种实践的具体表现形式就是规范政府及其权力的制度建设与发展。所以，各国普遍确立有以宪法为最高法的规范政府及其权力的法律规范体系。在宪法中明确规定政府的法律定位、政府权力的性质、权力行使的基本范畴及与其他国家权力之间的分野、权力行使的方式和运行机制以及权力的监督。此外，以宪法的原则性规定为依据，通过制定专门的法律规范，来规范政府的职能、编制、程序和监督机制，将宪政原则和精神具体化。还有专门针对行使政府权力的主体设定特别的道德法律规范，以保证行使政府权力的具体工作人员的职业操守高于普通的公民。在后发意义上，通过强化权力主体的政治责任和法律责任，维护政府权力的公共属性，保持政府公正、廉洁、勤政和效率，以及依法办事的良好形象。

事实上，通过法律而对政府及其公共权力的严格约束和限制，现代政府制度本身就是“权利本位”思想的最好诠释。

三、“权利本位”的法律理念

在有些学者看来，自然法学发展史其实就是一部人类权利观念的发展史，自然权利理论的核心要义就是肯定和强调权利的固有性。这种思想的影响源远流长，从中世纪的正义观念，发展为近代的自由观念，一直到现代的平等观念，社会生活给权利观念不断地注入新的内涵。正如有些学者所指出的，“正确地讲，近代自然法理论根本就不是关于法律的一套理论，而是有关权利的一套理论。”“是指凭借自然法之力而自然而然地属于人的权利。”①早期代表性的自然法学派学者洛克认为，每一个人都有无须经过政府同意的自然权利，生命、健康、自由和财产。自然法学思想的逻辑内核始终是围绕着个体的主体性和直觉性问题而展开的，这种逻辑明确了政府存在的目的就是为了保证人民权利的实现。对此，美国的《独立宣言》写得很清楚：“我们认为下面所说的，都是自然的真理：一切人生而平等，造物者赋予他们若干不可让渡的权利，其中包括对生命、自由和幸福的追求。为了保证这些权利，人类才在他们之间建立政府，而政府之正当权力，是从被统治者的同意中产生出来的。任何形式的政府，当它对这些目的有所损害时，人民便有权利把它改变或废除，以建立一个新的政府。”②而且在多年来的宪政实践中，“认真对待权利”已经成为各国政治法律的价值重心和首要任务。

“权利本位”法律理念指导下对现代政府制度的基本要求是，首先，政府制度应该有助于培养自由和服从法律的主体，以个人为主体，政府是个人组织的产物；以个人为目的，政府是促成个人物质与精神满足的手段。因此，政府在行使权力的过程中要尊重公民的人格和尊严。其次，强调积极参与的政治过程，公民不仅是政府行使统治权力、进行行政管理的对象，同时也是政府过程的互动者，在这个过程中，既实现了公民权利，也监督了政府及其权力的行使。表明自由的个体脱离外在限制，达到自我实现的理想状态。

---

① ［意］登特列夫著：《自然法—法哲学导论》，李日章译，（中国台湾）经联事业公司 1986 年版，第 57 页。

② ［意］登特列夫著：《自然法—法哲学导论》，李日章译，（中国台湾）经联事业公司 1986 年版，第 60 页。

最后，个人权利不仅在专制政府的统治下会受到伤害，在无政府状态下也会面临同样的危险，所以在人们中间建立政府的目的就是为了避免各种有可能发生的伤害。“权利本位”法律理念的积极意义就在于它使人们能够以一个全新的视角来“认识人自己”，同时政府深刻解析政府及其公共权力的价值，意识到怎样的政府制度设计才能够更好地帮助人类实现对权利和自由的渴求。

政府及其公共权力作为一种必要的存在，无论是从起点上，还是终极目标上，都是围绕着权利而存在和运行的，在根本意义上，它是实现权利的必不可少的手段。“权利本位”法律理念不仅是确立现代政府制度的思想基础，也成为当代宪政国家衡量政府合法、合理和有效与否的重要标准。

四、现代政府制度的价值取向

价值分析、价值判断是人文社会科学研究中的重要手段和方法。在哲学层面，价值被抽象为客体对主体需要的满足，进而表达对主体与客体之间关系的认识与把握；在法律层面上，价值被学者们具体解读为“秩序与正义”，①是主观理性与法律实践的统一。现代政府制度的价值在于反映政治正义的一般准则，体现人们对于政府制度调整政治生活和社会生活的预期效果，它通过政府过程而发生与主体的价值准则相一致的效应。现代政府制度的价值包括判断现代政府制度价值的思想和观念、现代政府制度本身的价值表现，以及现代政府制度价值的实现等方面。现代政府制度需要借助于具体的、动态的政府过程来实现它的价值，其价值取向

---

① ［美］博登海默著：《法理学—法哲学及其方法》，邓正来、姬敬武译，华夏出版社1987年版，第302页。

应该从以下两个维度上进行考察。

(一)保持政府公共权力作为公共资源的本质属性——公共性

现代政府制度作为行为规范体系中的重要组成部分,与其他社会规范的最大区别在于它是专门约束政府及其工作人员的特殊行为规范,是保证公共权力正常行使的行为规范,因此,保证公共权力的公共性就成为现代政府制度必须秉持的价值取向。公共性的价值取向决定了政府履行社会公共事务管理职能所代表或反映的,只能是社会公众的利益,而不能是某些或某个集团、阶层,甚至私人的利益,更不应该是其既得利益。① 在一定程度上,公共权力的合法性基础恰恰来自于它的公共性品质。公共权力依据民主选举制度——即公意产生,公共权力为了满足公共利益而运行,公共权力因为它所具有的公共性价值获得其合法性。公共权力合法性的本质在于它能够最大限度地满足社会的需要,政府通过公共权力向社会提供丰富的公共产品与公共服务,维护并实现公共利益也是公共权力本质属性的内在要求。宪政理论视野中的公共权力,在伦理价值目标上体现为公共部门活动的公平与正义;在公共权力的运用上体现为人民主权原则下的政府行为的合法性,支持公民社会,体现政府过程的公开与参与;在利益取向上表明实现公共利益是公共部门一切活动的最终目的,在公共权力的行使基础上具有特殊的强制力,以保证社会秩序的有效实现;在性质上是为社会大多数成员谋求公共利益的一种公共资源。

在现代国家的运行机制下,公共权力不可能掌握在抽象意义上的人民——主权所有者的手中,而是经由获得授权的政府及其

---

① 昂永生:《试论我国公共行政观念》,载《中国行政管理》2000 年第 9 期。

工作人员来掌握并行使，正是借助于他们的具体行政行为去实现公共利益。但是，也恰恰是因为这种特定的转换机制，使得公共权力存在着一种蜕变的可能和潜在的危险，即公共资源极有可能被那些掌握并行使这项权力的个人衍变为为私人谋取利益的工具。对此，现代政府制度的公共性价值取向就要借助于具体的机制避免这种情况的发生，即通过对行使公共权力的主体、权限范围、运行机制和监督管理等方面进行严格的规范，保证公共权力的廉洁性和有效性，实现政府权力的公共性目标。在现实的政治实践过程中，尽管已经有对政府权力进行监督的机制设置，但是由于人类政治生活和社会生活的复杂化和多元化，政府本身拥有的丰厚的社会资源和特殊的强制力，掌握公共权力的人深谙权力背后所蕴涵着的潜在利益，还有普通民众追求自身利益最大化的欲求等多重因素的聚合效应，造成客观上存在着权力资本化的现象，其实质就是公共权力的异化，它对政府权力公共性的侵蚀无孔不入。这种现象的产生在中国的政治实践过程中，更多的是由于目前政府体制上的弊端所导致。对此，只有从源头，即从制度、体制、法治观念上铲除权力资本化的土壤，才能够彻底解决问题。所以，现代政府制度在设计上，首先要在价值取向上肯定政府权力的公共性本色，确定政府的角色、严格界定政府的各项职能、不同政府权力之间的分野、行使政府权力的正当法律程序，以及严格的监督管理手段和途径，借助于规则的有效运行达到保持公共权力公共性品质，避免公共权力异化的目的。

（二）保证资源的有效配置、不同利益诉求的平等实现以体现社会正义

随着市场经济的高度发展，不管人类社会内部如何分化，每一个人的生活目标基本上是相同的，要享受更加自由和美好的生活，

这当然是由人类共有的类心理意识决定的。但是由于人性的弱点，人类可以进行自由竞争，但是人类欠缺控制公平竞争的能力，特别是在自由竞争后人类内部分化已经出现的情况下，这种差距会越拉越大，最终导致人类社会生活的异化，这种情形已经被社会达尔文主义所印证。怎样才能够避免出现这样的悲剧，必须诉诸现代政府制度，保证各类资源的有效配置，保证不同利益群体利益诉求的平等实现，以实现社会正义。因此，社会正义应该成为现代政府制度的价值追求。

强调现代政府制度的社会正义价值取向是因为当代政府面临的是全新的政治环境和社会背景。在人类社会生活领域，社会规范的异质性、社会结构的分化、社会关系的多样化表现突出。在不同国家之间，在同一国家内部，不同利益主体、不同利益诉求之间存在巨大差异和严重分歧，形成了人类社会内部不同社会阶层之间“无法弥补的断裂”，导致较为强烈的离异情绪和极端主义的冲动，从而也就破坏了社会生活的常规状态。传统的政府制度面临着不容回避的挑战。因此，现代政府制度作为人类“审慎思考之设计的产物”，必须要直接面对社会多元主体、多元利益并存的格局，还要以人类特有的政治睿智，始终如一地秉持社会正义的目标，以回应社会的整体性变迁。现代政府制度应该意味着对于多元利益主体地位的认可，采取模糊的身份系统以体现政府制度的包容性。因为社会结构的分化已经产生了直接的效果，即在一种颇为严格的等级秩序中结合或分离的倾向，随着现代化的演进而趋于消失。① 代之而来的是相互交叠的社会群体、衍生集团，以及

---

① ［以］艾森斯塔德著：《现代化——抗拒与变迁》，张旅平等译，中国人民大学出版社 1988 年版，第 9 页。

多元化的利益集团等。其实，近代政府制度之所以不同于历史上的一切权力配置的方式，就在于对不同利益诉求之间的协调，充分认可不同利益诉求在法律范围内的合理存在，体现公平与正义。在将不同利益诉求都吸纳到制度内来表达的同时，确立不同的利益协调机制和权利救济机制，以体现政府的统合能力。像有些学者对以往社会生活反思的那样，最能体现自由主义和个人主义思想的人权是人类社会发展的精神动力，却也是后现代社会的灾难。① 因为人类作为一个完整的群体其内部已经出现了深深的裂缝，而且是在短时间内难以弥合的裂缝。那么，如何借助于现代政府制度的公平正义精神化解已经异化了的人类社会生活，使不同利益群体、不同利益诉求，都能够在制度内找回失落的自我，这应该是对人类社会生活的最大慰藉。对于现代政府制度而言，"极其重要的是，不仅要保护社会防止统治者的压迫，而且要保护社会的一部分反对另一部分的不公。"②其可取之处就在于"它确保价值观的并存，因此展现出一项重要的秩序要素"，③并有助于达成公共福祉的目标。在公共权力的平等保护之下，使普遍的个体在社会生活中获得发展的机会。"人只有在依赖社会，才能弥补他的缺陷，才可以和其他动物势均力敌，甚至取得优势。社会使个人的这些弱点都得到了补偿；在社会状态中，他的欲望虽然每时每刻都在增多，可是他的才能也随之增长，使他在各个方面都比他在野

① ［美］杜兹那著：《人权的终结》，郭春发译，江苏人民出版社 2002 年版，第 7 页。

② ［美］汉密尔顿著：《联邦党人文集》，程逢如译，商务印书馆 1980 年版，第 266 页。

③ ［德］考夫曼著：《法律哲学》，刘幸义等译，法律出版社 2004 年版，第 475 页。

蛮和孤立状态中所能达到的境地更加满意、更加幸福。”①

现代政府制度包含的双重价值取向,不仅可以使政府、公共权力自身获得肯定,还可以帮助个体在人类整体的生活环境中提升文明的层次。“在文明社会中,个人之所以有能力追求更多的目的,而不只是满足于他最为紧迫的物质需求,与其说是因为他能够获得更多的知识,还不如说是因为他能够从其他人所掌握的知识那里获得更多的益处。的确,一个‘文明的’个人可能极为无知,甚至比许多野蛮人更无知,但是他却仍然可以从他所在的文明中获得极大的益处。”②兼具公共性和社会正义的价值取向使得现代政府制度能够帮助人们适应更为复杂的生存环境,促成人们彼此之间的“沟通能力以及特别是倾听、接受别人话语认真对待他人的美德”的产生,也使现代政府制度显得更加“人性化”和具有开放性。人类社会的制度文明进程已经表明,越是复杂化的社会环境,越是需要制度在价值取向上的公共和正义精神,现代政府制度的价值取向对于构成社会的任何一个部分都应该是有益的。正是因为现代政府制度的设计考虑到全新的政治、社会环境和发展趋势,因此,在思考有关现代政府制度的相关问题时,给政府制度注入现代化的元素,使其获得前所未有的超越。

从长远的角度,现代政府制度的双重价值取向,能够促进人类社会生活所需自然资源合理和公平的配置,能够促进各个物种种群的持续性发展,能够实现人类社会的共同利益,促成个性的保全和张扬,追求最大化的自由,保持持续性的发展。凭借着人类的理

---

① [英]休谟著:《人性论》,关文运译,商务印书馆 2005 年版,第 525—526 页。

② [德]哈耶克著:《法律、立法与自由》,邓正来等译,中国大百科全书出版社 2000 年版,第 11 页。

性，人们能够认识到：个人的福祉是一系列价值选择的结果，而这一系列的选择只有在有价值的共同生活的情况下才有可能实现。① 而现代政府制度所体现的价值取向，其实只是恰当地揭示了人类社会中存在着的种种有序结构，它更多的是许多人行动的产物，而不是人之设计的结果。② 现代政府制度的进步意义就在于以认可不同利益的客观存在作为基本共识，并以此作为约束政府行为的准则，同时为人们按照理性的要求来行动提供了制度上的支持。

现代政府制度是约束公共权力实现公民权利的机制，它是富有理性的，这种理性表现为人类通过正确地把握外部环境的事实性变化及其影响，并把这些认识都转化为制度系统内部的因素，对变化了的社会关系进行相应调整和改变的政治能力。政府过程是不间断的实践过程和试错过程，在客观环境与自主选择相互作用的前提下，不断地开发人类理性的潜能，使其最大限度地接近理想目标。所以，现代政府制度才能够以具有普适性意义的制度安排的规范体系，并以其“适当的复杂性”（adequate complexity）（卢曼语）向人们展示其特有的魅力。现代政府制度的灵魂既在于它所确立的价值取向，也依赖于有效的政府过程。它作为保障人的自由、权利和平等的政府过程，所追求的终极目标就是最大限度地免于政治权力的干涉与最低限度的社会生活需求相互协调的状态。现代政府制度作为人类社会在制度建设上的成就，在人类社会的

---

① 毛寿龙著：《迈向绿色的市场经济》，《公共论丛——经济民主与经济自由》，生活·读书·新知三联书店 1997 年版，第 182 页。

② ［德］哈耶克著：《规则与秩序》，第 37 页；转引自［英］洛克林著：《公法与政治理论》，郑戈译，商务印书馆 2002 年版，第 120 页。

发展进化过程中，又获得了新的内涵——以共同利益和社会正义为价值取向。人们需要借助于现代政府制度来实现自己的理想。在政府制度的设计及运行中，能否体现人的尊严和价值、能否帮助人们提升自我完善和全面发展的层次、能否以其特有的方式和有效的机制向人们昭示正义与平等，都成为评估现代政府制度的重要指标。随着社会的发展、观念的更新、视角的变换，现代政府制度不断被注入新的内涵。一如蚕蜕现象，袪除衰老的细胞，以更新的内在机理和形象获得充满活力的发展能量。

第三节　现代政府制度的人性论基础

人是政治的动物，也是社会的动物，这就决定了人与政治法律制度之间存在着必然联系。人类社会的一切政治法律制度设计都是因人而生，围绕着人来展开的。现代政府制度也是如此，不管现代政府制度设计的思路和价值取向如何，其实都依赖于人性论基础，隐含关于人性假设的前提。基于人们对人性的不同预设，会导致不同的政府制度的设计思路和运行模式。现代政府制度同样以对人性的客观把握为基础，以对人性的美好期望为依归。所以，对人性的认知和理解能够帮助人们更清晰地把握确立现代政府制度的缘由和使命，并使人们能够在现代政府制度的运行中，知道应该怎样发扬人的善性，克制人的恶性，使人处于正常理性的状态。

人所具有的社会属性决定了人是天生的政治动物，政治与法律制度的构建已成为改善人性保全善性剪除恶性的必要手段。人类社会的政治实践已经证明，人性是政治法律制度设计的基础和前提，一切政治法律制度的设计都要依据人性来进行。人性又是政治法律制度的目的和归宿，一切政治法律制度的运行最终都是为了完善人性，达成人性的完满。所以，从制度设计的角度对人性进行分析就成为最基本的认识起点。

一、对人性的理论分析

对于人本身，人们既熟悉又陌生。人们熟悉人，因为人们自身就是人，并且每时每刻都在与不同的人打交道，进行交往；人们对人也是陌生的，因为没有谁能够深刻地洞彻人性的真谛，真正了解人本身。人，可以说是最复杂，也是最难破解的一个主体。对于人性的理解只有求助于人性科学的理论解析。

所谓人性，就是人之为人的特性，是“人身上具有的特性和属性”，①人所具有的属性包括自然属性和社会属性两个基本的部分。在人性一词中，第一位的实体是“人”；“性”则是依附于实体的东西。人性就是人所具有的对自身行为发生影响的、共同的、普遍的属性，它是与生俱来的、固有的性质。

认识人性是认识“人”的起点和基础。基于对人性的理解会衍生出许多不同的观念和意识。人文社会科学都重视对人性的探讨，并形成了关于人性的不同看法和主张，在不经意之间影响人们对人性的观察和体验，以及人们的日常行为模式。以人性为研究对象的人性论，其重点在于揭示能够指导人类一切伦理行为的道德原则。迄今为止，人们关于人性的争论主要集中在人性的善恶原则方面。围绕着这一主题早已形成了“性无恶无善论”、“性恶论”、“性善论”以及“性有善有恶论”四种不同学说，这些纷争到目前为止还没有结束。所以，18 世纪的法国思想家卢梭曾经就此感

① 陈先达、杨耕著：《马克思主义哲学原理》，中国人民大学出版社 1999 年版，第 237 页。

概道:“人类的各种知识中最有用而又最不完备的是关于‘人’的知识”。从最初的“美德即知识”到后来人性恶的主流观念,人们在人性问题上始终不能有确定的说法。这是因为不论从哪个角度去观察,人性都不是绝对的。在任何一个人的身上人们都会同时发现美和丑、理性和非理性、善和恶等两种截然相反的倾向。人就是这样一种复杂的动物,所以人类的社会生活才会这样丰富多彩,才会让人们在各种不同的情绪体验中感受人生的滋味。只不过在人性结构的组成要素中,人类的理性可以在一定程度上帮助人们控制自己的善行与恶为。研究人性的主体是人,人本身就是一个极其复杂的复合体,集中了各种要素和特质。而人在观察自己的时候,总是不能够完全摆脱作为人的基本立场,从而使人性的认识带有一定的局限性。人终归不能免除对自己固有的态度上的暧昧和心理上的自恋,于是人也就终将“不能辨识人性之真”,只能逐渐地接近人性的本真,而永远不能进入真实的本真境界。不可否认的是,任何学科不论其主题距离人性问题有多遥远,总是要在某种程度上依赖于人性科学,人性问题已经成为各门人文科学,甚至整个人生哲学的前提和基础。纵观社会科学的演进历史,其实就是人对自然、对自身认识的一个渐进过程,伴随着人们对人性的不断发展和深化的认知水平。

在不同的人的观念、人性假设和人性论的前提下,人类社会的政治法律制度的设计模式以及制度安排也会有所区别,并导致制度运行效果的差异。由于政治法律思想传统的不同,中西方在对于人和人性的认识和把握方面存在着很大差异。西方的政治法律制度设计对人的把握的基本前提是,认识到人与自然、人与社会、人与人之间的差别,但在肯定差别的前提下,突出人的自然属性,肯定人的存在价值,人的不可替代性,并在此基础上进一步肯定人的主体地位，而在剖析人性的问题上对人性恶则是毫不怀疑的立场。中国传统的儒家文化虽然也认识到人与自然、人与社会、人与人之间的差别，但是在肯定差别的前提下，强调的是人的社会属性，漠视人自身的存在价值和意义，而将人视为在多重政治法律关系中的义务主体，憧憬人格、讲究人道，相信人的修身养性的自我完善能力，在对待人性的问题上坚持以人性善为基点。

人性善恶的观点经历了长期的历史演进过程，到今天还在持续。西方的人性恶观点经由了人类理性到人的恶性的蜕变，最终以人性恶为主流基调。中国历史上也有人性善恶之争，但最终影响政治法律制度设计的人性观念其实是两分法，即掌握国家权力的统治者是人性善的取向，而作为被统治者的普通民众则是人性恶的取向，从而形成了人治之道。西方在人性恶的认识前提下，特别强调和坚持对人性恶的制度性约束，尤其对于掌握国家权力的人更要施加严格的监督机制，以防止这些人滥用公共权力。中国则由于人性的两分原则，而在政治实践中倡导以德治为核心，强调掌握公共权力的人的善性，以人的自我提高能力作为内在的保障权力行使的机制，一相情愿地将美好的愿望寄托在掌握权力的人的性善的基础上。由于西方在认可人性之恶的问题上基本达成共识，容易形成法律面前人人平等的观念，同时有外在的、强制性的监督机制的保障，在政治秩序和社会秩序的维护方面取得了较好的效果。而中国由于在人性方面实行的差别待遇，导致政治领域和社会生活领域中的特权思想，始终不能够形成法律面前人人平等的观念意识。特别是对掌握国家权力的人没有确立有效的监督制约机制，在政治与社会的实际生活中，极易将“差序格局”引入人与人的关系当中。伦理关系不同，政治法律后果也会截然不同，由此难以取得良好的社会秩序效果和权力运行效果。西方人性恶观念指导下的社会形态为"工业社会",属于陌生人社会形态,人与人之间不注重人情、不讲求人际关系,寄希望于通过自身的努力,通过自由竞争来确立在社会中的定位;中国在人性善观念指导下的社会形态为"农业社会",属于熟人社会,人与人之间更加注重人情,讲究人际关系、裙带关系,讲究为人处世的技巧。在社会生活中的定位与西方恰恰相反,人们更多的是通过人际关系来达成人生目标,实现人生的理想。

中西方在人性的问题上,可以说是泾渭分明,大相径庭。无论是制度设计,还是运行结果都让人们感受到它们之间存在着巨大差别。

二、两种不同的人性论

(一)理性主义人性论的解构——幽暗意识①

在西方宪政体制的人性论基础中,占据主流位置的是强调人的认知属性和自然属性的理性主义和现实主义。这种消极的理性主义和现实主义渊源于自由主义对人性和人类前途所一贯秉持的悲观态度。以理性人和自利人为基本概念,采取一种比较颓废空虚的态度正视人在本质上的罪恶性和堕落性,并逐渐累积成为对人性极深的"幽暗意识"。所谓"幽暗意识"其实指的就是"发自对人性中宇宙中与始俱来的种种黑暗势力的正视和省悟:因为这些黑暗势力根深蒂固,这个世界才有缺陷,才不能圆满,而人的生命才有种种的丑恶,种种的遗憾"。"幽暗意识"首先看到了人类身上存在着的某种程度的劣根性,因此,需要对人性持一定程度的保留、慎重和不信任的态度。"我们必须承认,人类的各种条件不论

---

① 钱永祥著:《个人,抑或共同体?——关于西方宪政思想的断想》,《自由与社群》(公共论丛),生活·读书·新知三联书店 1998 年版,第 25 页。

如何使人类的结合成为必要,而且性欲和自然爱情不论如何可以似乎使这种结合成为不可避免的,可是在我们的自然性情中和我们的外界条件中还有其他一些特点,它们对于那种必需的结合是很不利的,甚至是相反的。在自然性情方面,我们应当认为自私是其中最重大的。"①

西方思想中的"幽暗意识"有着深刻的历史渊源和思想传统,它可以直接追溯到古希伯来时期的宗教文化与基督教传统。按照基督教的教义和传统,在肯定人性之恶的前提下为强调人性救赎作了极好的铺垫,并使人性救赎成为其不变基调。在基督教的观念世界,人性并不仅仅是附随于人的自然属性,而更多的是由与人相关的关系来揭示。这些关系包括人与上帝、人与自己、人与他人和人与万物之间的多重关系。其中人与上帝之间的关系是人最为重要的本质体现。但是,人的现实本性主要是人的罪性,"罪"是指人违背了上帝的旨意,没有按照上帝的意志去生活,人在道德上的恶是由于人与上帝之间关系破裂所导致的结果。在基督教看来,现实中的每一个人都是罪人,这是因为每一个人都处在堕落的过程当中,导致人性结构中的偏情私欲。人天生就存有罪恶的本能,人类始祖所犯下的罪就是世代遗传下去的"原罪"。正是由于人们在生老病死中始终铭记着这种"原罪",人的自由意志就被罪恶所污染。由此一来罪恶就逐渐固定下来成为人的本性,可见,罪是人的一种普遍状态。"人容易出错并且有罪",而人的罪又不能完全依靠自身的救赎化解,只能依靠上帝的拯救才能脱离罪恶的渊薮。如此看来,基督教传统下的人性论最终得出的结论和指向目标并不是制度的优化,而只能是求助于神的救赎。

---

① [英]休谟著:《人性论》,关文运译,商务印书馆1980年版,第527页。

从人性恶论引出制度设计的一般结论滥觞于14世纪开始的欧洲文艺复兴运动。西方文艺复兴运动及其以后所崇尚的人性论主要是人性恶论。但是它同以往的人性恶论迥然不同，其主要区别在于它是颠覆历史上的那种以人性恶为理由导致的神性对人性的压抑而形成的。在这里，人性之恶并不是一般伦理意义上的恶，主要是指人性中自然存在着自私的一面。早期资产阶级启蒙思想家们为了论证国家的合法性、政府权力的正当性等问题，都触及对人性的基本判断，大家不约而同地以人性恶作为理由，显然是从人的理性经验而不是从神学意识中引出国家的自然规律。意大利著名的政治家马基雅维利为了能够自圆其说，就确信人性本恶，而正是为了克服人性的弱点，或者是对付人性的弱点，才需要建立国家。没有人性恶这个前提，就没有国家的建立。所以，他主张对付人性之恶的倾向就是要以毒攻毒，采取一切可能的手段都是可以理解和正常的。潘恩也将政府的建立与人性中存在着的某些"恶德"联系起来，认为政府正是基于人性之恶产生的，所以这就注定了政府是不会受到欢迎的。政府"即使在其最好的情况下，也不过是一件免不了的祸害；在其最坏的情况下，就成了不可容忍的祸害"。政府的存在就是人的恶行的最好证明。上述人性恶的表述充分说明了西方早期思想认识中贯通的一个基本逻辑前提，即人性中有一种天然存在的、不可泯灭的堕落品质。

在理论逻辑上，理性主义人性论有两个基本思维支点：其一，人性之恶是普遍现象。在西方，秉持人性恶的观点认为：人具有一种普遍的"恶"的本能。人性就是自私的。"自私是和人性不可分离的，并且是我们的组织和结构中所固有的"。① 人的自私性渊源

① ［英］休谟著：《人性论》，关文运译，商务印书馆1980年版，第625页。

于人所具有的基本生理需求和本能欲望,而且这种“需要或欲望必然是先于一切感官快乐的,并且要驱使我们去追求那些能带来快乐的对象”。[①] 所以,人天生具有趋利避害的本能。在人性恶面前,人与人之间是平等的,任何人都不可能成为例外。人性恶“总是伴随着一切人的,不论他们的身份和地位是怎样的;而且我们所选举为统治者的那些人也并不因为他们有了较高的权力和权威,而在本性方面立刻变得高出于其余人类”[②]。在主张人性恶的那些思想家们的心目中,可以毫不夸张地将人类整体描述为“是忘恩负义、容易变新的,是伪装者、冒牌货,是逃避危难、追逐利益的”[③]一种极其丑恶的形象。在《社会契约论》中卢梭也曾经提到过:“人性的首要法则,是要维护自身的生存,人性的首要关怀,是对其自身所应有的关怀。”[④]在人类社会的现实生活中,人们的确可以观察到人性恶的具体表现形式,诸如,自私、冷酷、无情、嫉妒、贪婪等。如弗洛伊德在他的“人格论”里面分析的那样,人所具有的人格结构由三部分组成,即:“本我”、“自我”和“超我”,其中“本我”部分全部是由人的心理结构中最原始的部分所构成,里面充满着人的本能,依循“唯乐主义原则”行事,只要能够获得满足就在所不惜。自我是本我在经过长期的训练过程中逐渐现实化的部分,懂得在避免痛苦的前提下获得满足,遵循“现实主义原则”;

---

① [英]休谟著:《道德原理探究》,王淑琴译,中国社会科学出版社1999年版,第117页。

② [英]休谟著:《人性论》,关文运译,商务印书馆1980年版,第592—593页。

③ [意]马基雅维利著:《君主论》,潘汉典译,商务印书馆1985年版,第80页。

④ [法]卢梭著:《社会契约论》,何兆武译,商务印书馆1997年版,第9页。

"超我"则是个体在后天成长过程中,经过家长、老师的教育而获得的一种理性。三者之间的关系为,"超我"指导"自我"去控制"本我"的冲动。在三者协调的情况下,个体就呈现出正常的状态。但在"超我"失去对"本我"的控制时,人就会出现病态或者犯罪行为。通过对社会现实生活的实证观察,人们可以看到,在失去理性控制的情况下,人的恶性更为嚣张和难于驾驭。其二,人的理性是有局限的。苏格拉底认为,人的智能就是自知自己无知,这是西方对人的局限性的最初认知。培根也以"假相说"来说明在认识过程中可能会谬误丛生。[①] 因为人的认知能力和水平是有局限性的,所以,人对事物的认识也会存在偏差和错误。孟德斯鸠也认为,人只是有限实体,他会陷入无知和错误,正如一切有限的理智实体一样,他所具有的微弱知识,仍要丧失。[②] 康德则论证了由于人类理性的限制,人类始终也没有办法达到"自在之物"的真正彼岸。波普在其名著《科学发现的逻辑》中阐述到,正是人的局限性和人类知识的可错性,才推动了科学研究的不断发展和进步,人类的任何一项科学研究的成果其实都是对以往认识上的错误的一种纠正,即每一种理论都具有"可证伪性"。皮尔士的观点恰好与波普的认识契合,他把科学认识的优越性确定为是人类在不断地矫正自己的错误。休谟对归纳法秉持怀疑态度,其实流露出来的是对人的认知理性的不确定。上述种种观点都表明人的局限性。的确如此,人的理性的局限表明人更容易受自己情绪的牵引和驱动;人的认识范围相对狭窄,因为人所具有的局限性,人并不能解决其

① 北京大学哲学系外国史教研室编:《西方哲学原著选读》,商务印书馆1984年版,第349—351页。

② [法]孟德斯鸠著:《论法的精神》,商务印书馆1961年版,第3页。

面临的所有问题。

到目前为止,人们依然对“人性恶”保持着深信不疑的态度,那是因为在现实生活中,人们凭借着自己的经验观察和生活体验,看到了太多的人性之恶,矫正人性恶的努力也没有获得更为明显的效果,反而由于人性之恶带给生活种种不便和困扰,使人们意识到生活的艰辛。经历过资本主义早期发展过程中的资本原始积累阶段,人们没有理由不相信人性之恶,商业上的尔虞我诈、权力上的黑金政治、资源上的绝对垄断都暴露了人的恶性的真实本色。特别是当这种人性之恶与公共权力结合在一起时,所衍生出来的超大能量,破坏了人们所梦想的美好生活。对人性之恶的判断,也反映了在人们的潜意识里一直存在着的悲观和失望的消极情绪,表明人在自身的监控下很难达到至善的彼岸,只能靠外在的监督制约机制才能有效地遏制人的恶性,这其实才是人类的悲剧所在。

(二)进化论的人性意识——乐观主义

进化论者认为,人类社会的文明是经过反复实验累积产生的结果,人性是一个逐渐发展和演化的过程,人类的本性在文明熏陶下朝着善的方向进化。在历史演进中,人类原本具有的原始野蛮和残忍本性,经由多年文明制度下的政治熏陶和社会生活磨砺已经大大改观和收敛,人性的总体发展趋向于善的目标。经过人类的基因遗传,善性就在人的潜意识结构中沉淀下来,使得每个人生来就具备使其得以有意识地设计文明的智力和道德能力。进化论者认为,具有某些特定欲望的个人总是能够选择适当方法来实现自己的目的。在现实生活中,个人更容易倾向于理性的行动,具有天赋的智能和德性,每一个人都是拥有良心、“良能”和“良知”的实体,并在自身的努力之下达到“自我实现”的目标。人类凭借自主的力量,完全可以通过自我修炼,保持本真的良善和心性的完满。进化论的人性意识充满对人和人性的美好期待,让人有一种真实的归属感和心理上的满足感。乐观主义的人性论始终坚信人具有“冷静的理性”,能够自觉地接受“良心的指示”,理性规定了人的本质,使人能够正确地选择和决定自己的命运,进入真正自由的境界。进化论的观点显然是受到达尔文的《物种起源》的激励,充分肯定人性中美好的一面,给人以希望。

尽管人们解读西方的人性论都是以人性恶为主导,但是在西方,最初对于人性的探讨则是从人性善发轫的。西方最早论及人性的苏格拉底开创了德性主义的人性论模式,他提出了一个基本的人性公式:知识即德性,无知即罪恶。苏格拉底认为,德性就是节制、正义、虔敬、勇敢等等。每一个人的身上都蕴涵着潜在的德性,但是,人的德性只有在理性的指导下实行才体现为真正的善。苏格拉底的人性论是理性主义的德性,人的本性在于人的理性,这也是人与动物的根本区别。人的行为都是服从理性指导的,人能够追求知识,并根据知识,遵循理智,实现自制,做好事情,实现善性。人的理智本性和道德本性是一致的,智能和知识能力是人人皆有的共同本性,趋善避恶就是人的本性。另一位思想家柏拉图也是人性善的支持者。他设想人的本性即灵魂由三个部分组成:理性、意志和情欲,其中理性是灵魂中最优秀、最高贵的部分,统率和指导人性中的其他部分,只有它具有判断能力和达到最高真理的理解能力;意志则是灵魂中的中间力量,为理性而行动,协助理性控制情欲;情欲则是人性中最低劣、最庞杂的部分,它的唯一功能就是服从,对这一部分如果不加控制的话它就会为所欲为。三者之间的关系可以表述为,“理性是智能,关注整个灵魂,所以应占统治地位,而激情则是它的臣民和同盟军。”“一个人在其灵魂中,各部分各安其位的人是正义的人。”①因此,人的本性在于理性。正因为对人性的信任,柏拉图认为,国家和社会应该由一个全知全能的智能王来进行统治。一个拥有至善至贤、完美人格的哲学王来作为统治者就成为最善制度的重要标志和追求。亚里士多德的人是天生的政治动物的论题里面其实就包含了对于人性善的设想,“人的功能,决不仅是生命。因为甚至植物也有生命。我们所求解的,乃是人特有的功能。因此,生长养育的生命,不能算做人的特殊功能。其次,有所谓感觉生命也不能算做人的特殊功能,因为甚至马、牛及一切动物也都具有。人的特殊功能是根据理性原则而具有理性的生活。”②亚里士多德强调人的社会属性层面,人只有在城邦的政治生活中才能够实现自然所赋予自己的本质,才能够达到至善的境界。在亚里士多德看来,城邦本身就是至善的象征,城邦的本质与人的本质紧密联结在一起。城邦生活的好坏,直接关乎人的本质的实现。只有在城邦的生活中,人才能够成为真正意义上的人。

中国的政治法律制度设计,人性善是主要的指导思想,因为中国传统的政治法律文化的基本线索是以儒家文化为中心的。儒家思想传统向来重视对人性问题的探讨,特别注重和强调人的社会属性和道德属性,对人性和人类的前途持乐观态度、对社会之改善充满信心的政治思想始终占据主导地位,并影响至今。孔子的人性论其实对人性采取的是一个回避的立场,在《论语·阳货》中“性相近也,习相远也”的陈述,表明他既没有肯定人性是善的,也

① 苗力田著:《古希腊哲学》,中国人民大学出版社1989年版,第297页。

② 周辅成著:《西方伦理学名著选》(上卷),商务印书馆1964年版,第280页。

没有肯定人性是恶的。但是通过孔子的论说，可以探知潜在的中心意思，人性是可以通过后天的教化而成就善性的。因此，在“德治”的前提下，承认人的可教化性，坚持人性是可以被塑造的；统治者自身要有良好的道德修养。而政治法律制度设计的目标就是要达到人的善性，追求完美的人格——“圣王”、“哲王”作为统治者，由一个完美的人格去净化权力，人有体现至善、变成完人的可能。政治权力可由内在德性的培养去转化，而非由外在制度的建立去防范。在儒家的传统中，人性问题不仅是政治法律制度的必要前提，而且是整个政治法律制度的中心课题。而且问题还不在于对人性的判断，而在于如何改造这种人性。相比之下，孟子的人性立场则更为鲜明，他是儒家学说中著名的“性善论”的代表，也是历史上第一个“性善论”者。孟子认为：人性之善也，犹水之就下也。人有“四端”，就是恻隐之心，仁之端也；羞恶之心，义之端也；恭敬之心，礼之端也；是非之心，智之端也。“四端”就是“四心”，人有四心是天生的，正如人有四肢一样，所以人的本性是善的。“人之所不学而能者，其良能也，所不问而知者，其良知也”。所以，人性之善的性质是天生的，在人性善方面，人与人之间也是平等的，“人皆可以为尧舜”。[①] 从理性上讲，人可以做到全知全能，在认知上毫无缺陷；从德性上讲，人可以做到尽善尽美，在道德上毫无瑕疵。[②] 人之所以有恶端，乃是后天环境的影响，并非人的本性使然。

进化论的人性善充满对人性的美好期待，相信人的心性天然而至善，社会生活快乐而进取。人只要不断地学习开发善性，对善

---

① 《孟子》，甘肃人民出版社 1997 年版，第 73 页。

② 王彩云：《中西政治旨趣迥异的人性论基础》，载《郑州大学学报》（哲学社会科学版）2004 年第 4 期。

性有信心，自信可以成为好人，克服那些遮蔽善性的弊端，就可以成圣成贤，达到自我实现的最高境界。

三、不同人性论基础上宪政体制的设计思路

（一）幽暗意识的宪政体制设计思路

在预想人性恶的前提下，使得人们在设计宪政体制时能够更加小心翼翼。幽暗意识（理性主义）下的宪政体制设计的基本思路是：人性恶——抑恶——致善境界——强调制度与规则体系的外在监督。

在人性恶的前提下，人们必须考虑一种万全之策，以使人性之恶不至于危害人类的正常生活秩序。在那些资产阶级启蒙思想家们的意识里，比较可靠的方法就是借助于外在的控制力量——监督制约制度。“我们既然不能改变或改正我们天性中任何重要的性质，所以我们所能做到的最大限度只是改变我们的外在条件和状况，使遵守正义法则成为我们最切近的利益，而破坏正义法则成为我们的最辽远的利益。”①“人类必须有法律并且遵守法律，否则他们的生活将会像最野蛮的野兽那样坏。”②在指导思想上，必须把每一个人都设想为无赖之徒的定律，已经被确定为政治格言。“在设计任何政府体制和确定该体制中的若干制约、监控机构时，必须把每个成员都设想为无赖之徒，并设想他的一切作为都是为了谋求私利，别无其它目标。”③“政治作家们已经确立了这样一条

① ［英］休谟著：《人性论》，商务印书馆1980年版，第537页。
② 张桂琳著：《西方政治哲学》，中国政法大学出版社1999年版，第12页。
③ ［英］休谟著：《休谟政治论文选》，张若衡译，商务印书馆1993年版，第27页。

准则，即在设计任何政府制度和确定几种宪法制约和控制时，应把每个人都视为无赖——在他的全部行动中，除了谋求一己之私利外，别无其它目的。”①“不能过分相信统治者的智能和良心，即使是一名年轻英俊的统治者，权力也能把他变成暴君。”“一切有权力的人都容易滥用权力，这是万古不易的一条经验。有权力的人们使用权力一直到遇到界限的地方才休止。”阿克顿勋爵认为，“权力导致腐败。绝对权力导致绝对腐败。虽然，这同时看来有些令人奇怪；箴言在政治上是真理，在现实中则是谬误。”②

宪政体制的设计讲求分权制衡，以权力制约权力，防止权力被滥用。在人性恶的前提下，宪政体制就是“被设计用来弥补人的缺陷的”③，为了保证权力的正常行使就要“以权力约束权力”。从世界宪政发展史来看，“宪法本身即是一种对权力不信任的行为：它为权威设定了限制。”④“自由的政府，不是以信赖，而是以猜疑为基础建立的。我们用制约性的宪法约束受托于权力的人们，这不是出自信赖，而是来自猜疑。……因此，在权力问题上，不是倾听对人的信赖，而是需要用宪法之锁加以约束，以防止其行为不端。”⑤因为，“在人类一切身外之物中，权力是最令人渴羡的，甚至

---

① ［美］埃尔金著：《新宪政论》，周叶谦译，生活·读书·新知三联书店1997年版，第28页。

② ［英］休谟著：《休谟政治论文选》，张若衡译，商务印书馆1993年版，第27、125页。

③ 刘军宁著：《保守主义》，中国社会科学出版社1998年版，第106页。

④ 刘军宁著：《自由与社群》，生活·读书·新知三联书店1998年版，第106页。

⑤ ［日］衫原泰雄著：《宪法的历史——比较宪法学新论》，吕昶等译，社会科学文献出版社2000年版，第22—23页。

名誉、恩惠和财富与之相比,都是不足道的。"①当没有被充分抑制的恶性与最具权威的权力结合在一起的时候,还有什么是不可以战胜的,这个结果恐怕是任何人都难以想象的。"政府的邪恶其实只体现在'政府滥用权力之中。'"②一个被民众委托的人,可能是"天性具有更自私的动机","纵观人类行为的历史经验,实难保证常有道德品质高尚的个人,可以将国家与世界各国交往的如此微妙重大的职责委之于如合众国总统这样经选民授权的行政首脑单独掌握"。"一个针对人类弱点的巨大诱惑是攫取权力的欲望,因为那些有权制定法律的人同时也掌握执行法律的权力,他们可以利用这种权力使自己不遵守自己制定的法律,而且在法律的制定和执行中,使其适合他们自身的私利。"③因此,在人类的自我直觉上有一种"对有权力的人的罪恶性的警觉",那么,在制度设计上将这种主观上的直觉转化成为一种真实的制度安排。不会相信具有完美的人格就可以达到净化权力的目标,而是强调重视外在的、客观的法律制度的约制,以便对权力施加制度上的防范。人在人性上是懒惰、懈怠、短视和浪费的,只有通过环境的压力,才能使其行为更节俭一些,并使其学会精心注意让手段适合于目的。美国的宪法是在人性恶前提下的具体尝试。最能够证明这一点的就是《联邦党人文集》中有这样的一段表述:"防止把某些权力逐渐集中于同一部门的最可靠办法,就是给予各部门的主管人抵制其它部门侵犯的必要法定手段……用这种方法来控制政府的弊端,

① [英]休谟著:《休谟政治论文选》,张若衡译,商务印书馆 1993 年版,第 145 页。

② 伍天冀、杜红卫著:《政治智能》,警官教育出版社 1992 年版,第 54 页。

③ [美]埃尔金著:《新宪政论》,周叶谦译,生活·读书·新知三联书店 1997 年版,第 28 页。

可能是对人性的一种耻辱。但是政府本身若不是对人性的最大耻辱，又是什么呢？如果人都是天使，就不需要任何政府了。如果是天使统治人，就不需要对政府有任何外来的或内在的控制了。在组织一个人统治人的政府时，最大困难在于首先必须使政府能管理被统治者，然后再使政府管理自身。毫无疑问，依靠人民是对政府的主要控制，但是经验教导人们，必须有辅助性的预防措施。”①

所以，正视人性之恶，强调以法治、以权力来制约人性中不可避免的自私倾向就成为幽暗意识下的宪政体制设计的最为重要的政治贡献。

（二）乐观主义的宪政体制设计思路

乐观主义下政治法律制度设计的轴心是人性善——扬善——至善境界——强调人本身的自我完善能力。在制度设计和运行机制上采取的具体规则与幽暗意识下的制度设计有明显区别，其中最为突出的就是对人性善的推崇和信赖，不重视外在监督制度和机制。乐观主义人性论者更乐于陶醉在对个体自我监督和自我完善能力的欣赏之中，自始至终对人性怀有一种积极的态度，相信人性趋向于善，人可以凭借自身的力量提升人性的层次，进入一个崭新的境界。

乐观主义的政治法律制度设计的指导思想是强调“德治”和“仁政”。在德治的理念中有两点至关重要，强调为政应该对民众进行道德教化，既然人性可以被塑造，统治者通过道德教化进行管理；统治者自身应该以身作则，进行自我提高，要具有良好的道德修养。在乐观主义视野中，人们面临的政治法律问题全部可以归

① ［美］戈登著：《控制国家——西方宪政发展史》，江苏人民出版社 2001 年版，第 313 页。

结为“教化”的问题,政治统治的核心就被简化为如何提升和扩充人的善性的问题。在制度设计上采用的措施就是实行“为政以德,德治天下”。认为只要进行道德教化,所有的政治社会问题都可以迎刃而解,人心就可以趋善避恶。只要通过修身养性,就能实现统治秩序和社会和谐。所以,国家的治理完全倚重伦理道德的调控,强调人的内心中善性的自律作用。在乐观主义者看来,外在的制度约束是治标不治本的方法,扩充人的善性并不需要外在的法律规范和制度的强力约束。外在的东西虽然可以在一时以强制性的方式遏止住人的恶性,却不能从根本上彻底改变人内心世界中的恶性。只有通过圣贤不断地启发人的善性才是治本的最佳方式,人的自我约束才是善性的最好保障。在进化论看来,即使是“人性中最普遍的原动力——爱己(self love)”,也是可以“通过本是以追求自己的利益为目的的个人努力而被导向促进公共利益上面去的”,这是完全可能的,这就决定了德治才是最为可靠的政治治理途径。进化论相信,理性规定了人的本质,人可以凭借自由意志超越现象世界的确定性和必然性,决定自己的命运,达到真正自由的境界。

在“德治”的前提下,就会出现“人治”的结果。而“人治”的目的就是要改造人性,使人性完全适应制度的需要。在乐观主义者的潜意识里有一种深深的“精英情结”,按照“德治”——“人治”的思路,只有德高望重的人,才能够担当得起教化普通民众的责任。所谓德高望重的人不是别人,正是那些已经达到了人生之最高境界的圣人、贤人。只有他们是不需要被别人教化的,因为他们本身已经足够完美,有超人的智能,有丰富的善性,他们在道德层次和认知能力上是没有任何瑕疵的。所以,只有他们才能够和可以教化别人。于是,领袖人物、政治精英在国家政治生活中就占据了显赫突出的统治地位。“政治上至高之位，必以最大之德居之。所谓天子，必圣人乃可为之。”①由于圣贤之人拥有超越一般人的政治智慧和能力，在理性上是充分的，在道德上是最完美的，在权力的运用上是最为可靠的，所以，圣贤的言论就是律令格言，普通百姓在心志上实在不能与圣贤一比高低，必须无条件地遵守和服从；圣贤行使权力的行为也从不需要任何外在的监督制约机制，由此一来，德治在现实的政治生活中就蜕变成为赤裸裸的“人治”，没有制约的权力犹如脱缰的野马，一发而不可收拾，最终演化成为典型的专制集权。而政治精英、领袖人物也就成为社会中的特权阶层，高高在上，俯视众生，不可亵渎。在“德治”与“人治”的政治环境中，人们在观念意识上极易形成等级观念和差别意识。在这种情况下，要想让那些掌握国家权力的人接受制度的监督和制约，简直就是不可思议的事情。由“人治”形成了中国的“官本位”政治法律传统，当法律的意志与人的意志发生冲突时，人的意志总是占据上风。权力的级别越高，掌握这项权力的人的意志也就越具威严。官位本身的终身制和世袭制的制度设计，使得权力成为一个相对封闭的系统，即使有所谓的权力监督和制约的话，也是权力系统内部的协调和对既得利益如何分配的问题。

乐观主义的人性论是一种人性完满和本善的理论，它一相情愿地相信仅仅依靠人自身的道德修养以及统治精英的圣明就能够实现现实政治的清明和统治秩序。以此为基点必然导致贤人政治，忽视制度和规则的建设，淡化法律意识。乐观主义把希望寄托在根本就不可靠的人的善良本性的回归之上，结果就是在现实的政治生活中这种美好善良的愿望更像是空中楼阁，让人难以把握。

---

①　冯友兰著：《中国哲学史》（上册），中华书局1961年版，第149页。

四、现代政府制度的人性论基础

通过上述中西人性论的形成过程，不同论争的追根溯源，可以得知，中西方在人性问题上各有偏颇之处。它们都站在一个比较极端的立场来判断人性，结果是人性非善即恶，以此作为政治法律制度设计的指导思想。对于人性善恶的论争，笔者更倾向于一种折中的立场，即人性是善与恶集合表现的综合体，人性中既有善的因素，也有恶的成分。任何制度的设计前提都是以人性恶为前提的，人们对掌握政府权力的人有一种天然的防范心理，以保证政府权力能够始终保持其不变的公共性品质。所以，在现代政府制度设计之前，必须具备对人性比较客观的认识和判断。只有这样才能够保证现代政府制度的设计和运行更为理性、全面和客观。现代政府制度的实践过程实际上也就是对人性的不断地思考和认知的过程，是抑制恶性、激发善性的过程。现代政府制度的运行目的在于构建更为适合人类本性的制度体系，并为人类创建体现人类本性的实实在在的生活状态。人们可以作这样的判断，人性是现代政府制度的道德基础和精神归宿。

以每个人的经验和观察，人性并非是处于非善即恶的截然两极状态。对于任何特定的个体，其人性中既有善的一面，也有恶的一面。个体实际上就是一个善与恶的结合体。倘若外在环境的控制力较强，人的恶性就会弱化一些；假若外在环境的控制力趋弱，人之恶性就会增强。人性的善与恶也并非是天生的倾向，在个体后天社会化的过程中，人的善恶本性才会逐渐显现。人的善恶是客观存在的，与客观环境之间有相互呼应的关系。透过西方一贯坚持的人性恶立场的表面，还可以看到，即使在西方现代政府制度的设计中，虽然主流的观点似乎始终是从人性恶的基点出发，但其实在它的制度的内涵里并没有完全否定人的善性的一面。麦迪逊在《联邦党人文集》中曾经流露过:人类有某种程度的劣根性,需要有某种程度的慎重和不信任,所以人类本性中还有其他品质,证明某种尊重和信任是正确的。共和政体要比任何其他政体更加以这些品质的存在为先决条件。如果我们当中某些人的政治妒忌所描述的图景与人类特性一模一样,推论就是,人们没有充分的德性实行自治,只有专制统治的锁链才能阻止他们相互残杀。

因此,仅仅以人性恶的前提来考虑制度的设计是不够的,还要通过制度的运行来激发人的善性更为客观。如果说宏观的宪政体制和现代政府制度是以人的恶性为大前提,那么在微观上的政府制度设计上则是充满了对人性善的期待。比如各民主宪政国家的选举制度就是以人性善为前提的,人们认为能够借助于合理设置的选择机制选出被大家所普遍认同的好人。这种状态表明人们对自己的善恶本性暗含着一种心理上的暧昧,对人性的宽容。因为,毕竟是人在为自己设计政治制度和政府制度,所以在观察自我的时候,不可避免地有一种自我肯定的倾向,而不像他者的观察那样更为彻底和直观。到目前为止,人们之所以能够对人性恶论保持着不容否定的态度,并不在于这种对人性的判断本身的合理性与科学性,而恰恰是因为在人性恶假设的前提下,设计出来的宪政体制和现代政府制度能够极大地抑制人性之恶,在政治实践中取得了良好的统治效果,使人们由对这种制度和体制的赞赏而变得对这种人性恶假设的深信不疑。

但是,良好的现代政府制度并不仅仅在于它能够成功地抑制人的恶性,而更多地在于它能否充分地激发人们的良善。一个制度如果不能遏止人的恶性,当然它就不是一个好的制度;如果一个制度遏止了人的恶性,但却不能激发人的善性,那么这个制度也是有瑕疵的。当代人身处政治国家,培育的是公民社会,肯定的是公民的主体资格,那么在政治过程中公民的善意和公民的美德就是保证政治秩序和社会和谐的必要前提。在经历了长期的抑制恶性的制度实践后,人们能否另辟蹊径,在继续以制度制约人的恶性的同时,更加着重于制度本身的扬善能力,以制度调动并保持人性中善的成分,使制度发挥更大的能动性效果,而且人的自身能力和理性控制能力的提高也应该是宪政体制和现代政府制度的终极价值和目标。在现代政府制度下,普通公民所具有的对政治过程的参与热情、对政治精英的识别能力、对公共权力的监督意识才更具有意义和价值。“徒法不足以自行”,说明除了制度设计,还要有其他的辅助性措施,扬善抑恶两个方面的契合更能显示出现代政府制度的应有本色。对人性认识的不断深化和提高,会促进和推动政治法律制度进入新的文明阶段。理想的政治法律制度设计应该以对人性善恶的全面客观的把握为基础,这也应该是现代政府制度应该具有的理性的具体体现。

中国现在的首要任务是矫正在“人治”传统下依然保留着的“人性善”的思维惯性,以及由此导致的对公共权力及掌握和行使国家权力者的监督制度和监督机制的虚化问题。以现在的发展情势,整个的政治体制尚未达到能够同时兼顾抑恶扬善的程度,人们面临的主要问题是如何更好地保证公共权力的运行效果,使它不至于衍化成为掌握公共权力的具体的个人谋取不当利益的私权,而保证其公共资源的本色,为人民谋取公共利益。所以,应该把主要的精力投放到抑制恶性的方面,特别是对掌握公共权力的人的严格制约与监督。因此,需要着手相应的工作。首先,提高对于人性恶的认识程度。以往的政治经验已经向人们证实了这一点,单纯依靠人的自我修身能力,不足以保证权力的廉洁和政治文明的自然递进。其次,需要激活现有的监督制度和机制,使其发挥应有的效果。事实上，目前并不缺乏法律制度和规范，最为缺乏的是对这些制度的转换落实机制。中国现有的法律制度中有关监督制度的内容设计，由于指导思想和观念意识等诸多方面的原因，在实际的政治与社会生活中一直以来不能充分发挥其应有的效用，至少表明中国现行制度的运行机制是存在问题的。最后，扭转人性善泛化的状态。在人性善的思维定式下，特权思想、等级观念呈现泛化的状态，使得既定的法律规范在实施过程中时常受到这些传统消极因素的影响和干扰，甚至挑战。只要人们手里拥有所谓的"权力"，这个掌握权力的人往往愿意将它对其他人的控制和影响能力发挥到极致，"直到遇到界限时为止"，以满足人们充分享受权力的心理需求和由权力带给人的那种心理上的满足。当法律规范在执行的过程中与人情和人际关系狭路相逢的时候，往往是既定的法律遭遇被变通的结果，法律的威严丧失殆尽，给人留下深刻印象的只是掌握权力的人的居高临下的傲慢。

第四节　宪政理论指导下政府制度的演进

政府制度作为国家政治制度中的重要组成部分，从历史到现代的转型经历了漫长发展过程，其间饱含人类对理想政府制度的追求，也是人类宪政思想不断进化的过程。回溯历史可以清晰地观察到在宪政理念指导下政府制度的发展足迹，帮助人们概括特点，总结规律，把握未来的趋势。

一、人权立宪时期的政府制度

人权立宪时期是指资产阶级革命成功后建立资本主义国家的资本主义市场经济的初级阶段，也是宪政实践的初级阶段，在时间上以16到18世纪为主要跨度。由于是刚刚从封建专制集权的恶劣政治环境中摆脱出来,这个时期在宪法文本上表现出来的主要特点可以概括为是人权立宪,人们特别渴望和强调以人身自由和财产权为核心的古典自然权利的保障。这个时期的宪政思想同样属于整个人类宪政思想发展的初级阶段——即古典宪政思想和理论的范畴,即强调完全的个人本位、权利本位,奉行自由主义和放任主义的市场经济,以体现对封建专制统治的彻底颠覆。

人权立宪时期依据宪法的基本原则和精神所设计的政府制度有以下几个方面的特点。

其一,在设计政府制度的指导思想上体现的是有限的"人民主权原则",即少数人发展的垄断权。所谓有限的人民主权原则是基于早期的资产阶级宪法文本,虽然都在抽象意义上使用人民主权的字眼,但是在具体的政治实践中"人民"的范畴是极其有限的,与今天人们所认知的"人民"的内涵有着天壤之别。以英、美、法三国为例,根据英国的不成文宪法的相关规定,只有成年的、男性、白人、拥有一定财产的英国公民才拥有政治参与权。美国立国之初,黑人并不具有真正意义上的独立人格,一个黑人仅相当于五分之三个白人,在这个前提下黑人的政治参与权根本就无从谈起。法国更是在以《人权宣言》为序言的1791年宪法中,将公民直接区分为"积极公民"和"消极公民",二者之间的差异就在于前者拥有选举权,而后者没有政治参与的权利。所以,在国家的政治实践中,统治权的阶级属性是非常明确的,因此,也就必然导致了政府定位及其功能具有明显的利益倾向。所谓的人民其实只是极少数的"人民",只有那些拥有一定经济资源的群体才真正属于"人民"的范畴。这一时期的政府其实只是在全体社会成员中占据少数比例的贵族和富有的资产阶级利益的代言人。

其二，在政府的组织结构上重点在于设计立法、司法与行政三权之间的分立与制衡，避免暴政和恶政，以体现完全不同于封建专制统治政府的形象。基于对国家政治权力的认识和历史经验，在政府的组织结构设计上充分体现对政府权力的控制和制约。政府权力的支配性和强制性可以导致政府权力的任意性和腐化性。所以，在这个时期内，强调政府的分权与收缩是政府制度的主要特点，政府也被形象地比喻为"守夜人"。美国是比较典型地体现分权与制衡的政府组织结构的国家，其他国家虽然不似美国这样典型，但在其政府权力的内在结构中也大多体现了类似的思路。但是在每一项具体的政府权力的设计上，特别是针对专门行使行政权的狭义政府，由于当时社会的政治经济生活远远比不上今日的发达程度，所以还没有衍生出更多的职能部门。

其三，在政府的作用与功能上强调"无为政府"的形象。在刚刚摆脱了封建经济的束缚之后，资产阶级需要非常宽松的经济发展环境以维护本阶级的经济资源优势地位，因此，确立资产阶级市场经济体制，强调市场规律对经济配置资源的效果，是保证资产阶级自身利益所需要的经济制度和经济体制。在这个前提之下，政府的职能则以维护资本主义市场经济的秩序，"消极地增进我们的幸福"（潘恩语）为限定，政府的权力范围和权力的行使都受到了严格的限制。对于当时的西方资产阶级来说，组建政府的"重大的和主要的目的，是保护他们的财产"，所以他们并不需要政府做得太多、管得太多。所谓"管得最少的政府就是最好的政府"说的就是这个意思。

其四，政府的目标定位是保护公民的基本权利。早期资产阶级宪法文本中确认的公民基本权利的范围是极其有限的，但核心内容却非常突出，配合资产阶级的利益实际需要，特别强调以人身自由和财产权为核心的基本权利的保障和实现，以及人们追求幸福生活的精神需求，财产权也可以被认为是资产阶级权力体系中的首要人权。从世界人权发展的历史来看，对于这些基本权利的诉求与当时的社会发展水平相适应属于第一代人权的基本范畴。

二、政治立宪时期的政府制度

政治立宪时期在时间的发展标志上以 19 世纪末期和 20 世纪上半叶为主。在这个时期，由于延续了早先实行的自由主义、放任主义的资本主义经济形式，资产阶级获得了空前的发展和壮大，资本主义进入到了垄断资本主义阶段。随着资本的高度集中与垄断，资本主义市场经济体制下的自由竞争也同时伴生着它的不自足，出现了经济强者与经济弱者之间的巨大鸿沟，经济资源的垄断必然导致政治上的集权，进一步暴露出资产阶级民主制度的虚伪性。在这种态势之下，反而激发了西方社会祈求民主的政治热情，公民的政治热情日益提高，人们要求参与国家的政治和社会事务，并且表达出对经济垄断和政治专权的不满情绪。于是，这一时期的宪政理论开始用大多数人的名义进行包装，参与宪政实践的主体范围由最初的少数人发展的垄断权，逐渐扩充到所有的成年男性公民、妇女和非白人种族的公民，当然，更为彻底的转变还是到了第二次世界大战之后才真正显现出来。宪政的基本立场发生了重大的变化，开始由少数人的立场转向大多数人的立场，但笔者将其形容为“不完全的社会本位和集体本位”。因为这个时期的基本立场的转变，是资产阶级统治阶级基于缓解政治、经济不平衡发展所导致社会矛盾的权宜之计，并非实质意义上的转变。由此，宪法文本开始进入政治立宪阶段，将政府定位为“民有、民治、民享”的政府（法国宪法），充分肯定人民的宪法地位，国家一切权力属于人民（苏俄宪法），首次加入了有关公民政治参与权和经济权利的内容（德国魏玛宪法），属于第二代人权的范畴。同时西方宪政实践的成功不仅在国内受到大多数人的支持，在世界范围内的其他国家也获得了比较普遍的认同，宪政理念开始了全球化的过程。

政治立宪时期政府制度的主要特点可以概括为以下几个方面。

其一，在政府制度的指导思想上，从有限的人民主权原则向更为广泛的主权者的范围进行扩展，在政府所代表的利益中开始容纳更多的利益群体，包括当时的弱势群体，主要是为了平衡自由经济之后所造成的经济强者和弱者之间的巨大差异。由此使得人民主权的内涵有了更为积极的发展趋向，在这个指导思想下，享有权利的主体范围进一步扩展，相关的身份资质限制更为宽松，公民享有权利的范围更为广泛。政府对市场的直接干预依然是消极政府的形象，对公民权益的保护是借助于在宪法文本中对于公民基本权利的规定来体现的。但是应当指出的是，这个时期的人民主权原则依然存在着很大的局限性，属于不完全的社会本位和有限的集体主义。因为，在社会现实生活中，黑人、穷人，还有妇女的权利并没有获得真正意义上的实现。

其二，在政府的组织结构上，宏观层面增加了独立于立法、司法、行政之外的“第四权”——即通过“宪法法院”对上述三权的监督和制约，以奥地利1920年创设宪法法院为标志。微观层面进入到大政府概念下的行政权力急剧膨胀的发展阶段。由于20世纪初期的世界性经济危机，人们认识到仅仅依靠市场是不行的，当“市场失灵”经济危机到来的时候，这只“看不见的手”却是弱小的个体无法与其抗衡进行自我保全的，因此必须要借助于政府这只“有形之手”，通过强制性手段和力量进行消解。政府为了顺应这种社会政治经济形式的要求,增加了更多的行政职能部门,以引导和控制社会的有序发展,其中最具有代表性的就是社会福利部门的增加及其费用的支出。

其三,在政府的作用与功能上,国家干预主义开始显现但作用还没有完全释放出来,逐渐进入政府以行政手段主导和控制社会政治与经济发展的阶段,政府被认为是实现公民利益和权利的工具,体现为"国家拯救"的思想。一方面,出台了大量的保障公民政治权利和经济权利的法律和政策;另一方面,政府将更多的力量和资源投放到失业救济和保障、普遍的健康保护计划、教育资助、对残疾人的社会援助等事项上,为社会提供更多的和有效的"公共产品"和"公共服务"。在总体上,通过扩大政府的职能,达到稳定经济、减轻社会负担的目标。

其四,政府对于公民基本权利的保障拓展至政治参与权利、社会经济文化权利等领域。通过宪法、经济法,通过政府的公共权力强制性干预私人的经济生活,以维持社会总体发展上的平衡,其中最为显著的标志就是赋予弱势群体以宪法基本权利。1919 年德国的《魏玛宪法》首次将公民的经济权利写进了宪法,在世界宪政发展历史上开创了先河,许多欧洲国家在 20 世纪初期都提出了与之相关的政策计划。

三、经济立宪时期的政府制度

宪政理论与实践在 20 世纪中期以后发生重大转折。第二次世界大战以后,西方国家的宪政理论出现了新的发展趋势,对其代表性的概括就是:社会化、人权化、司法化。表明个体对社会、国家的依赖程度越来越高,人的社会性已经超越了个体性,对人权观念指导下的普遍的个体本位的价值追求和对公民基本权利的有效司法救济等新的观点不断出现。在这些基本趋势下,宪政思想和理念有了进一步的发展。人们将宪政理论与宪政实践从限制专横地行使政治权力的古典主张,提升为思考维系良好的社会、通过制度设计展现一种优良的政治体制,并在经济效率和公民精神方面都能够有所建树的政府制度。在宪法文本中体现为对公民环境权利的肯定,人权保护开始进入第三代人权的视野。20 世纪中期以后,全世界范围内呈现出的社会变迁、文化、思想、制度和生活方式的多元化、复杂化态势,对政府制度提出了更高的要求。

经济立宪时期的政府制度与以往所经历过的时期有着显著的区别。

其一,在政府制度的指导思想上,人民主权原则中"人民"的范畴更为充分,体现出新宪政理念中的妥协与宽容精神,政府不是某些特定利益群体的代言人,而是不同利益群体所代表利益的整合器。对于政府的定位,可以以世界银行发布的《1997 年世界发展报告:变革世界中的政府》为参照。

(1)建立一个有效的政府;

(2)政府能力的界定在于它能否有效地从事和推动公共事务;

(3)要使政府的角色与其能力相适应;

(4)通过增强公共机构来提升政府的能力;

(5)政府的首要任务是让人们拥有基本权利,包括建立法治,维护公平的政策环境,保护宏观经济的稳定,提供基本的社会服务和基础设施,保护弱势群体,保护环境等;

(6)一旦超出这些基本职能,政府就不必成为唯一的提供者,要知道政府的局限;

(7)政府保持公断力,就能使公务员拥有积极做好工作的动力；

(8)要致力于增强政府的竞争力，全球化对于治理柔弱的政府是一个威胁；

(9)要使政府更接近人民，让公民说话的最好机制是投票箱，全世界有117个国家，即2/3的国家是公开选举其领导人的；

(10)建立全球合作机制有利于控制地区危机，保证全球经济稳定，保护环境，培育基本的知识研究和生产，促进更有效的国际援助等；

(11)好政府不是豪华的，而是必要的。①

其二，在政府的组织结构上，寻求科学合理适合发挥管理效应的政府组织体系。不再强调单纯的所谓"大政府"或者"小政府"的概念，而是适当管理效果的政府组织结构。既强调政府内部各个不同职能部门设置的合理性，也注重不同公共权力之间的协同作用所带来的综合治理效果。但在总体上依然还是以国家所有公共强制力中的行政权及其实施，在正常社会生活秩序的维护方面的重要地位最为突出。特别是随着社会的高速发展和全球化的背景，行政机关需要面临更多的对突发事件的紧急处置，在执行法律的过程中运用越来越多的自由裁量权，成为各国在政府组织结构方面不断进行调整的驱动力量。

其三，在政府的作用与功能上，在认可市场的自发调节作用的前提下，强调政府的宏观控制能力，并试图通过具体的宪政制度安排，发挥出政府特有的规制经济与社会发展的能力。在行政权力方面由社会福利行政向规制行政、许认可事务国际交流等方面拓

---

① 《1997年世界发展报告：变革世界中的政府》，蔡秋生等译，中国财政经济出版社1997年版，第13—15页。

展。在控制手段上以技术性手段为核心,用金融杠杆和税收杠杆来控制整个社会的经济发展速度,同时也以此来平衡不同利益群体之间的差距。政府更加重视社会保障法律制度和政策的完善,以保证社会整体水平的提升。晚近以来,随着全球经济的一体化,更加强调政府对市场的积极干预和有效政策的影响,以消弭市场机制的负面因素带给公民实际利益的损失。

其四,在公民基本权利的保障上,进入第三代人权的视野,在原有的基本权利体系上,又增加了新的基本人权的内容,即发展权、环境权和集体人权等新兴权利。在传统法理学肯定人作为权利主体、强调对人的权利保护的观念之下,德国率先将动物的权利写进基本法中,以此提示人们对于人和自然之间的和谐关系进行重新思考和定位。显然环境权利是被作为权利和义务的统一体来考虑的,这一举动也表明了对人类社会可持续发展的更为长远的考虑。

四、政府制度历史演进的特点

通过对政府制度在不同时期不同发展特点的分析,可以看出政府制度演进的一般规律,也能够在一定程度上昭示出政府制度在未来的走势。

不论政府制度在具体的组织结构、职能和运行机制方面有什么变化,政府制度的核心内容始终是没有改变的——即如何更好地体现人民主权原则,或者说政府制度在组织结构、职能和运行机制方面的任何改变都是围绕着如何保障人民权益的充分实现这个主题进行的。政府制度本身是对政府的约束性规则,但是政府制度运行的终极目标则是要更为充分地实现人民利益,使人民获得更为自由的发展空间。政府制度为抽象意义上的人民主权原则的现实转换，提供了一种制度上的基础。

不同历史时期政府制度的演进总是围绕着行政机关的组织体系和职能的变迁来展开的。这一规律与行政权的特点有直接的关系，因为在公共三权中，行政权代表国家意志的执行功能，相对抽象意义的法律原则、法律条文，如何转换成为现实生活中人们必须遵守的行为规范，必须借助于行政权的行使。比较立法权和司法权，行政权更加贴近人们的日常生活，与人们的日常生活息息相关，而且是处于经常性发生的状态。所以，在某种意义上，政府制度的历史发展其实就是在不同社会政治经济发展阶段对于行政权和行政机关职权的不同定位以及行政权如何更好地配合社会的总体发展需要。

政府制度的每一次进步都是在宪政思想、宪政理念指导下完成的，而且在运行机制和控制手段上表现得更为科学和合理，更加强调社会正义等抽象理念的现实转换，让人们真切感受到政府制度对公民主体地位的肯定和尊重，由政府制度带来的实际益处。从宪政的启蒙到宪政思想的不断进化和升华，指导着人类的宪政实践，社会的发展也在不断地开阔人们的视野，给人们带来新的启发和对宪政理论的新发现，因此，在宪政理念和政府制度之间就有了这种剪不断的关系。

第三章　现代政府制度构成要素的理论分析

现代政府制度作为规制政府公共权力的规则体系，由若干与政府相关的要素组成，其中涉及政府的行政职能、行政权力、行政体制、行政程序和行政监督等核心内容。现代政府制度不仅有静态、相对稳定的一面，也是一个对外开放的系统，在运行过程中与社会环境相互影响、相互作用，随着社会环境的动态变化，其构成要素不断调整、变革和创新，以保持高水准的行政效能状态。

第一节　行政职能

行政职能与立法职能、司法职能共同构成国家职能。行政职能是国家意志的具体执行，其行使受其他国家职能的制约；反之，它也影响其他国家职能的实现程度。行政职能的核心价值在于回答行政机关"应该做什么"，"不应该做什么"，包括行政职权范围、职责深度、职权方式，是行政职权与职责的有机统一。

一、行政职能的含义

行政职能是国家行政机关，依法在国家的政治、经济和其他社会事务的管理过程中，所应承担的职责和应起的基本作用，是国家行政机关在特定历史时期内，满足社会政治经济形势发展的需求，实现国家利益而应该担负的职责和发挥的功能。作为现代政府制度的构成要素之一，行政职能比较集中地体现了“有限政府”的基本精神，即人民赋予政府的权限范围是什么，政府能够在什么范围内行使公共权力，反映政府的实质意义和活动的内容与方向。所以，行政职能的确立首先考虑的是行政职能的总量或总体构成问题，即在特定时空条件下，行政机关对社会应当履行哪些职责和发挥什么功能。

对于行政职能内涵的理解要特别注意行政职能具有不同于其他政府权力的特点。首先，行政职能与国家的产生相联系，行政职能是国家职能在行政事务领域中的具体体现，即执行行政管理权力和履行公共管理功能。行政职能体现的是国家意志，反映国家的性质和国家活动的基本方向。其次，行政职能与行政目的相联系，与国家的立法职能、司法职能相比具有相对独立性，它更为突出执行国家意志的管理方面的职能，由此区别于国家在其他方面的职能，表明行政职能只能在特定的领域中履行，而不是漫无边际的。再有，行政职能与公共政策相联系，具有显著的公共性特征，是一种公共性的职能，以区别于非公共性机构内部管理职能的“私人性”，而且二者之间是不能够互相替代的。此外，行政职能与政府制度创新相联系，政府行政职能变迁的过程实质上就是政府制度为满足社会需要而对行政职能进行调整的过程，在政府制度上就表现为政府制度的不断发展和创新。

行政职能是一个完整的体系，涉及对国家事务和社会公共事务进行管理的全部活动，从而构成了行政管理的全部工作范围。行政职能也是一个纵横交错、相互支持和相互制约的职能体系，涉及不同层级行政机关之间、同一层级不同行政机关之间的职能配置。行政职能具有严格的法定性，在法治国家中，行政机关行使行政职能的依据就是国家通过宪法和法律赋予行政主体的行政权力，行使行政权力的行政机关及其行政职能必须获得宪法和法律的授权。职权范围法定化是实现法治和依法行政的基本要求，否则就会造成行政权力的滥用，导致政府的腐败。

在与现代政府制度其他构成要素之间的关系上，行政职能具有决定性意义。首先，行政职能是建立具体行政机构的主要依据之一，行政职能只有通过行政机构才能得以实现，行政机构是行政职能的载体，所以行政职能决定了行政机构的设置、规模、层次、数量和运行方式。其次，行政职能决定具体行政行为应遵循的行政程序，行政职能的实现情况是整个行政机构管理活动结果的表现，现代行政管理要求行政行为的程序化，而实现行政管理过程和阶段的程序化不是由人们的主观意志任意决定，必须依据行政职能，因此，行政职能对实现行政管理的科学化具有重要的指导意义。再有，从行政管理学的角度看，行政职能决定了行政机构享有的行政权力，有什么样的行政职能就会配置什么样的行政权力。行政职能也是对行政权力的具体分解，抽象意义的行政权力只有通过具体的行政职能才能完整地体现出来。

二、行政职能的意义

在现代政府制度中行政职能占据首要位置。因为政府的行政职能的科学定位和合理配置不仅直接决定行政机构的设置和人员的配备，而且会对国家的经济和社会发展产生深远的积极影响。

首先，行政职能决定政府的角色定位。在西方国家政府制度发展演进的过程，主要就是围绕着政府的行政职能展开的，所谓“大政府”与“小政府”、“无为政府”与“有为政府”、“全能政府”与

“有限政府”这些词汇对政府的描述，反映的恰恰是特定时期人们对政府定位的基本要求，所以才有所谓“管得最少的政府就是最好的政府”。政府行政职能的规模、结构和水平，表明政府参与经济和社会生活的深度，对传统私人领域介入的强度，也表明社会与市场的自律状况。如果社会和谐、市场竞争有序，则政府的行政职能一般退守在政治领域，反之，则需要政府对“私域”进行积极有效的干预。所以，透过政府行政职能的变迁，看到的是政治、经济与社会之间此消彼长的关系。在当代中国，行政职能是政治体制改革和行政体制改革的重要内容，不仅涉及政府在社会主义市场经济体制下的重新定位、行政职能的纵向和横向的重新配置，也是正确处理党政关系、政企关系、政治社会关系的前提。

其次，行政职能是行政组织设置的依据、前提和基础。在政府过程中，行政职能的确定和行政系统组织的确定是同一过程。行政组织结构形成的过程就是把各项行政职能固定划分给行政各机关、各层次的过程，有什么样的管理职能就应该建立相应的行政组织和机构。哪项职能是主要的，执行这项职能的机构就会作为行政系统的主要组成部分。只有依据行政职能分析组织结构问题，才能清晰地认识到哪些机构是必要的，哪些机构是多余的，以便对组织机构进行合理的设置和精简，并正确确定其相互关系。行政职能的转变是行政机构改革的关键，行政组织的变革总是围绕着行政职能展开。也就是说，行政机关的变化必须首先确定行政职能的状态，根据行政职能的变动来确定行政机构的改革。行政职能是确定行政组织目标和任务的重要标准。行政职能反映着行政管理活动的基本方向和实质内容，对国家和社会事务的管理范围和深度具有规定性，只有依据行政职能才能够确定行政活动的内容、目标和任务，否则无法全面履行行政机关对社会的历史职责。

行政职能具有相对稳定性的特点，但是行政管理的目标和任务则具有多变性，随着时间、地点和情境的变化而变动。行政管理活动的目标和任务在一定条件下就是行政职能的进一步展开和具体化，行政职能决定行政机关的具体行政权力和行政责任的分配。

行政职能决定行政管理的内容和方式。行政职能是认识行政管理的前提，是科学地组织行政管理过程的重要依据之一。行政管理是政府根据其所拥有的行政职能，依法对国家事务、社会公共事务和政府自身事务所进行的管理活动。行政管理活动的内容、目标和任务要根据行政职能来确定，即要在行政职能的范围内进行。行政职能还决定行政管理过程的科学化，行政管理活动也是一种职能活动，是行政机关具体行使行政职能的过程，是决策、组织、指挥、协调、控制等职能有序运行的过程，行政管理的方式因管理对象、管理领域的差异而有所不同。特别是随着社会多元化发展，人们对政府的管理水平有了更高的期待和要求，政府一方面要调整为社会提供公共产品的数量和质量，另一方面则要采取更为民主化、社会化的方式，吸纳普通公民对政府决策的参与程度，以提升政府决策的民主性并获得广泛的支持，维护政府的公信力。所以，行政管理活动的最终结果就是行政职能的实现情况。

行政职能的实现是衡量行政管理效率的重要标准。行政管理活动是行政职能的实践过程，行政管理活动是否有效率是评价政府行政职能实现程度的重要指标。行政职能的实现首先取决于行政组织机构的完备状况，其次取决于行政管理活动的效率，所以从连带关系上看，行政职能决定行政管理活动的内容和方式，反之，行政管理活动的最终结果制约行政职能的实现程度。政府的行政职能如果没有得到充分的实现，表明具体的行政管理活动存在问题。行政管理活动的良好效果取决于行政机关工作人员对本部门所拥有的行政职能的认知水平、管理方式和执法水平。

政府制度的现代化水平集中反映在行政职能上，即对政府的行政职能能否及时进行调整以满足社会发展的现实需要，保持社会和政治的基本稳定。当代国家几乎都经历了在不同历史时期，政府职能的一系列调整与改革，反映了行政职能的时代性特性。从总体水平上，各国政府的行政职能中呈现出强化社会职能和经济职能的发展趋势，其中以西方发达国家最为显著。在行政职能的实现方式上也力求有所突破。一方面，政府通过与各种利益集团、各种社会力量之间的妥协与平衡，通过群众的民主参与形式，强调保持社会稳定的调节职能；另一方面，政府承担了更多的经济职能，以此作为行政职能的重点，目的是为社会经济生活的运行创造条件和提供相对稳定的社会环境。行政职能的意义在于它是相对活跃的，不是一成不变的因素，它的确立随整个政治环境、社会发展而变化，以附和公共行政民主化、社会化、多元化的要求。

当代宪政国家强调并鼓励政府在实现行政职能上除采用传统的手段之外，采取法律化的手段，政府通过行政立法、行政司法的形式实施行政管理，体现行政职能的规范性特点，使管理者和被管理者有法可依，避免或减少行政职能在行使过程中可能出现的随意性，保证行政职能的法定性，体现有限政府的基本精神，体现对公民与私域的尊重，借助于法治的手段促进行政职能的全面实现，实现行政权力的廉洁性目标。

三、行政职能的内容

行政职能的内容是政府制度改革中的焦点。虽然国内外学者关于行政职能内容的理论分析侧重点各有不同，或从政治学视角界定，或围绕政府与市场之间的关系界定，但从世界范围来看，各国政府的行政职能基本定位于提供公共物品和公共服务、管理公共事务方面是大体一致的，体现为两个基本层次，安全保障职能和弥补市场缺陷、克服市场失灵的职能，在当代经济职能与社会职能有加强的趋势。

第一，政治职能。是各国政府行政职能中的传统部分，指通过行政强力机关行使约束性、控制性、防御性、保卫性和镇压性的功能，防御外来敌对势力的入侵和渗透，镇压被统治阶级的反抗，制止和打击违法犯罪等各种破坏活动，建立和维护有利于统治阶级的社会秩序和内外环境，妥善处理统治阶级内部的各种关系，其中核心的功能是维护和巩固国家政权。具体而言包括对外事务的管理和对内的治安行政管理两个基本方面。在民族国家没有消亡的前提下，政治职能依然具有重要意义，尤其是在当前复杂国际局势下，人们看到国内的民族关系、不同国家之间因宗教而引发的矛盾、意识形态领域里的冲突、国家之间经济问题的政治化，都需要政府在政治职能上不能有任何松懈。

第二，经济职能。指政府在社会经济生活中依法履行的职责及其所发生的功能。在现代社会，经济职能在行政职能体系中占据的地位越来越突出，并且正在成为全部行政职能中最为重要的一项职能，这一特点在后发市场经济体制国家表现得尤为突出。当代国家，政府已经充分认识到，经济发展、综合国力是一个国家立足于国际社会的客观基础，经济资源、经济实力也是国家对外交往的物质基础，没有任何一个国家可以完全凭借自己的力量达到空前的富足，因此在对外经济交往过程中如何保全自己的经济利益而又不失却国家的经济安全，特别是在存在着发达国家与发展中国家之间巨大差距的前提下，运用政府的力量有效开发利用和保护本国的自然资源，与其他国家进行平等互利的经济往来，以及在体验到市场这只“无形之手”有时也会失手的情况之下，如何发挥政府“有形之手”的作用来有效配置国家的经济资源，为本国的经济发展贡献力量就成为政府的责任，也是人们对政府的期待。

第三，社会职能，体现在社会服务和社会保障功能两个方面。在实现市场经济体制以后，各国政府所面临的一个突出问题就是国内不同社会阶层之间的分化，愈加扩大的鸿沟，即贫富差距问题，已经成为困扰各国政府的现实社会问题，直接影响到社会和谐和政治秩序的稳定。政府的社会职能就是要通过建立各种机构，创办、管理和发展社会福利、社会救济、社会保险、环境保护、治理污染等事业，以保证最基本的社会生活条件和水平。此外，在发挥政府社会职能的同时，鼓励各类非政府组织（NGO）的建立，促进公民社会的成熟，培育公民社会在社会生活中的自律能力，保持社会秩序的稳定与持续发展。

第四，文化职能，政府在文化教育领域发挥的功能。政府通过文化管理机关依法对教育、科技、文化、卫生、体育、新闻出版、广播电视等社会文化事业进行管理。随着社会价值观念的多元化发展，教育与文化的社会意义更加突出，受教育水平直接关系到每一个公民的文化素质与修养，它既是公民参与竞争的起点，也是保证竞争公平与否的前提条件。从国家的长远发展看，文化与教育素养的高低是提升民族整体素质的基础保证。根据社会学的研究成果，社会转型时期容易出现“社会失范（Anomie）”①的非正常状

① “社会失范”是社会学上的概念，一般是指由于缺乏某种共同的社会价值标准和价值实践原则的持续指引，或者对于什么是适当的社会规范的理解存在本质上的分歧，从而使社会组织和个体的社会行为失去统一的价值基础和准绳，导致各种偏离社会发展和威胁社会稳定的行为大量地发生。这种情况在社会转型阶段极其容易出现。

况，即由于缺乏主流价值观念的正确引导从而导致公民行为无序和盲从，造成社会的不稳定。因此，如何发挥政府在文化教育领域的正确导向，树立主流的价值观念体系，对于社会的良性发展具有积极意义。政府的文化职能还在于通过促进教育与文化事业，满足人们不断增长的精神需求，提升整体的人文素质，有助于促进政府其他职能目标的实现。

各国的政府过程、政治实践表明：政府行政职能的调整，受社会政治生态环境诸多因素的影响，反映政府在社会发展方面所具备的自我控制能力；政府行政职能的效果，受政府行政主体管理水平和行政行为相对人素质的制约。但是，不管政府的行政职能如何变化，总是会围绕着政府应该做什么、政府能够做什么等主题进行，其对社会承担的基本职能始终没有改变。

进入 20 世纪，行政职能的疆域早已突破了传统行政职能的范围，扩充到：(1)干预经济，对经济活动进行规制；(2)调控国内国际贸易、管理国内、国际金融；(3)举办社会福利和社会保险；(4)管理教育、文化和医疗卫生；(5)保护知识产权；(6)保护、开发和利用资源；(7)控制环境污染和改善人类生活、生态环境；(8)监控产品质量和保护消费者权益；(9)管理城市规划和乡镇建设；(10)直接组织大型工程建设和经营、管理国有企业；等等。[①] 而且在新宪政理念的规制下，更加突出行政职能的规范化、制度化和法治化特点。因此，在政府系统内部不同层级、同一层级的不同工作部门之间，对行政职能进行更为合理配置就成为必须要考虑的问题。这种变化中的政治现实，要求政府行政职能重点的转移，政府履行

① 姜明安主编：《行政法与行政诉讼法》，北京大学出版社、高等教育出版社 1999 年版，第 4 页。

职能方式的转换，以实现政府的效率目标并保持长久和可靠的活力。

第二节 行政权力

一、行政权力的法理解读

一般而言，权力本身是一种可以强制他人服从并使人心存敬畏的力量，在这一点上，行政权力比立法权力和司法权力更为突出。在法理学上，行政权力是指国家行政机关依法所享有的组织、管理和协调国家事务与公共事务的权力，包括基于实施执行、管理和协调等层面的具体行政活动而拥有的权力。由于早期的宪政理论受启蒙运动的先验原则与虚拟的自然状态理性推论的影响，其关注的重心在国家与公民之间的关系上，行政权力在宪法中的地位尚未进入人们的视野。只有立宪国家出现以后的宪政理论才开始立足于国家的社会现实和经济制度的具体情况，追求对原有理论的挖掘和完善。学者们注重对国家权力的法律解构，使行政权力成为理论研究的基本范畴。需要指明的是，在行政法学理论中，行政权力与行政机关行使的行政职权并不是同一概念，但是二者之间却有着极为密切的关联。行政权力是行政职权的基础，行政职权是具体化了的行政权力；行政职权是行政主体拥有和行使的国家行政权力；行政职权是法定的国家行政权力。行政职权属于行政权的范畴，是行政权在管理社会事务中的具体体现。

行政权力是一项极其重要的国家权力，它不仅与政府（狭义的政府）相联系，也与公民的日常生活息息相关，普通公民对于国家权力的熟悉莫过于行政权力。在国家的政治生活中，一个政党如果通过选举掌握了国家的行政权力，那么它便一跃而成为执政党。在选举制度中,人们更是把选举总统——确定国家最高行政长官的选举,称为是“大选”。事实上,在普通公民社会生活的每个角落,都可以捕捉到行政权力的踪迹,社会生活的控制在相当程度上依赖于行政权力行使的有效性。因此,与立法权和司法权相比,行政权力似乎天生便具有扩张的本能。特别是随着所谓“后工业化”国家的出现,人类的社会生活领域急剧拓展,给行政权力提供了更为宽广的舞台。于是行政膨胀和行政腐败等现象纷至沓来,成为困扰宪政国家良性发展的障碍。那么,在宪政理论视野下探讨行政权力的内涵、行政权力的规范化行使,以及对行政腐败行为的有效制约无疑具有理论意义与实践价值,行政体制改革和政府在不同阶段的成长都与宪政直接相关。

对于行政权力的内涵,基于规范主义和功能主义的理论前提,有不同的认识和理解。传统规范主义意义上的行政权力与分权制衡学说联系在一起,其理论基础更多地承袭了保守主义和自由主义的思想传统,充分展示了形式化和原子论的色彩,强调个人权利优先于国家权力,充分肯定法律的控制能力,以及政府服从法律的必要性信念。在规范主义视野中,行政权力是在三权分立制衡理论前提下,与国家权力结构中的立法权和司法权相对应的一种权力,是国家行政主体管理国家事务和社会事务时拥有和行使的具体执行权(Executive power)。在行政权力的操作层面上,以“公域”(Public sphere)与“私域”(Private sphere)的严格分野为前提,强调行政权力“受控权”、“被控权”的属性,意即行政权力属于具有从属意义的执行权,以体现对资本主义私人占有制下形成的市场体系的充分尊重,在政治国家与公民社会的二元结构中,代表国家的行政权力只是作为保护公民利益的工具才具有存在的价值和意义。这就同时决定了行政权力也要受到法律限制的思想意识,防止其被滥用，尽可能减少行政权力对公民社会自主性和实际利益的侵害，打破了以往国家权力无所不能及的传统，将行政权力严格纳入法律的控制之下。

而功能主义观念中的行政权力则从另外的角度被进行了定义和分析。与规范主义相比较，功能主义的政府理论更具有一种激进的倾向，或者像有些学者所归纳的那样，功能主义比起规范主义"更加重视目的而非手段，重视实质而非形式"。在对待个人权利的问题上，功能主义认为，个人权利来源于国家；而对于法律，则认为是政府机器的一个组成部分。该理论关注的是法律的规制功能和便利功能，注重法律的意图和目标，并采取一种工具主义的政策路径。所以，在该理论看来，行政权力应该是为了促进社会改革和实现公众幸福而行使的国家权力，为了达到这个目的而运用行政权力是再自然不过的事情了。行政权力是实现社会公益或提供公共服务的工具，它既是维护公共利益的工具，也是增进社会福利的工具。这便是功利主义的倡导者为行政权力确立的基本标准。事实上，功利主义对于行政权力的解读完全从利己主义的角度出发，尽管也承认政府具有的积极作用，但其仍然将政府视为促进个体利益的工具，而非社会整体福利的代言人，自始至终强调的是行政权力的"服务性"。在功能主义看来，与国家相比，由个体组成的社会才是第一位的，社会公益具有无可比拟的优越性。但是，行政权力的行使及其效率才是实现社会公益最为可靠的保证，而行政权力的合理性和价值取向就在于争取最大多数人的最大幸福。

不论对于行政权力的解读有何差异，作为国家公共权力结构中的重要组成部分，行政权力因为其自身具有的特性，在现实生活中发挥着不可替代的作用。

二、行政权力的特征

概括而言,行政是一种为了实现国家目标,在法律规范之下,进行持续性、一致性国家活动的权力。所以,在总体上,行政权的特征就表现为执行性、主动性和优益性。

在性质上,与其他公共权力有所不同,行政权力并不直接代表民意,体现为国家意志的执行功能,即行政机关通过具体的行政程序和行政执法活动将代表民意的立法机关制定的法律转变为现实的行为模式。行政权也被认定为是处理权,由行政机关依照一定的原则和方式,凭借自己单方面的意志对行政相对人作出某种处理决定。在这个过程中,拥有行政权力的行政机关以国家利益或社会利益代表的身份出现,通过行政管理行为,维护既定的行政管理秩序。行政活动所产生的直接的、主要的法律功能是国家利益和社会公共利益的有效维护。行政权具有独特的价值追求,与法律强调公正、自由、秩序不同,其优位价值是效率与秩序,同时兼顾其他价值准则。行政权力的设定与运行的主导价值追求在于秩序和效率,法律之所以设定行政权并赋予行政机关以行政管理职能,目的在于对经济、文化、教育、科技等方面的社会事务实施及时、高效的管理,并在管理的过程中实现社会公正。体现在决策机制上,与立法机关的集体负责制不同,行政权力在程序上采取的是个人负责制,强调效率优先原则。

在运行方面,行政权力具有具体性、技术性和执行性特征,表明由行政机关及其工作人员根据具体的情境和情节,运用相对抽象的法律规范就个别事件予以具体处理,使法律规范具体化并得到有效的贯彻实施,以发挥实现国家政治目的的作用。行政权力还具有主动性特点,即行政权力的行使完全可以采取主动的方式,因为行政权力由行政机关代表国家对社会事务进行管理,并不取决于行政相对人是否同意和是否愿意,而取决于有无进行行政管理的必要。一般而言,行政事务大都具有紧迫性,这就要求行政机关必须及时、有效和充分地进行管理,以维护正常的社会秩序,否则极有可能贻误时机,或者酿成不堪的后果。在很多情况下,行政机关积极主动行使行政权力,是基于法律设定的主动性职责,目的在于防止国家利益和社会公共利益受到损害。

就行政权力与其他国家权力之间的关系来看,行政权力对立法权有深切的依赖性。行政权力的运行主要是依据法定职权和立法机关的特别授权来进行。行政权力本身虽然并不直接代表民意,但并非与人民没有任何关联,行政权力与人民的关系,集中体现在严格依法行政和对法律负责的基本要求上,而不是像立法机关那样直接对人民负责。行政权力的主体是代表国家、国家行政机关或者国家行政机关的一个具体部门,人民对行政权力的法律控制是通过立法机关行使立法权和监督权,或者通过司法权的监督和司法救济来实现。行政权力反映和体现人民意志的特点是它忠实于法律和职责,依法办事,依法行政,而不是要求它直接对选民或人民负责。从实质意义上讲,“这种政府机器不是某种超越于我们并且与我们相对立的东西:它是一种为满足我们的集体需求而运转的工具。作为公民,我们能够从它的效率和公正中获得利益”,①行政权正是以这种机制向人们昭示它的存在价值。

在中国,到目前为止,学者们对于行政权的内涵及其特点的表述并不统一,从“行政权”、“行政管理权”、“行政权力”的不同提法就可以看出在理解上存在的差异性。问题在于能否在已经变化

① [英]洛克林著:《公法与政治理论》,郑戈译,商务印书馆 2002 年版,第 272 页。

了的时代背景下，把握住宪政理论的精髓，增强对行政权属性理解和阐述的确定性，以更好地指导行政实践。

三、宪政理论视野下的行政权力

在现代国家的权力结构中，行政权以其覆盖社会范围之宽泛、对人们生活影响之深刻而成为最强大、最引人注目的权力。在西方，关于行政权的内涵有可以追溯的宪政理论，以及贯彻其中的宪政原则，而且随着宪政理论的发展给行政权不断地注入新的内涵。这不仅在一定程度上避免了对行政权理解的随意性和不确定性，也使行政权能够保持与时俱进的时代精神，与其所处的社会情境相吻合，并能够在政府过程中发挥积极作用。

新宪政理论作为控制公共权力的理论，对于公共权力的认识又有了新的进展，表现在宪政观念上，其对公共权力的关注已经超越了古典宪政理论专注于控制公共权力的各种手段方面的思维定式，而采取一种更为开放的胸怀，将重心放在如何通过激发行政权的积极效能，为社会大众谋取最大化福利的思考上。在制度设计上也体现出开明的心态，行使行政权的主体多元化，一改传统行政权理论中行政权专属于行政机关的模式，由行政机关、经授权的组织以及特定社会组织共同承担分享，以确立现代行政权的良性运行机制。与之相适应的是行政职能的丰富，除了传统的治安、国防和外交等行政职能领域之外，又增加了许多新的内容，如生产、生活、社会福利、社会保障、道路建设、建筑医疗、食品卫生检验、资格认定和教育文化等，与公民福利相关的非权力性、专业性和技术性的管理作用在行政领域中占据越来越多的空间。可以说，行政机能呈几何级数增多的态势。正因如此，新宪政理论更加强调法治理念，不仅是行政实体法意义上的法治，还有行政程序上的法治，行政权的行使方式必须严格依照法律进行，即必须依法行政，所谓“无法律即无行政”，法治国家的重要标志就是行政屈服在法律之下，行政在法律规范之下。随着行政权力承载的行政管理活动的加强，服务内容的增多，行政权的“权力”特征逐渐隐匿，不再恪守传统行政权力的执行与管理这一相对狭小的空间，以向社会和公众提供高质量的公共产品和服务为主旨，其中隐含的宪政理念是公民与政府之间授权与被授权之间的关系，行政权应以公共利益为目标，强调政府的公共服务意识，与公共责任机制相对应。

还应该看到，在公共权力的内部结构中，不同权力彼此之间严格分野的历史格局已经有所突破，形成了你中有我、我中有你的局面，亦如行政权内部的再分割，表明不同权力之间和权力内部的实质性演进。现代行政权不再是纯粹意义上的行政权力，而是包含行政、立法与司法等多重职能内涵的权力，即行政机关享有准立法权与准司法权，对其他政治运作有更强的渗透效果。行政权领域就有所谓行政立法和行政司法的具体行政活动，行政机关拥有行政立法权，可以制定行政法规，并执行这些规范。在执行行政规范过程中与行政相对人发生争议时，还可以由行政机关来裁决因为执行规范而产生的争议，即行政复议制度。再有，随着社会生活的多元化和复杂化，行政机关被赋予了更多自由裁量的权力，由行政机关及其工作人员根据具体情况，在法律规定的范围和幅度内行使最终的决定权。这种自由裁量使行政权的内涵得到扩充，也是对行政机关工作人员的法律意识、依法行政观念的考验。由此，使严格的法律规定能够更好地适用于社会生活，保证社会秩序，体现法律本身所包含着的人文精神。

当代中国，社会的政治经济结构、思想观念正在进行前所未有的调整与变革，行政权在实现社会治理过程中的地位和功能日益增强,关于行政权的传统观念也在发生着悄然的变化。但是,行政权的现代化与西方相比面临的问题要更加复杂,涉及不同方面的重新整合,既是从传统到现代的转型过程,也是对西方宪政精神的借鉴。反映了当今世界行政权发展的普遍趋势和基本精神,从职能单一中摆脱出来,实践职能多元以体现现代行政权的真正属性和基本品格①,服务于中国的法治建设和宪政实践。

因此,真正具有宪政意义和价值的问题是重新审视行政权在国家权力结构中的地位,宪政模式的不同个性特征在行政权上的体现,在全球化背景下行政权运行的新特点等。对于这些问题的思考,显然与最初国家权力分化阶段的背景已经大不相同。当代宪政国家的政治生活中,一方面,行政权意味着在实际意义上控制着国家的强制、财富和信息工具;另一方面,行政权的运作方式正在发生巨大的变化,表现为有些控制措施的相对重要性正在变迁,同时又出现了一些新的控制(即来自于外部的控制,诸如WTO的国际法律规范体系对国内行政及相关事务的影响)。在这些对行政权施加的控制措施之间存在着紧密的、相互依赖的关系,而这些控制对行政权来说又是不可或缺的,因为它已经构成行政权自身的特定结构所必需的协调与控制过程的组成部分。这些变化了的因素都要在构建现代政府制度时有所考虑。

① 张树义、梁凤云:《现代行政权的概念及属性分析》,载《国家行政学院学报》2003年第1期。

第三节　行政体制

一、行政体制的内涵

行政体制是指由行政主体及其相互之间关系所形成的在组织、职权和运行方面的基本模式。行政机构之间的权力与责任法律关系一旦确定下来就会形成特定的行政体制。行政体制中所包含的行政机关设置、行政机关之间领导与隶属关系和管理权限划分等内容依据宪法和法律确定。不同的行政职能部门,根据一定的组织原则,通过承担相应的行政职责形成具有特定政治、法律关系的体系、制度、方法和形式。行政机关之间的职责、职权关系的制度化表现就构成了行政体制,是政府制度形之于外的具体表现和实施形式。行政体制与国家的立法体制、司法体制相对应,共同构成国家政治体制的全部内容。

在政府系统内部行政权力的配置、政府机构的设置、运行等各种关系是行政体制的核心部分。透过行政体制人们可以获得关于政府的外在的、直观的印象,比如人们通常习惯于用"全能政府"或"有限政府"、"大政府"或"小政府"、"管制政府"或"服务政府"这样的词汇来概括政府的行政体制的总体形象。各国行政体制的建立、改革与完善大体上都是围绕着行政权力的划分和行政职能的配置进行的,行政职权是构成行政体制的基本要素,行政职权的划分在行政体制中占有重要地位。在行政体制的主体特征上,行政机构是形成行政体制的基础,它的设置是行政体制确立的标志。只有当具体行政机构客观存在时,才会考虑行政机关工作人员的编制,而行政机关工作人员正是规章制度所赋予行政职权的实践者,他们严格依照法律程序行使行政职权并最终保证整个行政管理职能的发挥和实现，基于这样一个基本的逻辑关系从而构成整个行政体制存在的形式。需要强调的是，规章制度和法律程序同样是行政体制的重要组成部分，行政职权源于宪法和法律的授权，依正当法律程序行使，以切实保证行政职权的正当性和合法性，保证行政职权不被滥用，保证行政机构的正常运转。假若没有规章制度和法律程序的约束，行政体制就会失去意义。行政体制还具有社会属性，这意味着行政体制的确立、改变与完善要受诸多因素的制约，包括政治、经济、文化、传统等等。人们可以看到，相同社会制度的国家，因为国情的不同，行政体制也会有所区别。而不同社会制度的国家，采用不同的行政体制更是一种普遍现象。所以，并不存在一个超越各国之上具有普遍适用性的行政体制模式，每个国家只能依据本国的具体情况来确定适合自己的行政体制，而且还要随本国政治实践的发展进行相应调整。

与政府制度的宏观特点相比较，行政体制属于微观层面，不具有独立的社会制度属性。政府制度决定包括行政体制在内的与政府相关的职能、机构和运行的全部规则。行政体制的具体内容取决于政府制度的具体安排，其形成和发展受现行政府制度的制约。政府制度规范体系的具体转换需要借助于行政体制的外化过程。政府制度是相对稳定的规则体系，而行政体制更为灵活多样。正如人们观察政府实践时感受到的，同一种政府制度可以通过不同的行政体制予以表现，同一个政府在不同的历史发展时期可能会表现为不同的行政体制特点，表明行政体制更易于感受外在行政生态环境的刺激。在内容上，政府制度表现得原则和概括，行政体制是具体的组织和管理形式。实践中行政体制对政府制度的作用表现在两个方向：在正向意义上，它对政府的行政组织发挥框定、调控和制约作用，对国家整体的政治、经济和社会发展具有促进、保证和保护作用;在反向意义上,会因为行政体制本身所具有的惰性,行政体制的内在失调,即在组织安排、职能定位方面缺乏科学性和合理性,以至于不能够体现政府制度的基本要求时,引起行政管理活动的混乱和无序状态,导致政府制度总体失灵。这也是行政体制在政府制度中历来备受关注的原因。

当代国家,尽管在行政体制的宪政指导原则上存在较大差异,其基本分野在于对"分权制衡原则"和"议行合一原则"的应用、应用程度和方式的选择,但是在行政体制的基本内容上则大体相同。都包含着中央政府与地方政府之间的关系、国家整体和组成部分之间的关系;不同层级政府之间的关系,以界定各级政府提供的公共物品和公共服务的不同内容和不同实现方式;同一层级不同政府部门之间的关系,以区分它们各自应承担的行政职能的内容和范围等内容。说明除却意识形态方面的分歧,人类社会在政治领域的治理手段应用上是共通的和可互相借鉴的。

二、行政体制的价值取向

价值取向属于价值哲学的重要范畴,在人文社会科学领域被广泛使用,指主体在一定价值观的基础上对待人或者事物持有的基本价值立场和价值态度以及基本价值倾向。简单化理解就是要达到的目标,其作用在于决定、支配和影响主体的价值选择。在讨论行政体制时引入价值取向的概念是想进一步阐明人们借助于行政体制要实现的主要目标是什么以及价值取向合理化对于行政体制的实际意义。

首先肯定的是,同任何其他制度设计一样,行政体制作为行政机构组织体系的制度有其明确的价值取向。行政体制的价值取向具有特别重要的意义,原因在于它关涉政府的形象和政府保护公民合法权益的实际效果。行政体制的内在要求是实现政府内部组织体系和管理职能的协调性和有效性，其终极价值目标是效率、代议制度、政治中立和（科层制）行政领导，其中效率被普遍认为是第一位的，即服务社会公众，增进公民权益，保证高质量的公共服务和提供高质量的公共产品。在行政体制的价值取向上，学者们有不同的主张，但基本上都没有脱离效率的核心。从价值的角度看，行政体制应该体现为组织、职能和政治三个方面效率的最大化。从现实主义角度看，各国之间最重要的政治区别，并不在于政府形式的不同，而是在于政府治理程度，特别是政府能力大小或高低的不同。① “有些国家的政府拥有一致性、合法性、组织性、高效和稳定的特点，而另一些国家的政府则缺乏这些特点。”②因此，对于政府制度的设计者和改革者来说，他们面临的共同课题就是如何创建有效的行政体制，以支持、促进社会的发展、繁荣和进步。特别在社会多元、利益多元和价值多元的今天，行政体制的效率问题颇受关注，因为效率决定了它能够在多大程度上缓解民主社会内部的紧张关系。尽管在行政体制的价值取向上，中国的政治学界和行政学界对于如何平衡效率与民主的关系上持有不同意见，但是在中国改革战略是按照三大体制改革设计的状况下，作为行政体制改革部分在价值目标选择上明确效率目标，至少在目前阶段效率目标是被优先选择确定的价值目标，从而区别并服务于经济体制改革和政治体制改革。尽管近年来西方国家在“行政集权

① 张成福：《变革时代的中国政府改革与创新》，载《中国人民大学学报》2008年第5期。

② ［美］亨廷顿著：《变革社会的政治秩序》，王冠华等译，生活·读书·新知三联书店2003年版，第1页。

民主制”的变迁过程中，提出了“民主行政”的口号，但“效率”依然还是首选价值目标。肯定效率的价值是因为正是在这个意义上行政体制代表了政府的整体形象，这也是中国政治体制改革的焦点始终是以行政体制改革为先导的原因。此外，效率与民主价值是相辅相成的，效率可以更好地促进民主；民主亦可以增进效率，充分肯定效率的价值并不意味着对民主的抛弃，而是对各种可能的民主方式的努力挖掘。人们可以看到，各国政府在强调效率的同时，也都在尝试参与、商谈等新型民主手段，以改进政府形象。在总体上，行政体制首先要体现价值合理性，与形式合理性有机结合，真正实现政府“公共性”的回归，保持政府作为人民政府的合法性和正当性本质。

行政体制的效率目标经由两个方面达成，其一，在行政组织体系内部，通过协调不同成员之间的活动以维护内部和整个行政系统的正常运转，以保证组织目标与各个成员目标的相互协调一致；其二，行政组织整体与外部环境相适应，借助于与行政生态环境的输入和输出互动机制，保持行政组织对整个社会环境变化的灵敏反应，及时反馈信息以便进行相应的内部调整，从而实现对外部的有效控制。行政体制归根结底讲的是权力结构问题，一般而言，结构是基础，特定的结构必然具有特定的功能，而特定的功能也必然需要特定的结构①，结构合理化与职能的合理化是行政体制同一向度上同等重要的两个方面，二者共同决定整个行政体制的价值取向的实现状态。由此看来，实现行政体制价值取向的关键在于行政权力的配置和公共组织的设置，涉及政府集权与分权的程度，纵向结构与横向结构的权力划分与配置。而这一切又与政府的定

---

① 胡伟著:《政府过程》,浙江人民出版社1998年版,第296页。

位直接相关，只有政府的定位准确，政府的管理职能、管理领域、管理过程和管理方法才会进一步明确，才能够保证具体行政行为的积极效果。这也是各国政府在进行"制度创新"、"政府再造"时往往从行政体制中寻找突破的原因。效率是评价政府的标准，是衡量政府存在的意义，效率也是政府的生命力所在。行政体制的效率目标总是同国家的政治发展、经济发展、社会的繁荣与稳定紧密相关，只有认识到这一点，人们才能够更好地理解构建公共行政体制的意义。

三、新宪政理论与公共行政体制

行政体制与宪政理论和实践密切相关，二者都属于一种"治理技艺"。宪政其实就是关于有效政府和有效行政的技术，属于中立性的政制治理工具，对于民主政治国家具有普遍的适用价值。建立符合现代社会的政府运作模式——公共行政体制就成为现代民主国家的总体发展目标和比较一致的追求。各国行政体制的实践得益于宪政理论的指导，行政体制发展与改革都在不同程度上受宪政理论与实践的影响，或者说，不断进化着的宪政理论与实践对不同发展阶段的行政体制总会有新的要求。

比较而言，中国行政体制改革与西方国家行政体制改革的渐进和自然演进性质最大的区别在于，它同时肩负着解构与重建的双重历史使命，属于"转轨性"的根本变革，即在宪政理论指导下的行政体制改革也是开始构建公共行政体制的过程，在超越历史和传统的同时，完成行政体制的现代化。

宪政理论下的公共行政体制是在建设社会主义法治国家的目标下，以宪政理论为指导，实践现代立宪政府，确立符合宪政要求和现代社会发展需要的政府行政体制和运作模式。公共行政体制体现了行政体制的宪政性诉求,属于政府行政系统部分的分权与限权,明确政府的公共性定位,在具体的制度层面进一步肯定市场在资源配置中的基础性作用,政府则是通过有效提供公共产品的方式,实现社会的公平正义,体现政府与社会的法治化两分。

宪政理论视野下的公共行政体制对于政府的质的规定性体现为,以严格法定化和制度化为特征的行政体制。(1)在性质上,属于公共政府。在社会利益多元化、利益集团多元化和利益诉求多元化的现实背景下,政府不是某些利益集团的代理人,而是超越于不同利益集团之上的利益紧张关系的缓冲器,在不同利益集团和利益诉求之间寻求平衡点以维持社会和谐。政府是社会公共利益的代表,通过提供公共产品和公共服务,促进公共利益最大化,满足社会整体的发展需要。公共政府形象的保持需要在初端程序上进行更为民主的设计,政府由民主选举产生,因为选举是对公共政府合法性的有力确认。政府及其行政官员对选民负责,受选民监督,选民享有充分的知情权、罢免权和监督权。(2)在程序上,属于法治政府。政府的权力严格遵循宪法和法律的授权范围和界限,行政机关权力的大小、范围、规模、职能有法律规范的明确规定;行政机关的组织、职能、编制规范化和制度化,行政机构及内设部门的设立、撤销和机构职能的确定,以及工作人员编制的增减,依照法律规定进行。政府的决策程序是公开和透明的,有制度化、规范化的听证程序和参政议政程序广泛征集和采纳公民的意见,使政府决策能够体现民意,代表民意,有广泛的民意支持。(3)在职能上,属于有限政府。政府不再是"全能政府"的形象,强调"服务本位"和"民本位"的体制定位。政府的管理体制是合理分权的管理体制,表现为纵向分权和横向分权科学合理的权力配置。政府的职权严格限定在公共事务领域，专注于以提供私人无力亦不能提供的公共产品和公共服务为己任，满足社会的多层次需求。(4)在责任上，属于责任政府。政府承担严格责任，不仅有“问责制”，以追究行政疏失，还包括政治责任和法律责任，使当事人接受法律制裁，体现对人民权利、财产和生命的充分尊重。在制度设计上有系统严谨的法律监督制度，有权力与权利对行政权力和行政机关及其工作人员的监督和制约。以上对公共政府的描绘并不能代表宪政理论视野下对它的全部要求，只是概括性地指出其主要方面，但不管怎样，公共行政体制是在当代社会发展现实状态下更为完美的关于政府的组织制度。正如有的学者所讲的那样，宪政总是带给人们更为完美和理想的事物。公共行政体制的要旨就是塑造相对完美的政府形象。当然，一个如此完美的政府更需要借助于良好的政府制度才能够实现。

确立公共行政体制的意义就在于在宪政制度背景下，极大地提高行政效率，促进社会的更快发展，提高国家整体的竞争力，造就优秀的公务员队伍，保证公共行政的民主化，更充分地保护和实现公民的民主权利。在现代政府制度中，行政体制的任何变化都会直接影响到宏观的政治体制和政府形象。公共行政体制在政府过程中的意义就在于它能够更好地实现政府的各项职能，实现有限政府和法治政府的目标。作为实现政府职能的体制安排，公共行政体制与传统行政体制的不同在于，体现了从职能单一到职能多元的转变、从漠视法律到从属法律的转变、行政权的专属性到行政权的非专属性的转变。各国对公共行政体制的选择与实践，正是对其现代品质的肯定。

第四节 行政程序

一、行政程序的概念

行政程序是指行政主体实施具体行政行为时必须遵守的方式、步骤、空间、时限①的总和，是行政主体实施行政行为时应当遵循的程序，具有规范行政管理活动的作用。在理解行政程序内涵时需要说明一点，目前中国行政法学界对于行政程序的主体范围有不同的意见和主张，即行政程序的主体是否应该包括行政机关以外的部分，由此导出广义行政程序主体与狭义行政程序主体的区分。现代政府制度以狭义政府为分析研究对象，所以在行政程序的主体问题上也采取狭义内涵，在此行政程序的主体仅限于行政机关及其法律、法规授权的组织和个人，行政行为相对人不包括在行政程序主体的范围之内。在具体内容上，行政程序体现为行政机关和行政相对人权利义务关系的统一，对于行政机关而言主要设定的是行政程序义务，对于行政相对人而言主要是其享有的行政程序权利。在目标上，通过行政程序所具有的不同于行政实体性规范的独立价值，实现对行政权力行使过程的预防性规制，保证行政行为的公正、科学与合理，保障公民合法权益不受行政权滥用的侵害。行政程序与行政行为紧密相关，行政程序离不开行政行为，没有脱离于行政行为而单独存在的行政程序。具体的行政行为必须借助于一定的行政程序才能够实施，只有在行政行为中才能够实现行政程序。行政程序是行政实体内容与程序形式的有

---

① 罗豪才、应松年主编：《行政法学》，中国政法大学出版社 1996 年版，第 281 页。

机结合。

行政程序与行政实体规范之间有着极为密切的关系。依据法律原理,法律一般被分为实体法与程序法。所谓实体法,就是以"应当如此"的法律关系为内容,确立什么是实体正义或实体权利义务的法律规范。所谓程序法,根据传统的观点,就是规定如何实现实体法内容的手段性规范,传统观点对程序法内涵的理解强调的是程序法的工具价值。在一般法理意义上,程序与实体是紧密相连密不可分的。英美法系国家向来有程序优于实体的传统,尤其强调程序正义的价值。如果程序有瑕疵、程序不正义的话,就可以据此否定实体上的权利和义务。有实体性的法律规定就必须有正当的法律程序,实体性的法律规定只有借助于具体的程序才能够得到真正的实现,没有程序就不可能实现实体的内容。不容否定的是,实体上的价值往往是通过严格设定的程序最终得以实现。行政程序就是为了保证实体法律规范所规定的权利义务关系的实现而设置的程序性法律,由此可见程序所具有的意义和价值。

现代行政程序肇始于西方国家。美国宪法中将其设定为"正当法律程序条款",旨在为公民的合法权利不受行政权力的非法侵害,提供最低限度的程序保障。在英国被称为"自然正义原则",从最初适用于司法程序,到后来扩大到适用于行政程序领域,成为英国行政法治的核心原则。1946 年美国颁行的《联邦行政程序法》,由于其国际地位而在世界范围内产生了极其深远的影响,在法律程序领域被大陆法系国家广泛借鉴和吸收。日本和德国都有行政程序正当性的基本要求。于是,如何借助于行政程序,保证行政的公开、透明成为各国现代行政法治主义的基本要求。

行政程序首先具有形式性。步骤、方式、顺序和时限是行政程序的基本要素。任何行政行为都有反映在时间和空间上的具体形式,行政程序是行政行为的时间和空间表现形式。行政程序具有参与性,表明行政程序的民主价值。各国政府都非常重视行政相对人对行政过程的参与程度。特别是在行政权膨胀、委任立法范围扩大的今天,公民不参与行政过程就意味着没有真正意义上的民主。行政机关在进行行政决策、制定行政规范性文件和行政规划时,应当尽可能地听取和尊重行政相对人的意见,赋予利害关系人以申请发布、修改或者废除某项规章的权利。通过广泛的民主参与提升行政决策的民意支持水平,保证更为有效的贯彻实施。行政程序具有过程性,行政程序就是行政权行使与运转的动态过程,反映行政权的活力。行政程序的意义在于它不仅仅保证行政决定过程的有序,也在很大程度上能够实现社会公正。所以有的学者认为,行政程序的完成过程,就是行政法治的实现过程。① 行政程序具有法定性,凡是涉及当事人权益和行政效率的重要行政程序,各国基本上都以法的形式予以规定,像美国的《联邦行政程序法》、日本的《行政程序法》、德国的《行政程序法》等都是专门规制行政程序的法律。行政程序作为国家行政权的运转方式,由国家行政程序法进行规范,体现国家意志,区别于一般组织和个人的行为程序。行政程序的法定性特点,决定了行政主体在进行相关法律活动时必须严格遵守法定程序,其行为的步骤和方法受法定程序的制约,违反法定程序将会招致不利的法律后果。尤其对于行政机关来说,如果违反行政程序规则,就会导致行政违法行为,并且要承担相应的法律责任。依法行政作为行政法治的基本原

① 张正钊、韩大元主编:《行政法比较研究》,中国人民大学出版社 1998 年版,第 572—574、561—563 页。

则，不仅要求行政主体实施行政行为时具有实体法上的依据，同时还必须符合法定的行政程序，以体现程序的正义价值，保证行政行为的科学性和民主性。

行政程序是现代市场经济民主政治和法治观念不断发展进化的产物，是构建现代政府制度的必然要求。现代政府制度的价值追求是要体现科学的行政管理精神，而科学的行政管理依赖于公正科学的行政程序制度。行政程序由于其具有的独立价值，已经成为衡量一个国家现代行政文明和行政法治程度的重要标志，是法治形式合法性与合理性的统一。

二、行政程序的宪政价值

传统行政存在的正当性源于它是民意代表机关制定的法律规范的忠实执行者，以内部程序为主要内容，包括行政组织的设立、文官制度和文书制度等等。随着社会持续深化发展，显现的是不断膨胀的行政官僚机构和扩展的行政职能，如何对它进行有效控制是各国政府共同面临的现实问题。对此人们希望借助于宪政化来加以解决和克服。所以，现代行政以外部行政为主，通过规定行政机关与行政相对人在行政权力运行过程中的各种权利义务，将民主精神渗入行政过程之内，确保行政存在的正当性根据，实现行政程序的宪政化。由于行政程序的设置涉及权力与市场之间的关系，进而影响政治、经济和社会全局，因此，行政程序总是与法律化、制度化有着极为密切的内在联系，它是现代政府制度的重要组成部分。

人类的政治发展历史表明，任何社会形态下的公共权力都需要借助于一定的程序规则来运行，程序会影响公共权力的行使效果。在公共权力中，行政权是最具经常性、自由裁量范围最广、组织体系最为庞大特点的权力,需要严谨而规范的行政程序。依据宪政理论,现代行政程序具有的主要功能可以概括为:(1)对于恣意的限制;(2)理性选择的保证;(3)"作茧自缚"的效应;(4)反思性整合。① 行政程序一方面规范行政主体的行为,另一方面则通过赋予行政相对人在行政权力运行过程中享有的程序性权利,来对抗和制约行政权力的滥用,最终保证公共权力的公正、高效和理性,同时保全公民的合法权益不受行政权力的非法侵害。行政程序在规范和限制公共权力这一点上与作为控制公共权力的宪政理论不谋而合,并且通过行政程序的中立性,保有使行政主体得以自我约束和自我克制的预防机制,减少行政权力在自由裁量中的恣意与专断。

行政程序与实体规范具有同样重要的意义。在行政执法过程中,行政机关工作人员必须依据法定行政程序行使相应的行政权力,透过约束行政机关工作人员的表面现象,体现为对行政工作人员的执法保护。当行政机关工作人员依据行政程序行使行政职权时,如果行政相对人不配合行政公务的执行,行政机关工作人员就可以采取行政强制措施以保证行政执法活动的顺利进行。如果行政机关工作人员没有依照行政程序进行,即使行政工作人员执行了相应的行政职能,那么他的整个执法工作因为违反了行政程序规则也是不合法的,行政相对人可以依法提起行政诉讼,如果因此导致行政相对人的损失,还可以依据国家赔偿法的相关规定要求国家行政赔偿。行政程序与诉讼程序的区别在于它是根据行政机关工作性质而设置,是为了更好地保证行政机关执法活动的效率和取得积极的社会效果,使行政程序的意义不单纯局限于对行政

① 季卫东:《程序比较论》,载《比较法研究》1993 年第 1 期。

机关的约束和限制，而具有更为广泛的社会价值。“符合这些价值的法律程序或者法律实施过程因此会形成正确的结果，但是这种程序和过程的正当性并不因此得到证明，而是取决于程序或过程本身是否符合独立的程序正义标准。”所以，程序正义才是行政程序的生命力所在。

行政程序规则的宪政性价值是随着程序本位主义价值理论的出现，以及程序所具有的独立内在价值而逐渐被认识和肯定的。与实体规范相比，行政程序的宪政价值在于它在一定意义上决定了法治与人治之间的本质区别。但是，长期以来，由于实体法体现为对某种实际权利和利益的规定，历来备受人们的关注，并已经形成了重实体、轻程序的传统，由此遮蔽了程序所具有的独立于实体结果的内在价值。所以，现代政府制度要通过制度设计充分肯定行政程序的内在独立价值，实现对人的尊重、程序理性和平等。

行政程序的宪政价值首先在于它是行政现代化的重要标志，行政程序作为有力的程序工具，通过给行政行为设定必须遵循的步骤、方式、顺序和时限，对其进行控制，达到避免或减少公共权力被滥用的目的，这已经成为衡量政府制度现代化水平和行政文明的重要标志。其次，行政程序可以推动行政民主化，在行政程序制度中通过公开程序、参与程序和听证程序，增强行政的民意支持程度、行政决策和执行的社会效果，以提升政府的正当性形象。再次，行政程序隐含着对人的主体性和目的性的充分认同和肯定。在自由裁量行政行为大量存在的今天，如果仍然依靠传统的议会民主，即权限法定和法律保留手段显然已经不足以有效地控制行政权力的行使。通过赋予公民程序性权利使公民直接对抗行政机关的专断，更加体现公民的主体资格和宪法地位。行政程序的好坏不仅左右实体结果,还会影响到人格尊严。而人的主体性和目的性不仅应该在结果中体现,也要在程序中被肯定。与对行政权力滥用的事后补救机制不同的是,行政程序的宪政价值在于它是通过具有预防性效果的程序手段限制行政权力,这种防患于未然的预防性机制应该在政府制度中被采用。

行政程序是行政行为的表现形式,是实体内容与程序形式的结合,体现了对民主和效率的双重保护,以及在行政程序中运行着的公共权力和公民权之间的平衡和协调。一方面,行政程序可以保证行政权力的有效行使,提高行政效率,从程序上保证行政相对人的合法权益;另一方面,通过行政相对人对行政过程的民主参与,扩大公民行使参政权的途径和范围,保证公民民主权利的实现。行政程序可以限制行政机关及其工作人员的恣意和专断,维持法律的稳定性和自我完整性;也给行政机关及其工作人员如何实施行政行为提供适当的选择空间,使法律系统具有更大的可塑性和适应力以及高度确定化的效应。从新的政治功能来说,它要求政治体系从要素管理转向程序管理,从内在管理转向外向管理,从保险管理转向保证管理。① 在市场经济体制下,政治体系的主要功能将是对程序的管理,各种要素将通过合理的程序在社会上达成最有效率的和公平的交易,所有交易必须控制在符合社会发展的方向上。而且可以肯定的是,程序管理主要是通过法律、规范、体制和监督等手段来完成。在各国确立现代政府制度的过程中,行政程序的规范化、制度化和法律化是各国行政体制改革的基本目标。西方国家行政体制的改革主要集中在四个行政领域:即

---

① 王沪宁:《新政治功能:体制供给和秩序供给》,载《上海社会科学院学术季刊》1994 年第 2 期。

预算、结构、程序和职业公务员与政治领导的关系。① 程序是其中的重要组成部分。行政体制改革本身都含有程序性的价值，是要不断祛除那些必须支付高成本和更大代价的行政程序，方便政治领导的快速决策，只有通过科学合理设置的行政程序才能够更好地实现行政正义，为最终实现社会正义铺设前提。

三、行政程序的法律化

在各国的法律规范体系中，行政程序立法的专门化、法典化已经成为普遍的发展趋势。发达的行政法治国家或者采用统一的行政程序法典，或者通过单行的专门行政程序法律文件，统一规范行政机关的程序规则。在注重行政管理实体问题的同时，也注重对相应行政管理行为程序的规范；不仅涉及事后的监督和救济，也规定事前、事中的程序；不仅重视保证效率的程序，也同样重视权力制约、权利保护的程序；还体现出特别程序和一般程序并重的特点。统一的行政程序立法有助于规范行政行为，实现依法行政的目标，提升行政机关的文明形象，避免了分散立法形式上的不统一、不集中的弊端。不论是英美法系国家还是大陆法系国家，专门的行政程序法已经成为行政法律规范体系中的重要组成部分，通过行政程序立法显现出对程序正义的充分肯定。

在行政程序立法的价值取向上有两个选择目标，一为效率模式，即行政程序的设计主要考虑如何有利于行政机关行政职权的行使、行政机关对社会的管理，以及提高行政机关的工作效率。一为权利保护模式，即行政程序的设计以如何防止和控制行政权力

---

① 张昕著：《当代西方行政管理和行政改革》，载吴佩伦、齐明山主编：《当代西方行政改革的理论与实践》，北京改革出版社1993年版，第57—75页。

的滥用、避免行政机关以权谋私侵害行政相对人的合法权益为目标。两种价值选择很难兼顾，如果强调对于行政权力的有效控制而实现对公民权利的充分保护，则难以取得行政高效的目标；而如果以行政效率为优先考虑的目标，则在公民权利的保护上会有所松懈。不同的模式选择导致不同的法律规范实施效果，因此各国在行政程序立法时都有所侧重。

行政程序法律制度的内容不仅要有助于实体性规范的实施，也要具有实际可操作性，不具实际操作性要求的不能称之为“制度”①，实践性应该成为衡量行政程序规则的品质标准。一般而言，西方行政法治国家的行政程序制度包括以下基本内容。

表明身份制度，指行政机关及其工作人员或者授权的组织、个人在进行行政行为之前，一定要向行政相对人出示证明、身份证或者授权令，以证明自己已经享有了行使某种行政权力的正当资格。

告知制度是指有关行政行为的内容和根据的重要事项必须事前告知，行政主体做出影响行政相对人权益的行为，应当事先告知该行为的事实根据和法律依据，行政相对人对该行为依法享有的权利等。

听取陈述和申辩制度，指行政主体作出涉及行政相对人权益上的决定、裁决，特别是作出对行政相对人权益有不利影响的决定、裁决，必须在决定书、裁决书中说明事实根据、法律依据或者行政主体的政策考虑。德国《行政程序法》第 58 条规定，行政机关做出涉及当事人权利的行政行为，应给予当事人陈述与相应行为有关的重要事实的机会。日本《行政程序法》第 13 条规定，行政机关作出对相对人不利的处分时，应依法履行让相对人陈述意见

---

① 应松年著：《行政行为法》，人民出版社 1993 年版，第 29 页。

的程序。听取陈述和申辩制度也是告知制度价值实现的保障，如果没有听取陈述、申辩的制度安排，告知制度也就失去了它的存在意义。

职能分离制度是专门用来调整行政机关内部结构、人员关系和权力配置的制度。其基本要求是将行政机关内部的某些互相联系的职能加以分离，使之分别属于不同的机关或不同的工作人员来掌管或行使。避免职能的交叉与重叠，避免因职能而导致的利益关系影响到行政相对人合法权益的实现。在初始意义上体现为古老的自然正义原则，其价值在于建立行政权力的内部制约机制。

不单独接触制度是专门用来调整行政主体与两个或者两个以上当事人之间关系、规制行政裁决行为的行政程序制度，指行政主体在处理涉及两个或者两个以上有利益关系冲突的当事人的行政事务或者裁决他们之间的纠纷时，不能在一方当事人不在场的情况下单独与另一方当事人接触，听取其陈述、接受和采纳其证据等。美国《联邦行政程序法》第 54 条规定，行政机关进行行政裁决，应为所有利害关系的当事人提供机会，使他们能提供和研究各种事实、证据和解决办法；主动接收证据的职员不得与某个当事人就有争议的事实单独征询意见，如需征询意见，必须向各方当事人发出通知，使所有当事人都有机会参加。目前中国的相关行政程序立法中对此尚没有明确规定。不单独接触制度的价值与职能分离制度的价值接近。如果说职能分离制度是从行政机关内部的分权来进行权力制约，那么不单独接触制度则是通过行政机关与外部当事人之间的隔离来制约行政权力。

记录和决定制度，行政主体做出影响行政相对人权益的行为，其过程应当有记录，其最终形成的意见表示应当有书面决定，并送达行政相对人，为其所受领。完整的记录和规范的书面形式可以保证行政行为的严肃性、稳定性、确定性,为行政复议、行政诉讼等后续行政救济制度提供顺利进行的条件,而且规范化的记录与决定本身就是行政文明的体现。

回避制度,各国在回避制度中的设计一般包括任职回避、地区回避和公务回避。行政程序立法中的回避制度主要是指"公务回避",即公务员在执行公务时,如有相应事项与本人有利害关系或者有其他关系有可能影响公正处理的,不得参与该事项的处理。从各国行政程序法的规定来看,一般的回避事项主要针对有血亲或者姻亲关系、拟制血亲关系、代理人身份以及存在其他重要理由的情况。通过这一制度来防止行政机关及其工作人员在工作中夹带偏私,以追求结果、程序和形式上的公正。

情报公开制度中的情报泛指除去法律法规明确规定予以保密的范围之外,一切行政法规、规章、行政政策、行政决定及行政机关据以作出行政决定的有关材料、行政统计资料、行政机关的有关工作制度、办事规则及手续,涉及行政相对人权利义务的资料,都应当依法向社会公开,公民可以依法进行查阅和复制。美国《情报自由法》第1条规定,每个行政机关对其中央和地方的组织、办公地点、依法制定的实体、程序规则及其修正、修订、废止、公众向其提出意见、请求及获取情报的地点,都必须在《联邦政府公报》上公布;每个行政机关对其尚未公布的政策声明和解释,对公众有影响的行政人员手册以及其裁决案件的最终意见以及行政命令,均应依法允许公民查阅和复制。政府的信息公开对应的是公民宪法性权利——知情权,而充分的知情是民主法治社会的重要标志。在合理的时间范围内,所有成员都有同等有效的机会来了解各种备选政策及其可能的后果。

时效制度,行政主体实施行政行为,特别是涉及行政相对人权益的行为,法律法规要对之确立明确的时间限制。其价值在于保障行政行为及时做出,避免拖延耽搁损害行政相对人的权益;防止官僚主义,提高行政效率。督促行政主体及时做出行政行为,防止因为拖延而导致证据的灭失、毁灭,或环境、条件变化而影响行政行为的准确性,有利于稳定行政管理秩序和社会秩序。

救济制度,与行政程序相连接,是对行政行为违法、不当后果进行的救济,所以在整体上仍然被视为程序性规则。当事人针对违法或者不当的行政行为可以声明异议、申请行政复议、行政复核,或者进行司法审查(即行政诉讼)。救济制度的意义在于为行政行为提供内部和外部的控制,随时发现行政行为的错误并及时纠正错误。为行政相对人提供权利保障机制,为行政系统提供信息反馈机制,对行政系统进行调节,保证有序、有效运转。对于中国的行政程序制度而言,传统上向来缺乏救济制度的设计,尤其缺乏公法救济。

上述列举的各项程序制度并不能囊括西方国家行政程序立法中的全部内容,但是这些制度都是最基本的,其价值可以概括为:

第一,保障公民宪法权利的充分行使。通过行政情报的公开、调查、听证等程序,使公民能够更好地行使宪法权利和法律权利,特别是参政权,积极参政的前提就是知政,有通畅的途径参与并了解具体的政府过程。政府的行政过程公开透明,使行政机关及其工作人员的工作置于公民的日常监督之下,便于公民行使宪法上的监督权;也便于公民行使和实现其他法律权利,通过了解相关的实体规定和程序规定,更好地预见行为的法律后果,增强行为的理性成分。对于行政机关而言,行政的公开透明,符合国际法律规范中的透明度原则,有利于防止和减少行政腐败行为,有利于保护公民的合法权益不受侵害,或者即使受到侵害也能够获得充分有效及时的法律救济。

第二,体现对行政相对人人权和人格的尊重。通过行政机关及其工作人员的身份披露、告知义务的设定、说明理由制度,使行政机关及其工作人员充分尊重行政相对人的公民身份和合法权益,在使行政相对人了解行政行为的根据、理由的前提下,尽可能防止和避免行政主体违法、行政权力的滥用以及其他不当行政行为的发生;有利于减少行政行为在实施过程中的障碍和阻力,避免行政执法人员的偏见,保证行政决定的公正、准确、符合法律规定的基本精神,便于当事人配合行政行为的进行;有利于树立行政机关文明执法、公正执法的正当形象,消除社会公众对行政机关偏私的心理疑虑,提升行政机关的公信力。

第三,保障行政机关的工作效率。在行政程序设计上通过不单独接触制度、听取陈述和申辩制度、回避制度、时效制度和救济制度等,使行政机关在当事人之间保持中立,避免行政机关与任何一方当事人进行私下交易的可能,或者行政机关及其工作人员受一方当事人的不实陈述、虚假陈述、片面性证据,以及情绪化的影响而形成先入为主的偏见,防止因此而可能出现的对另一方当事人不利的行政决定,遏止行政腐败行为,从而保证行政决定的客观公正,便于实现行政决定的执行效果,维护政府中立、公正、严格执法的形象。通过严格的时效制度,避免行政机关可能出现的拖延、耽搁等不作为的消极行政违法行为,妨碍公民合法权益的及时实现。此外,通过救济制度为公民因遭受行政机关的不法侵害而提供必要的法律救济,弥补其损失,安抚其精神,稳定其生活。

第五节　行政监督

一、行政监督的界定

监督意指监察和督促，行政监督是行政监督主体在享有宪法和法律赋予监督职权的前提下，依照法定程序对行政机关及其工作人员行政行为的合法性、有效性进行监察和督促的机制，行政监督贯穿于国家行政管理活动过程的始终。在广泛的意义上，行政监督不仅指行政机关内部上级行政机关对下级行政机关的监督、专业行政机关对其他行政机关及其公务人员的监督、行政领导者与被领导者之间的相互监督，也包括行政机关以外的国家机关、政党组织、社会团体、新闻传播媒介和公民对行政机关及其公务人员的监督。在现代政府制度中，作为政府法制系统中的重要组成部分，行政监督的内涵相对狭义，主要体现为行政机关内部的监督机制，由行政机关体系中上下级行政机关之间，以及专门设立的行政监察机关、审计机关对行政机关及其工作人员的行政行为施行监督的规则体系。

根据各国行政监督的理论与实践，行政监督的主体具有法定性，只有宪法和法律赋予了行政监督权力的主体才能够对国家行政机关行使行政监督权，监督主体具有相对独立的法律地位，以保证行政监督职权的充分行使；行政监督的对象具有双重性，它既是对国家行政机关行政行为的监督，也是对行政机关工作人员职务行为合法性、合理性的监督，特别是对后者的监督更加具有经常性意义，因为行政机关的具体行政行为在通常情况下都是经由公务人员的职务行为加以实施完成；行政监督的方式具有多样性，为了更好地监督行政行为，在长期的政治实践过程中，各国行政监督机构提炼出来的比较行之有效的监督方式包括对行政行为的事前监督、事中监督和事后监督，使得整个行政行为自始至终都能够处于比较严密的监督与控制之中。行政监督主要体现在国家行政机关及其公务人员的行政决策和行政执行两个基本环节上，以督促行政机关及其工作人员认真履行职责、严格按照宪法、法律和规章开展工作。具体而言，行政决策是否以公共利益为原则，决策程序和内容是否合理、合法，决策目标是否与现实社会发展相吻合；行政执行工作是否完全符合行政决策的基本要求、是否能够达成预先设定的目标和任务，是否存在着执行偏离的情况。通过对具体行政过程和结果的严格监察和督促，以便及时发现问题并解决问题，及时纠正行政机关及其工作人员在行政管理活动中可能出现的偏差和失误，并有效追究违法犯罪者的政治责任或法律责任，保证国家行政管理活动的正常有序，保证公民权利的充分实现。所以，行政监督的重心并不在于发现日常行政管理活动中的问题，而是为了更好地实现对行政权力的有效控制，特别是在主权者与行使者分离，行政权力行使过程中存在着各种不可预见性因素，以及存在着权力行使者发生越轨行为可能性的情况下，行政监督借助于有效的行政方法可以防止和避免行政权力明显偏离公共行政、公共利益轨道的不利后果。

行政监督一直是各国政府制度中被重点关注的部分，也被认为是衡量一个国家政治生活法制化、民主化，政府制度是否完善的标志。行政监督是“主权在民”思想、“分权制衡原则”和“经济人”假设理论在政府制度设计中综合运用的结果。行政权力在行使过程中有国家强制力的有力依托，在行政关系中行政权力拥有的影响力和支配力及其本身具有的优益性，比起其他公共权力，行政权力的行使存在着被滥用、导致腐败、侵犯公民合法权益的可能性更大。而一旦失去或者放松对于掌握和行使行政权力公务人员的监察和督促,这些人就极有可能滥用自己手中的行政权力,做出损害人民利益的行为,甚至可能因此给社会带来严重的后果和无法弥补的损失。所以,没有任何一个国家将行政权力良好运行效果的希望完全寄托在公务人员自身修养和自我约束的力量上。正是基于对人性的悲观看法和对权力的恐惧,人们在政治制度中专门设置了监督机制,希望通过外在的制度约束将行政权力控制在可以接受的限度内,使其为社会发展、人民福祉发挥积极效应。所以,不论各国政府制度如何发展和变化,行政监督总是朝着不断加强的方向演进。

二、行政监督的主要方式

如果说行政权力的特点决定了行政监督的必要性,那么行政机关管理活动和具体行政行为的多样性则决定了行政监督方式的构想。在后续意义上,行政监督的效率不仅可以保证一个具体行政决策和行政行为的实施效果,而且还可以提升整个行政系统的工作效率。基于对行政监督重要性的认识,各国对于行政监督方式的设计呈现更加系统化、合理化和有效化的发展趋势。

在行政监督的主要方式上,各国首先依赖于行政机关内部的监督体系。一个是以公民行使诉愿权为启动方式的行政监督。当公民基于保护宪法权利和法律权利为目的、行使诉愿权向国家机关陈述意见的时候,行政机关就要对其作出的行政决定进行核查,核查的过程既是对行政机关及其工作人员具体行政行为的核查,也是纠正其错误行政决定和公民得到帮助或救济的过程。如美国公民享有的请愿权、德国的宪法诉愿制度等。另一个则是由行政机关内部专门设置的专职监督检查机关进行的监督。这种监督方式与公民通过行使请愿权的方式进行的监督相比是一种更为经常化的监督。

政府制度中的行政系统内部的行政监督方式按照不同的标准可以区分为不同的类型。

按照实施阶段,行政监督方式分为事前监督、事中监督和事后监督。事前监督是在行政机构进行行政决策、实施行政行为之前进行的监督。典型的事前监督是听证制度,包括立法、价格、决策、调查等事项的听证,通过吸纳公民参与行政决策过程,与社会各个层面进行深入的交流与沟通,避免行政决策的失误,达到监督行政机关的目的。事中监督是在行政管理机关决策与执行过程中进行的监督,目的是为了防止行政决策和执行的偏差。因为在法律、政策与执行之间总是要出现偏离状态,有的偏离是可以允许的,严重的偏离则会影响行政决策的本意,需要纠正。因此,事中监督是为了保证不出现实质性的偏离而采取的必要监督手段。事中监督有利于及时发现问题,弥补原来决策的缺陷,纠正不利的因素,避免出现重大不利的社会后果。事后监督是行政决策和行政行为实施以后进行的监督活动,是对事前监督方式不足的一种弥补。因为在现代社会,人们不可能对所有的行政管理活动都实施有效的事前监督,有些行政行为为了保证其强制性、权威性和必须执行性,往往具有不以任何人主观意志为转移的先定性,只能借助于事后监督的方式进行控制。比较典型的就是就国家官员的行为、因重大事件而进行的国政调查监督方式。事前监督、事中监督和事后监督共同构成了对整个行政行为从决策到执行过程的严密控制。既体现了国家行政权力的开放性,也保证了行政权力的有效运行,在终极意义上体现了人民作为国家主权所有者的宪法地位。

按照监督的时间,行政监督分为长期监督和临时监督。长期监督是常设性监督主体对行政机关及其工作人员进行的监督，一般为行政系统内部的监督方式，即行政机关上下级之间的监督、监察机关和审计机关对其他行政机关的监督。长期监督通常都具有法定性、稳定性和程序性的特点。临时监督是针对某一项特别行政事务、行政决策或者突发事件而进行的监督和调查，属于对行政机关及其工作人员的外部监督形式，以质询为主要表现形式。与长期监督相比较，临时监督具有突发性、主体不确定性的特点，并且宪法和法律一般对于临时监督有更为严格的法律程序上的限制。各国政府制度中的行政监督基本上都属于长期监督模式。

此外，从监督主体的角度，还可以把行政监督区分为权力机关监督、司法机关监督、政党监督、社会团体和公民监督、新闻传播媒介监督等不同方式。在上述所有监督模式中，行政机关系统的内部监督模式、事前监督、事中监督和事后监督、长期监督是最为基本的监督模式。

行政监督方式要达到的总体目标是对行政过程的有效控制，采取何种行政监督方式取决于社会发展的现实需要，行政监督方式的实际效果还受制于国家的政治体制和政治环境。

三、行政监督制度的晚近发展

20 世纪 90 年代以来，在新宪政理论的影响下，各国政府制度中行政监督部分出现了新的发展态势。由于在人类的意识结构里始终牢记着：在每一种政治制度中，增进公共福利的权力，同时也可能是被误用和滥用的自由裁量权力。所以，在政府制度的设计中，关于行政监督总是趋于被强化的态势。

首先，行政监督的规范化、制度化和法律化。法治国家基本都有国家立法机关专门制定的行政监督法律制度，或称之为廉政立法体系,以宪法中反贪污贿赂的原则性规定为最高基准,配合以专门的立法,其中包括规制公务人员行为操守的法律规范,如美国的《监察长法案》、《涉外反行贿法案》、《美国政府工作人员道德准则》,德国的《反贿赂法》,日本的《政治资金调整法》;再加上商法、经济法等相关法律规范中的廉政条款,通过严密的行政监督法制体系,系统规定行政监督主体的法律地位、权限范围、人员设置、监督方式、运作程序以及监察和廉政等具体内容,在为行政监督提供充分的法律依据和运行的法律环境的同时,维护公务人员较高的道德水准,保证行政监督运行的规范化。

其次,更加严格的行政监督发展趋势。各国在行政监督的实践过程中,突出了重视行政监督的全过程和多功能化的特点。行政监督从行政权力的获得开始,到行政权力的行使过程和行政权力的运行结果,将整个行政权力运行的过程纳入有效监督的范围之内。一方面尽最大可能避免行政监督的空缺,另一方面针对越来越多的行政职能,特别是对于进入到传统私人领域中的行政职权,施加更为严格的行政监督,强调行政监督手段和方式的实际效果。在获得不同监督方式整合效应的前提下,突出事前监督,注重行政监督的预防性机制,避免陷入消极被动的境地。

最后,通过宪政体制为行政监督机制的运行提供良好的政治环境和制度环境。行政监督作为现代政府制度中的重要组成部分,其发挥积极作用的前提,不仅有赖于行政监督的制度化、监督方式的科学化,还需要一个适宜的运行空间,这就取决于国家宪政体制的建设与发展,宪政体制通过确定国家的公共权力及其相互关系,为全部国家制度提供有效运行的制度空间和政治环境,所以宪政体制是基础性的,也是重要的。如果整体的政治环境不协调,则行政监督难以自足;如果其他相关制度不配合,行政监督亦不能奏效。在加强行政机关内部监督的同时，各国都在致力于为行政监督提供外部条件，充分发挥包括行政监督在内的制度集合效应。

行政职能、行政权力、行政体制、行政程序和行政监督作为现代政府制度中的基本构成要件，全面体现现代政府制度的价值取向和实践能力，进而对当下的政治、经济体制改革以及未来社会的发展产生深远影响。美国知名学者诺斯在《经济史中的结构与变迁》一书中提出了著名的制度变迁理论，认为制约经济增长的决定性因素并不是技术因素，而恰恰是制度因素，因为制度体现的是集体理性，它是人类深思熟虑的结果，是宪政理论在制度领域中的具体应用，也是以往政治经验的总结，并因此具有约束个人理性的强大力量。所以，对制度设计和建设倾注更多的关怀对于中国的法治现代化和政府制度现代化至关重要，和谐社会取决于现代政府制度的科学合理安排。解析现代政府制度的构成要素，为人们提供了一个研究政府制度的模本，有助于启发构建现代政府制度的思路，即宪政理论视野下的政府定位和政府形象。

第四章　制约中国构建现代政府制度的多维因素

构建现代政府制度是一项复杂的系统工程，需要多方面条件的契合，还要克服诸多消极因素，诸如政治、经济、社会、传统乃至观念的影响，才能完成从“传统”到“现代”的转变。从宏观的社会环境背景到微观的制度规则体系进行认真的检讨，审慎分析制约中国构建现代政府制度的各种因素，找出现行政治体制和政府制度中有缺欠的地方，做到有的放矢，使确立现代政府制度的思路更加贴近社会政治的现实需要。

第一节　宏观的政治环境

一、政治体制改革的滞后

目前，中国正在改革进行中。中国的改革是全方位的和前所未有的，改革由两大部分构成，即经济体制改革和政治体制改革，其中以经济体制改革为先导和核心，所以中国改革的特征也被人们形容为“经济主导模式”的改革。

自20世纪70年代末期开始的经济体制改革一直在持续不断地进行着，其间为了配合改革的顺利进行，中国借鉴了美国相对成熟的修改现行宪法的经验和做法，以宪法修正案的方式对现行宪法进行了四次修改，这几次修宪的内容基本上都是围绕并配合中国当时经济体制改革的主题和改革的深度进行的。从1988年宪法修正案确立私营企业的宪法地位开始，到1993年、1999年和2004年关于国家土地制度的改革，社会主义市场经济体制的确立，以及政府在社会主义市场经济体制下的重新定位——即通过加强经济立法，完善宏观调控等内容，表明通过宪法——从国家根本法的高度对中国经济体制改革的既有成果加以肯定。在中国的经济体制改革不断向纵深发展进行的同时，中国的政治体制改革并没有全面展开，而且政治体制改革的内容主要集中在行政体制改革领域。不容置疑，行政体制改革在整个政治体制改革中占据重要位置，在某种意义上代表着政治体制改革的核心内容。但是，从总体意义上讲，政治体制改革与行政体制改革的进度和水平明显滞后于经济体制改革与发展的总体要求。

政治体制改革的滞后制约着行政体制的改革。在目前阶段，政治体制改革滞后的具体表现，一方面，政治体制改革与经济体制改革没有同步进行；另一方面，政治体制改革仍然停留在浅层改革的阶段，传统政治体制的根本性问题——权力过分集中的现象仍未得到彻底解决。虽然在经济体制改革的推动下，传统的政治体制有一定程度的改变，但在某些方面，例如地方和基层方面权力集中的现象反而格外突出。而政治体制改革滞后的负面效应就是，党政不分，政企、政社不分，官僚主义严重，民主受到压抑等等，这些弊端与中国进行的现代化建设和依法治国方略是不相容的。

政治体制改革的滞后在制约经济体制改革的同时，也影响了行政体制改革的进程。一般而言，国家的体制应该是同步协调发展的状态，只有政治体制与经济体制协同运行，互相促进，才能够发挥不同的体制优势共同营造出社会发展与稳定所需要的政治秩序和宪法秩序。正如邓小平曾经指出的那样,“现在经济体制改革每前进一步,都深深感到政治体制改革的必要性”。[①] 就目前中国的政治实践和政治过程看,政治体制改革并没有与经济体制改革保持同步。这就必然导致相对滞后的政治体制与不断纵深发展的经济体制之间的不协调,在现实的社会生活中表现为既有的政治体制在一定程度上制约了经济体制的进一步改革。有一个现象可以说明这一点,这些年来在修改现行宪法的问题上总是一些经济学家、民商法学家在涉及政治体制和政府制度方面的内容更为激进,而公法学者则表现得相对保守或者出现集体性的沉默。因为,与经济活动密切相关的领域更能够体验到政治体制的变革对经济体制的实际意义。经济领域中的实践不断向人们提示,经济体制的改革需要与政治体制之间的契合。否则,二者之间客观存在着的时间落差、空间落差,会影响经济体制改革的深入进行。原有的政治体制会对现有的经济体制改革的成果产生负面影响,最终导致政治与经济两个领域发展面临双重困境。而经济体制的不断发展对政府的法律定位、职权范围有特定的要求,而这一切都有赖于政治体制的改革,特别是行政体制的改革。在政治体制没有更大调整与变动的同时,单纯的行政体制改革不可能有太大突破,作为政治体制改革的重要组成部分,在全局不变的情况下难以施展作为,必然要受到整个政治体制改革状况的牵制。政治体制改革滞后的现状直接导致了行政体制改革的困难,因为行政体制改革是针对行政权力配置制度所作的适应当代社会发展需求的调整,势必与传统政治体制下的行政强权发生冲突。改革的实质就是利益关系的再分配,是对原有利益平衡结构的破解,在政治体制

---

① 《邓小平文选》第三卷,人民出版社 1993 年版,第 176 页。

改革不深入的情况下，行政体制改革会与各级领导层的既得利益发生矛盾和冲突。任何模式的转变都要触及原有模式受益者的切身利益，从而引起不同程度的抵触。在传统的政治体制下，政府是全能主义政府，各级领导层掌握无限权力，是当然的既得利益者。而社会主义市场经济体制下行政体制的改革目标是建立有限政府，有限政府意味着分权、放权和限权，以及对权力的严格监督和制约，这就给无限政府及其既得利益者带来极大的冲击，致使行政体制改革面临阻力。

与此同时，与市场经济体制同步发展变化着的社会在持续不断地给国家、政府和行政机关提出新的问题、新的挑战，在社会生活中因为改革而出现和不断积累的矛盾和冲突越来越多，也在给国家政治经济政策的制定和实施形成和施加新的压力。传统的政治体制中存在的固有缺陷，例如公共保障机制的不完善所产生的违法乱纪、以权谋私和腐败行为，造成整体改革精神和具体方案措施在执行过程中的扭曲变形，不仅在一定程度上制约了行政体制的改革，也在一定程度上影响到政治和社会的稳定，加大了行政体制改革的难度，进而影响到现代政府制度的构建。

国家的政治体制是关于国家政治权力合理化配置的制度设计，行政体制改革首先牵涉到行政权自身、行政权与立法权、行政权与司法权之间的关系，以及中央与地方政府之间行政权力的合理分配问题，关联各方的实际利益，仅凭行政体制自身的变革是不够的，必须借助于整体的政治体制改革才能够获得公共权力有效配置的结果，从而使行政权力在国家的政治体制中处于恰当的位置，行政体制更为适合社会和政治发展的基本要求。

二、行政体制改革的难度

中国行政体制的改革属于“转轨”性质的根本变革，是从传统到现代的转型，同时也是一项极其复杂的社会系统工程。与西方的行政改革不同，中国的行政体制改革面临诸多特殊问题。如果说西方的行政体制改革是一种渐进性质的自然适应过程，其改革动力源自于社会的不断发展，是对现实社会演进过程中出现的新要求的制度回应，那么中国的行政体制改革则属于创新性质的变革，改革的动力不是来自于社会发展的积极诉求，而是源自政府本身。因此，政府在行政体制改革的过程中扮演着多重角色，政府既是制度的设计者、各类资源的配置者，同时又是改革的推动者和实践者。政府又是改革的对象，改革的深度和结果在很大程度上取决于政府的自觉性和能动性。作为具有“转轨”和创新性质的变革，意味着中国的行政体制改革需要从传统到现代的彻底改变，其间就缺少了西方渐进式改革的从容，多了些对目标模式难以形成共识的不断试错和摸索，而且因为缺乏智识和经验，在具体的政府制度设计上和实践中就难以进行精确的把握和算计。就如同人们现在经常描述转型后的政府形象时会采用所谓“大社会”和“小政府”、“全能政府”和“有限政府”、“管制政府”和“服务政府”的对比性概念，但是在“大”和“小”、“全能”和“有限”、“管制”和“服务”之间如何进行准确的定位并无十足的把握，也很难拿捏到位，对于一个从来没有尝试过在市场经济体制下运行的政府而言尤其如此。

中国行政体制改革要克服多重障碍。首先表现在如何确立从传统到现代的转型模式。原有的行政体制是从计划经济时代继承下来的，表现为全能主义政府的特征，即政府全能与社会萎缩的对应。政府职能结构不合理并且过度膨胀，行政权力无所不在，无所不能,对经济运行的管理太过微观和具体。行政机构设置过细,机构臃肿,部门林立,并且在不同职能部门之间缺乏有效的布局和协调。行政机关的工作人员数量庞大,队伍庞杂,行政管理和执法素质低下,行政权力过于集中等等,导致政府在行使行政职权过程中"越位"、"错位"和"缺位"的现象时有发生。因此,祛除传统政府制度中的消极因素和历史惯性不是一蹴而就的,需要一定的时间来消解。其次,政府在行政体制转换过程中扮演着的多重角色也在一定程度上加大了行政体制改革的难度。政府既是改革的主体,又是改革的对象。政府制定改革的政策措施,政府自身又要带头实施这些内容。在行政强权的传统思维下,政府自己首先要克服对于行政权力的依赖心理和行政权力被压缩后导致的心理失落,这也需要一个适应过程。行政体制改革的目标是要克服社会领域的萎缩,但是公民社会的成熟和公民意识的强化却又依赖于政府的自我克制和政府的积极培育。市场经济本质上是"无形之手",而这只"看不见的手"却需要政府这只"有形之手"去创造和规范。当具体的改革措施直接指向政府切身利益的时候,行政体制改革首先遭遇的是来自于政府自身的阻力。再有,行政体制与经济体制紧密相关,行政体制的改革依赖于市场经济的成熟与完善,二者互相制约,但也互为前提。社会主义市场经济形成的必要条件是政府职能的优化,而政府职能的优化又依赖于市场经济的成熟与完善程度。就目前中国的改革实践看,市场经济体制还在不断改革的过程中,这样又会导致行政体制改革中关于政府职能定位的不确定性,从而影响到行政体制改革的进一步深入发展。

因此,要解决传统行政体制中的内在矛盾,需要梳理政府与社会、政府与市场、政府与人民、政府与执政党之间的关系,以及政府内部横向与纵向之间的关系等等。这些都是中国行政体制改革面临的特殊困难，决定了中国的行政体制改革是一个长期而又艰巨的过程，需要更多的共识、审慎的设计和探索性的实践过程。

三、经济体制改革和经济因素的动态性

经济因素是社会进化的根本动力，也是政府制度创新和变迁的客观基础。“人们在自己生活的社会生产中发生一定的、必然的、不以他们的意志为转移的关系，即同他们的物质生产力的一定发展阶段相适应的生产关系这些生产关系的总和构成社会的经济结构，即有法律的和政治的上层建筑竖立其上并有一定的社会意识形态与之相适应的现实基础。物质生活的生产方式制约着整个社会生活、政治生活和精神生活的过程。不是人们的意识决定人们的存在，相反，是人们的社会存在决定人们的意识。社会的物质生产力发展到一定阶段，便同它们一直在其中运动的现存生产关系或财产关系（这只是生产关系的法律用语）发生矛盾。于是这些关系便由生产力的发展形式变成生产力的桎梏。那时社会革命的时代就到来了。随着经济基础的变更，全部庞大的上层建筑也或慢或快地发生变革。”①马克思的精辟分析揭示了经济因素对社会发展产生决定性影响的奥秘，使人们能够对此保持清醒而客观的认识。现代政府制度以市场经济体制为基础，市场经济和市场经济体制的发展与完善状态决定了现代政府制度的基本内容。在理论上，现代政府制度属于政治关系范畴，经济与市场活动属于经济学范畴，二者的内在规定性是完全不同的，市场交易规定的是自由平等的交易主体之间的关系，其存在的现实基础是主体之间的权利义务平等，权利交换的互利性和自愿性。而要通过政府制度

① 《马克思恩格斯选集》第二卷，人民出版社1995年版，第32—33页。

对经济主体和经济行为进行有效规制，前提必须对市场、市场行为和市场主体有深刻的认识和具备有效的调控能力。

对不同经济体制的选择决定并影响政府制度的具体内容，包括政治哲学、政治理念、政府职能和政府行为等方面。不同经济体制下政府定位和职能范围存在很大差异。在计划经济体制下，政府是全能政府，所有的社会资源都在政府的掌控之中。而在市场经济体制下，政府是有限政府，政府有所为有所不为。当代中国，在向市场经济转型的过程中，面临多重两难，市场从无到有，经历萌芽、发展、成熟阶段，市场运行的内在机制强调自发秩序的有效性和优越性；市场的确立却需要政府的促进和监管，以国家强有力的手段保证市场秩序的同时，又需要政府现有权能的自我克制。在这个过程中，政府理念、政府职能和政府行为就不可能完全实现现代政府制度中对政府的基本要求，中国虽然已经有了 30 年实践市场经济体制的时间长度，但是从总体上讲还没有完成全部的转型。市场运行中依然存在着不规范的地方，规制市场主体及其经济行为的法律不完善（如还没有以反垄断法为代表的严格维护市场公平竞争的法律体系）、经济主体的行为不规范，假冒伪劣产品充斥市场甚至危及公民的生命，而政府对此明显缺乏必要的监管和打击力度，经济强者对社会资源的巨大控制优势以及政府政策向强者的倾斜等。一方面是因为对于市场行为和市场经济体制的认知水平处于初级阶段，另一方面是市场的不完全发育程度制约着政府制度的改革迟迟不能到位。所以，正如人们在市场经济转型过程中看到的，经济泡沫、土地失控、资源浪费、环境恶化等现象，市场的不规范与政府行为的不规范交织在一起。所以，现代政府制度的确立不完全取决于某种经济理论或者政治学说，同时还要与经济发展状况和市场的实践效果相联系。

市场经济体制转轨没有完全到位，未来如何发展，制约着现代政府制度的建设。在经济体制转型的过程中，存在着对于经济体制改革及其成果认识上的分歧，从而影响到对未来的预期，而政治体制改革的滞后又在一定程度上制约了经济和经济体制改革的纵深发展。较为典型的是，前几年因为物权法的颁行而引发的物权法是否违反现行宪法的论争，实际上就是对于改革开放以来所取得的经济成果、市场经济体制的得与失在反思过程中的巨大分歧。而与此同时，在新的经济发展格局下，西方的公共管理理论与实践对政府及其政府制度又提出了进一步创新的要求。还应该看到，现代社会的特点表现为完全依赖经济发展支撑的格局，政治对经济的依赖程度加深。对此，西方学者有深刻的体验，正如美国著名政治学者林德布洛姆所感慨的那样，在现有政治制度中，大部分政治是经济性的，而大部分经济亦是政治性的。经济快速发展时期，不断形成和涌现的经济体系和经济力量，强烈要求改善其生存的制度空间，自然对政府有新的制度要求。经济与政治的交融关系，既是政府制度发展的促进力量，也是制约的因素所在。经济活动由于牵涉到人们的切身利益，历来是活跃的，也是复杂的，有些情况下还会显现出非理性的一面。经济活动的发展对应于政府提供公共产品的责任。一方面，在中国内部，人们在熟悉市场经济的过程中经济发展在不断地提出新的要求，另一方面，在国际社会，经济全球化趋势使得国内经济问题与其他国家产生联动效应和国内市场的国际化整合，经济活动不再局限于国内市场的空间，而代之以世界经济格局，这也加剧了国内经济活动的不稳定性，给政府的有效宏观控制增加了难度。

现代政府制度的构建不是主观随意决定的结果，必须具备现实的客观基础和条件，其中经济是重要的因素之一，即使已经成型的政府制度也并非一劳永逸，随着经济与市场的发展，也要进行相应的变革。因此，在任何情况下，都不能忽略经济因素对政府制度的多重影响。

四、转型时期与社会利益的多元化

应当看到，在构建现代政府制度的过程中，政府的行政生态环境已经发生重大的变化。社会主义市场经济体制的确立首先使传统的价值观念体系受到冲击，而与此同时新的价值观念尚未完全统一和确定，在价值观念和人们的行为规范方面，出现了美国学者里格斯所描述的异质性或者异种并存的现象。同时由于缺乏一套公认的价值准则和道德标准来调整、规范人们的行为，极易诱发不同利益群体的社会成员之间的矛盾冲突或者不和谐。转型社会往往会派生社团利益多元化的现象，在社团利益中心的驱动下，社会、组织的整体利益容易被忽视，从而对社会的一体化产生分化瓦解的作用。在市场经济的游戏规则没有被各方主体所完全掌握、熟悉和接受，经济秩序没有有效形成和确立，社会经济的发展还没有步入良性规范发展轨道的情况下，政府的行政管理与公共服务职能面临诸多考验：怎样在社会利益多元化、复杂化的背景下实现政治秩序、宪政秩序和经济秩序？怎样才能够更好地协调不同利益集团之间的利益冲突？怎样进行有效而又体现社会正义的资源配置？怎样让不同利益主体的利益诉求在制度、体制内都能够获得正当的表达而不至于寻求体制外的表达或者极端的表达方式？怎样为公民提供有效的法律救济？这些现实问题都需要借助于现代政府制度的运行一一予以回应，即现代政府制度能够满足社会多元化发展的现实和解决客观存在的利益冲突。而当政府提供的公共产品和公共服务在一定程度上不可能同时满足所有利益群体的需求时，如何进行化解并提供可靠的法律救济，特别是公法救济就显得特别重要，这也是对现代政府制度中所隐含的社会正义价值取向的检验。按照具有普遍意义的政治运行规律，一个国家处于转型时期，往往需要更加有效的政府控制，甚至是比以往正常情况下更加有力的政府控制。在这种情势下如何化解政府的强制性手段与建立有限政府基本精神之间的内在紧张，依靠符合现代政府制度基本精神的技术性、法律性的手段是比较明智的选择，而并非偏执地强调对行政强权传统的复归。

现代政府制度的总体目标是有限政府、责任政府和服务政府。但是处于转型阶段政府行政权力的效力会受到不同于以往、来自各个方面的挑战——政治生活的宽松化、社会管制的松动化、价值观念的多元化等因素的干扰，包括行政体制改革在内就是针对传统行政权威而要削弱行政权的。与此同时，市场经济的激励机制又极大地刺激和释放了个人追求经济效益最大化的内在驱动力量，在一定程度上助长了作为"经济人"的个体不服从的本能冲动。因此，如何在权力的理性和权力的效用之间保持最佳状态，既是转型期政府权力运行的特征，也是一对需要解决的矛盾。

第二节　中国的传统社会政治心理

一、"权力本位"的政治传统

众所周知，中国政治法律传统是以儒家思想为基础而构建成型的。在中国的政治社会发展历史长河中，国家与社会的关系浸透着的是浓厚的宗法等级观念和制度设计，使得国家本位、权力本位成为基本的思维定式和主流价值取向。与这种政治思想传统相呼应，中国传统的政治哲学所倡导的就是追求统治和谐而漠视个体生命自由的存在和价值;政治制度的设计也是热衷于寻找差别、固定差别、强调差别和肯定社会地位的不同等级。作为自然人的个体,相对于国家而言,历来是被统治的对象,是义务主体而非权利主体,对国家仅仅是服从而没有权利。相对于家庭而言,则是一个被包裹在多重亲属道德伦理关系中的人,背负着的是整个家族的历史与荣辱,个体的一生必须以家族的利益为己任。由此形成对家族和国家的双重依附关系,个体也就不可能成为具有真正意义上独立人格的主体,更谈不上具有公民的主体资格。

中国"官本位"、"权力本位"政治文化传统表现为两类主体的不同心理反映模式。其一,是普通民众对"官"和"权力"的多重情绪反映,既有畏惧、臣服心理,又有渴望、羡慕心理。在现实生活中,社会公众对于政府官员怀有一种长期以来难以消弭的"臣民意识"和"青天意识",反映了多少年来民众在这种传统政治文化的浸淫中所形成的对权力的畏惧臣服心理状态。同时在内心深处又极其渴望能够有朝一日跻身于其间,尝试弄权的心理满足。其二,是官员阶层对"官位"和"权力"的恋恋不舍,执掌权力的时候是尽权力之能事。特别是在"权既不受限,责亦不可问"的政治体制下,官员可以享受由权力带来的种种益处,而不必承担因此而产生的政治后果或法律责任,造成官员对于权力的过分依赖和留恋心理。这种传统政治法律文化对人们的影响如影随形,多少年来浸透人们的身心,并沉淀、积累在心理结构中,短时间内难于根除。

中国政治思想传统的基本内核就是"权力本位",其中以行政强权为突出表征。这种情形由于历史的继承性对当代中国的政治实践和政府过程依然存有一定程度的消极影响。在行政权的行使和行政体制中人们可以体验诸多行政强权的痕迹,诸如乱收费、乱罚款、乱摊派,以及行政权对社会生活不同领域的渗透和挤压,种种情形让人们历久难忘。行政机关工作人员在执法过程中的态度和言行,都在不知不觉中让人们感受到行政强权的威严。

二、宪政意识与法律意识的淡漠

宪政意识和法律意识是社会意识的特殊表现形式,指人们对于宪政、宪法和法律,特别是对本国现行法律的思想、观点、心理或态度的总称。宪政意识和法律意识是法文化的重要组成部分,体现为人们对宪政、法律的本质和作用的看法,对宪政实践和法律规范的态度,以及对人们行为的法律评价等。在法律文化体系中,宪政意识和法律意识居于核心位置,体现了社会主体对一定的宪政和法律现象的价值评价,属于一种主观价值判断。它在一定程度上能够反映社会主流的宪政意识和法治水平。尽管在经过了多年的普法教育和法治建设快速发展的今天,中国公民的宪政意识和法律意识在整体上有了很大程度的提高。但距离法治国家、公民社会对宪政意识和法律意识要求的水平还存在不小的差距,表现为中国公民的宪政意识和法律意识的集体性淡漠。

人们依然没有摆脱法律观念和宪政意识方面功利性认识的负面影响。从法律实施效果上就能够充分证明这一点,如同有学者认为,中国缺少的不是法律,而是法律的严格执行和自觉遵守。在中国人强大的变通能力面前,法律形同虚设,已然没有了它最初被设想的效力。在现实生活中人们更多的是将法律规范看做是一种工具,而不是无私中立的行为规范。执法者在执行法律的过程中基于执行的便利,或者基于人情因素的考虑而对法律规则进行人为的变通,导致法律执行不力,执行效果不佳,使已经生效的法律规范在实际生活中形同虚设。违法者在遭遇法律问题的时候,不是从法律责任承担的角度去看待自己的行为,而首先想到的是如何挖掘人际关系，找所谓的“路子”，以试图规避或减轻自己应当承担的法律责任。法律规范在适用过程中，由于执法者与被管理者的因素而导致的偏离，使人们忧虑规范的尊严与价值，更忧虑公民的宪法意识和法律意识。

公民的宪政意识和法律意识不完整还表现为主体意识的欠缺。人们并没有真正地立足于本我的主体性角度去看待问题，没有真正理解宪法和法律规范作为一种强制性行为规范的宪政性价值，而更多的是从实用主义和功利主义的角度去看待宪法和法律规范。仿佛法律的制定与实施是与己无关的事情，甚至还会滋生逆反心理，挑战法律的权威，无视法律的规范性和严肃性。在社会整体上，宪政意识和法律意识由于社会思想意识的断裂状态而出现较大的差距。不同阶层、层次的群体对于宪政与法律的心理欲求存在很大差别。既有高层次的宪政意识、法律意识的精英阶层，追求民主、自由、公平、正义的理想境界；也有处于宪政意识、法律意识启蒙状态的群体；还有不具备宪政意识和法律意识的最底层群体。不同阶层的宪政意识和法律意识的差别表现在诸多方面，如主体地位的认知水平、权利义务观念、守法的理性自觉等。在现实生活中还有体现为不完全法律意识的现象，就是遭遇侵权事件时的滥诉行为和过度维权；或者在诉讼时主张的权利是当事人主观创设的权利，而不是真正意义上的法律权利。

由于中国的法治发展尚处于刚刚起步的阶段，普法宣传教育在“五五普法”阶段开始强调进社区、进学校，公民的法律意识还处在相对低级的法律心理阶段。按照心理学的基本原理，法律心理是人们在日常生活中形成的关于法律的零散的感觉、情绪、习性等。由于法律心理来源于日常生活，是自发产生的，所以对法律的认识和评价是表面的和直观的，缺乏理论概括的高度。因此，需要提升普通公民对于宪政与法律的认知水平，以形成关于宪政和法律的系统的、完整的思想体系。

公民的宪政意识和法律意识的养成有赖于宪法与法律规范本身以其内在严谨的逻辑结构而自重，也以其平等与公正的宪政性价值而获得人们的尊重，并在社会生活中发挥出其应有的规制效果，形成遵从法律的社会氛围，由此促成公民发自内心的对宪法和法律的信仰，表现为对法律的自觉服从意识，而不是一种由外在的强制力加诸人们的被动实施模式。

三、公民性的缺失

按照宪政理论，公民是一个法律概念，揭示个体与国家之间的法律关系。公民性其实就是作为公民的个体在特定的社会环境中，对于自己的公民身份的认同和对所应承担的社会责任的主观认识。公民性反映一个特定社会中其公民的综合素质水平，是一个稳定的社会秩序必须具备的基础性条件。公民性缺失的直接后果就是人们缺乏对自己的主体地位的认识，难以树立对法律的信仰，缺少将法律转向信仰的主观自觉，在行动上缺乏遵守社会规范的自觉，这样就会增加政府在进行社会治理时的难度。由于中国没有系统完整的公民教育，所以一直以来公民意识存有很大欠缺。在现实生活中，作为公民人们可能并不清楚和理解怎样才算是一个合格的公民，公民应该是怎样的以及公民意识的内涵意味着什么，所以在一定程度上很难达成公民社会的理想境界。公民意识就是个体对于自己的主体地位，以及公民与国家之间关系的客观认识，即作为特定社会的成员对现代国家和社会中人际关系的基本价值和行为规范总体的认知，是对法治国家的理性认识。公民意识具有重要的政治价值，是社会意识的一种表现形式，在现实生活中主要表现为作为个体的人们对“公民”作为国家政治、经济、法律等活动的主体的一种心理认同与理性自觉。公民意识对于法治国家的建设是重要的,对公民社会的成熟同样也重要。

在中国确立社会主义市场经济体制以后,人们的权利意识观念有很大变化,人们现在敢于坚持和主张自己的权利,也知晓通过法律的正当途径保护自己的权利,这是一个巨大的历史进步。人们对于权利的主张和渴求从来也没有像现在这样强烈,看看最近几年发生的诉讼案件特别是行政诉讼案件便可得知,公民的权利主张涉及平等权、隐私权、受教育权等社会生活的各个领域,而且,有些诉讼直接面对政府的职能部门,人们从原先惧怕政府到敢于同政府叫板,向政府讨个说法,表明人们法律观念上的重大变化。但是,应该客观地认识中国公民权利意识的觉醒现象。实际上有些案例是由于公民对他人权利的漠视造成的。显然,在中国人们还没有树立完全意义上的公民意识,包括对他人权利的尊重,现在人们缺乏的是对权利相互性的认识。任何人“必须不使自己成为他人的妨碍”,“而且正因约束了他本性中自私性部分的发展才使其社会性部分可能有更好的发展”。[①] 而公民意识的养成不是一朝一夕之事,而是伴随着国家的政治过程与政治实践逐渐积淀形成的。公民意识是法治国家政治制度设计的思想基础和心理基础,公民意识生成的逻辑前提是国家与社会的二元划分;公民社会的生态环境是“公民——习惯——自律性”的运行机制;公民意识的存在反映的是社会的需要,而不是国家的需要,展示了社会权利制约从社会中产生并凌驾于其上的国家权力的一种努力。

---

① [英]约翰·密尔著:《论自由》,程崇华译,商务印书馆1959年版,第1页。

公民意识具有三维结构:第一,公民的主体意识。作为公民之集合体的人民是国家权力的所有者,作为个体的公民是享有人格尊严和独立平等地位的权利主体,公民权与国家权力之间是本原性主权与派生性权力的关系。第二,公民的权利意识。每个公民在享有主体资格的前提下,进一步确认自己的权利主体地位,并知晓自己所享有宪法权利和法律权利,同时也尊重其他主体所享有的权利。当自己的宪法权利和法律权利被侵犯后,能够通过正当法律程序寻求救济以保护自己的合法权益。第三,公民的社会责任意识。是公民社会属性的表现,也是对公民与社会、公民彼此之间关系的正确认识。表明公民能够自觉分担社会损害,主动承担社会责任,维护社会秩序。在公民的意识结构里,社会责任意识非常重要,因为只有具备了社会责任意识才能够使个体成为真正意义上的公民。

公民意识的社会属性体现为公民对自己应当承担的社会义务的认同,对社会秩序有意识的维护,以及对社会基本义务的自觉履行。公民的社会责任意识是公民意识的理性化体现,其存在是基于国家与社会在运行过程中的权力与利益冲突的客观现实。具体来讲,包括对国家权力的监督、对自我权利的部分让与、对权利的自我限制、对权利冲突的平衡与协调的能力。社会意识强调的是公民权利与义务的统一,任何公民享有权利不是绝对的,权利的享有与实现永远不能超出社会的经济结构,以及由经济结构所制约的社会文化发展水平。

在当代社会,由于普遍存在着权利相互性(科斯定理)现象,即不同公民所主张的合法权利之间的冲突状态,对于立法者来说最为关键的问题并不在于通过法律确认更多的宪法权利和法律权利,而在于如何对权利进行有效的配置和救济。对于普通公民而言，在尽可能避免权利之间相互冲突的前提下，能否正确合理地行使自己的权利和采取正当法律程序来救济权利就是对公民性的考核标准，同时从整体上印证一个国家的法治发展水平和状态。

第三节　制度供给的缺陷

一、集权决策体制使制度供给面临更大的约束

在中国的法治进程中，制度演化是在集权体制背景中进行的。集权体制突出的特点表现为，制度供给主体单一化，公民一般被禁止进入制度供给的行列，政府是制度的主要供给者，由执政党中央和中央人民政府统一领导，而且主要采取自上而下的方式进行。集权决策体制使制度供给面临的约束更大，也使制度供给的成本过高。作为一种政治传统，集权决策体制在现实的政治生活中会不断地得到强化。正如美国知名经济学者诺斯所言，人们过去作出的选择决定了其现在可能的选择。东方国家专制主义传统的历史性影响在短期内不可能完全消弭，以至在当今的政治经济社会生活中的许多角落还留有它的阴霾。其结果使个人的创造性思维受到压抑，个人的制度供给几乎是不可能的事情。此外，计划经济体制下成本和收益的计算方式和思维定式也会成为新制度供给的障碍。中国改革开放 30 多年来所形成的既得利益集团会阻碍新制度的供给，以巩固现行的制度。而推倒重来的制度重构方式又会让各方都觉得过于激进，可能导致付出难以承受的社会成本。应该正视的客观现实是，改革给各方带来的利益得失是不同的，甚至存在着很大差异。体现为在制度设计过程中的争论不休、讨价还价和你争我夺，同样也会延缓宏观制度供给的速度。

依据制度均衡的基本理论，制度的演化实质上是对制度——

一种公共物品的公共选择过程。社会的稳定与和谐发展取决于相对完善的能够保证利益均衡的制度供给和机制。政府作为制度供给的基本主体，一方面，经济社会的运行规则应当由它来确定和提供，另一方面，政府自身也要受到制度的约束。约束政府的制度其实也是为了保证经济社会的运行规则能够比较充分地实现社会利益均衡的初衷。因为社会利益的均衡必须借助于国家公权力才能够得以实现。现代政府对于利益关系的整合过程，就是引导不同利益群体在利益博弈中相互妥协和实现均衡的过程。而利益均衡制度恰恰就是在这个过程中被人们不断地认识和总结，并且借助于这个过程，可以实现不同利益群体对国家利益制度的确认和维护，使国家权力在不同利益群体的博弈过程中受到有效的监督和制约。政府自身也会从和谐的社会环境中获得更大的执政合法性和提高整个社会对其执法活动的认同程度。

当前，中国社会转型中出现的问题同制度设计及其运行体制密切相关。中国的决策体制属于集权决策模式。在这种体制之下，制度供给的成本相对较高，这就导致有效制度供给远远落后于现实社会对制度本身的迫切需求，成为中国法治建设与道路上不可逾越的制度障碍。而且就政治体制改革和行政体制改革而言，改革的对象就是政府本身，涉及政府在宪政体制下的法律定位、分权与放权、政府职能的重新界定、政府内部与外部的关系等与政府息息相关的切身利益问题。政府通过制度设计实现的目标不仅有经济目标，还有政治目标和社会目标。一种新的制度供给如果威胁到权力中心的政治地位或者政治支持度，或者会弱化权力中心的控制能力，那么，这种制度供给就不会产生，或者消极延宕产生的过程。主导制度供给的政府基于政治秩序和政治稳定的考虑必然要推迟整体政府制度的改革进程。

二、制度供给不足和制度供给过剩并存

通过对中国整个制度体系的观察和审视，发现存在着制度结构不均衡的现象，即有关市场经济体制下的有效制度供给不足和原有计划经济体制下的制度供给过剩的问题，需要进行全面而系统的梳理。

制度供给不足表现在两个层面，一方面，在政府内部，还没有建立健全完整的政府制度体系，例如与制度主体相关的法律规范、与行政职能相关的法律规范，特别是与行政程序和行政监督相关的法律规范存在明显不足。而这些法律制度涉及政府的法律定位、行政机关工作人员的综合素质水平、政府的具体职能范围、行政机构的设置与人员编制、行政程序，以及对行政行为的监督等重要事项。现代民主宪政法治政府所需要的政府信息公开制度、听证制度、引咎辞职制度等都不完善。这些具体的制度恰恰是衡量一个国家政府制度是否健全的标志性内容。而且，即使已有的一些相关规定在政府过程中也没有得到很好地贯彻和执行，抵消了政府制度应当具有的约束力和法律效力。另一方面，在政府外部，行政权力依然遵循原有的规范行使相应的行政职权，与现代政府制度的价值要求有一定的距离。例如重叠的机构设置、交叉的行政职能、中央与地方政府权限界分的模糊，以及政府与企业的关系、政府与社会的关系、政府与市场的关系都需要从制度的角度进一步确定和清晰化。在这些领域中，依然是计划经济体制下的制度规则在发挥作用。其中比较有代表性的就是，还没有建立健全与经济发展水平相适应的社会保障法律制度体系，已有的相关制度覆盖面非常小，主要集中在经济发达的东部地区和城市，而且受国家整体经济发展水平的限制。已有的社会保障局限在原先城乡二元体制下的医疗、社会保障等窄小的范围之内。而中国现实生

活中存在着的基数不小的弱势群体的实际生活水平支撑不了高成本的生活，抵抗风险的能力极差，在客观上形成了对国家社会保障和社会救助等制度的高度依赖。但恰恰在这个方面政府不能给弱势群体提供最基本的制度保障。还有，政府与国有企业、银行之间的关系缺乏市场经济体制下的制度规制。依据目前的规定和政策，在国家财政、企业和银行之间依然是三位一体的格局，处于“软约束”的状态。由于三者之间的特殊产权关系于是便在制度上和决策上对国有企业有一种天然保护的倾向。具体而言，在资金供求上，向国有企业不计成本、不计效率地提供资金。而银行的债权也没有发挥出对国有企业的治理作用。而另一方面，那些同样需要发展壮大的非国有企业却难以筹措更多的资金。这种体制性的约束就造成了经济发展过程中投资供给、需求、产出和效率的严重失衡。而政府一旦想从制度层面有所改变，必然会遭致相关既得利益集团的强烈抵制。例如，有资料表明，中国电信在国务院打算设立中国联通时，为了维护自己的垄断地位以各种冠冕堂皇的理由坚决反对。国有银行在现行的体制下，收益内部化与风险外部化使其自身具有很强的改革惰性。即使是采用习惯的所谓试点方式进行的改革，也是因为有国家特殊优惠政策的关照才得以获得预期的结果。但是这种试点的结果放回原有的制度和体制中，并不必然导致新制度的普遍性适用。

造成有效制度供给不足和制度过剩的原因是多方面的。其中最为主要的是中国的社会转型。转型过程中面临着的重大问题就是资源的配置和利益的均衡分配。特别是经济利益的调整不仅带来了利益结构性的变化，而且在利益关系变动中产生并累积了一定的社会矛盾和冲突。对此，政府并没有及时作出必要的制度供给，也在相当程度上制约了行政体制的改革。

有效制度供给不足和制度过剩是制度完善问题的两个不同方面，但它们所导致的结果具有共通性，即在总体上表现为制度不能和无效，缺乏一种抑制利益独占性的均衡机制；同时也缺乏自律、宽容和共存的理性诉求机制。在社会现实生活中直接表现为，强势群体与弱势群体在表达和追求自身利益方面的能力差异与失衡，其实质就是社会权力资源分配的不平等，导致了权利实现不平等的不良后果，从而严重影响了社会的和谐，甚至阻碍了社会生产力的发展。按照制度经济学的基本原理，制度均衡只是一个暂时的、特殊的现象，而不均衡才是常态现象，但是过度的不均衡也是非正常状态。制度供给不足包括一般制度的缺失和核心制度的缺失，其中核心制度的缺失对政治、经济和社会发展的负面影响是最大的。

此外，不容忽视的是，在中国的社会转型过程中，权力的资本化和市场化的特征非常明显。社会精英的形成表现为“地方政权层面上代际替换”的特征，而中下层社会成员想要实现其身份与地位的高层次转换十分艰难。强势群体中的各个部分不仅形成了稳定而牢固的利益结盟关系，而且积聚了相当的社会能量，能够对政府的利益决策及其相关制度供给施加有效影响。他们在相当程度上获取了有利于维护其自身利益的制度和政策优势。近几年间房地产开发商追逐暴利与政府宏观控制政策之间的博弈就是典型的例证和最好的注释。

构建现代政府制度的本质性要求就是将保证利益均衡性的制度与机制确定为设计目标。制度的供给与需求之间应该保持基本平衡状态，政府制度应该成为均衡利益关系、实现社会和谐发展的保障。为此，在制度供给上，需要借助于从集体决策机制到分散决策体制的转型，使公民也能够通过相互竞争成为制度的供给者，提高有效制度供给的水平，实现制度作为公共产品的一种公共选择的结果。

第四节　政府过程中存在的问题

一、行政立法方面

现代社会有一个比较普遍的现象，即行政立法的数量大大超过议会立法的数量，并且在整个法律规范体系中占据重要地位。这表明行政立法职能的强势发展状态和在法律规制中的作用。这种现象在中国的行政立法实践中表现得尤为突出。中国实行改革开放政策以后，中央人民政府经由最高国家权力机关的授权行使的行政立法职能越来越繁重，行政立法的数量数倍甚至数十倍于法律和地方性法规。

从法理的角度分析，行政立法在性质上不属于国家立法权的范畴，它"是一种具有立法特征的行政活动。仅就数量而言，大量的立法是由行政机关而非立法机关制定的。在英国，除少数英王仍保留原有特权的情形外，所有由部长、行政部门和其他机构发布的命令、规章和条例，其权力均源于议会。现代社会，议会不得不将涉及各种具体事务的广泛立法权授予行政机关。而其自身仅限于提供一个或多或少具有永久性的法律框架"。[①] 美国行政法学者施瓦茨指出："在二十世纪，行政机关拥有立法权（颁布具有法律效力的规章之权）已经司空见惯了"，"当代行政机关既有立法权，又有司法权。其立法权就是颁布具有法律效力的规章……没有这样的权力，这些机关就不能有效地完成它们所担负的各种任

① H. W. R. Wade, Administrative Law, Oxford, 1989, p. 847.

务”。但是，不管行政权扩展到哪个领域，行政立法就是准立法或者从属立法的性质，其所设定的规范必须服从立法机关的法律规范，所采用的程序并不是立法机关的立法程序，因此它就是一种行政手段。而且，行政立法不仅要有授权法的根据，还应符合基本法关于确定性的要求，即必须确定和划定授权的内容、目的和范围，由此与国家立法权区别开来。

行政机关是行使国家行政权的特定机关，而立法权按照世界宪政通例毫无例外都是由民意代表机关来行使。行政机关不是民意代表机关，它所制定的行政法规、规章都带有部门利益色彩。如果缺乏监督的话，会造成与国家立法机关制定的法律相抵触的情况，导致对整个法律规范体系的损害。这种情况在中国的立法实践中已经有所发生，在现实生活中典型的体现就是，具有不同职能的政府行政部门在执法过程中，滥用行政立法权，漠视宪法、立法法中限制原则的规定，致使某些行政法规、行政规章所规定的内容明显与宪法、上位法的原则精神和规定背离。行政机关在执法过程中基于对这些行政法规的具体适用，直接侵害到公民的宪法权利和法律权利；后者使得某些由宪法和法律所确立的公民基本权利和自由在特定的时间和空间中形同虚设。这种情形显然与中国的立法传统有关。人们通常习惯于在法律颁布以后，再去不断地通过“实施细则”将已有的比较原则性的法律条文进一步具体化，或者是由司法机关通过“司法解释”的形式加以细化，或者由行政机关基于执行的便利，从部门利益的角度制定大量的行政法规。这就造成了中国法治发展过程中的奇特现象，越是效力层级低的规范越具有实际的法律效力，特别是后者使得中国最高行政机关在享有最高行政权力的同时，在事实上兼具一种特殊的立法权——行政法规制定权。

依据宪政理论,行政权与立法权有着本质的区别。行政权体现国家意志的执行功能,具有具体性、技术性和执行性特征。孟德斯鸠曾经说过,当立法权和行政权集中在同一机关之手,自由便不复存在了。因为人们要害怕制定暴虐的法律,并暴虐地执行这些法律。行政机关自主立法的负面后果就是容易导致乱摊派、乱收费、乱罚款,以及行政审批权、发证权的泛滥。特别值得一提的是,行政法规同宪法、法律相抵触的情况客观存在,有时甚至会造成非常严重的后果。例如,1982 年国务院发布的《城市流浪乞讨人员收容遣送办法》,还有一直为人们所诟病的《劳动教养试行办法》都属于与宪法和法律相抵触的"恶法"性质,因为它们都超越了中国现行宪法、立法法和行政处罚法的相关规定①。尤其是劳动教养制度,不经正当的司法程序,不需审判,甚至当事人没有上诉的权利,仅由劳动教养委员会审查决定,就可以限制公民的人身自由,处罚期间可以长达三年。同时,由于中国缺乏具有纠偏动因的利害关系人直接发动监督机制的规则,②也使得应该有效的规则协调机制难以发挥其应有的作用。如大家所知,《城市流浪乞讨

---

① 《中华人民共和国宪法》第三十七条规定:中华人民共和国公民的人身自由不受侵犯。任何公民,非经人民检察院批准或者决定或者人民法院决定,并由公安机关执行,不受逮捕。禁止非法拘禁和以其他方法非法剥夺或者限制公民的人身自由。《中华人民共和国立法法》第八条规定:对公民政治权利的剥夺、限制人身自由的强制措施和处罚,只能制定法律。《中华人民共和国行政处罚法》第九条规定:限制人身自由的行政处罚,只能由法律设定。第十条规定:行政法规可以设定除限制人身自由以外的行政处罚。

② 龙卫球:《规章专制,法治难行——从"浏览黄色网站案"的规章适用说起》,载《中国法律人》2004 年第 3 期。

人员收容遣送办法》被废止是以孙志刚①生命的代价换得的,这不得不说是中国法治进程中的悲哀。

二、行政执法方面

事实上在中国出现和存在的问题在很大程度上往往是在行政机关执法过程中出现的,有法不依、执法不严和违法不究都有显现。

从行政执法的总体社会环境看不容乐观。中国目前正处于社会矛盾和冲突的高发期,改革开放30多年累积的矛盾和冲突,还有一些新出现的纠纷,其中最为主要的是社会治理问题。政府在行政执法方面更多强调政府的意志,而非国家意志,以部门利益为中心。政府通过行政强制来主导经济增长,忽略了政府所承担的社会公共治理的责任。目前比较严重的是政府执法的不作为现象,导致相关法律法规形同虚设,没有发挥出规范作用。例如,三鹿奶粉事件。政府职能部门没有严格按照国家食品检验标准监督和控制奶粉的质量,以至于形成所谓奶粉行业的潜规则。生产厂家长期在奶粉中添加"三聚氰胺",直到大批婴幼儿出现肾衰竭的病症到医院就诊,被新闻媒体披露后才引起广泛社会关注。该事件直接引发的一个后果就是政府取消了所有食品生产企业的免检

---

① 孙志刚,一个标志性的人物。2003年3月17日—20日之间,27岁的大学毕业生孙志刚因为没有携带任何证件,被广州警方以"三无人员"的身份投入收容站,后被同是被收容的人活活打死。此事件经过媒体披露、学者的呼吁,引起社会各方的普遍关注。导致孙志刚之死的规范依据是1982年国务院颁行的《城市流浪乞讨人员收容遣送办法》。2003年6月20日,国务院总理温家宝签署第381号令,公布实施《城市生活无着的流浪乞讨人员救助管理办法》,同时废止《城市流浪乞讨人员收容遣送办法》。

资格。近期,人民法院针对该案件相关责任人员依照法律程序进行审判追究其法律责任。但是,人们看到的是由于政府的不作为,给幼小公民带来终身不幸,在某种意义上比政府滥用权力所带来的伤害后果更为不堪,折射出政府执法观念的严重缺位。可见对政府及职能的认识水平直接关联到能否保证严格执法的问题。

从行政执法的过程看,执法者受长期以来传统“农业社会”(熟人社会)的影响,不能严格依法办事和依法行政,导致法律法规、行政规章效力的萎缩。例如,早在几年前,各级地方人大顺应当时的民意要求,大都颁行有关于《禁止燃放烟花爆竹的规定》。但是这样一个地方性的规定在执行的过程中却屡屡遭遇尴尬,实施效果不尽如人意。因为这个规定在执行中,面临的最大问题就是执法成本高、执法效果不好,禁放的规定没有取得任何实际意义上的禁止效果,政府规章遭遇失威。执法者对于这一类的违法行为,主要考虑的是人情、习俗和传统等方面的因素,不可能采取等同于针对刑事违法犯罪者的严格执法措施。所以,最终导致各地方人大和人民政府纷纷宣告终结这项规章的短暂使命,或者由原先的禁止改为限制。

在经济体制转轨过程中,行政执法与经济发展是紧密联系在一起的。因为社会转型容易出现社会失范的现象,严格的行政执法可以引导经济行为的规范化发展,从而促进市场秩序和增进市场效益。反之,则构成经济发展的羁绊。而且还应当清醒地认识到,如果没有社会的制衡,没有普适价值的制衡,政府强势主导的、片面的经济增长就会是盲目的增长,最终会导致经济与社会发展的异化,成为与人的发展、社会的发展、文明的发展相对立的一种力量。同时相伴而生形形色色的社会问题,导致高昂的社会成本、行政成本、腐败成本,诱使社会发展误入歧途。人性化的经济增长，应该是接受权力制衡权力、权利制衡权力的经济增长，并且是与普适自由和普遍幸福并进的经济增长。这样的经济增长才是与人友善的、有生命力的和持久的。

行政执法方面存在的问题反映了行政机关的执法理念、执法人员在执行公务时的人权观念、程序法治观念等方方面面的问题。

三、行政司法方面

行政司法是指行政主体根据法律的授权，按照准司法程序对有关争议和纠纷进行复议和裁决，以影响当事人之间权利义务关系，并具有相应法律效力的行为。其中包括当事人不服行政机关的决定或双方当事人不履行义务，以及行政机关、其他当事人侵害相对人合法权益而产生的行政争议和民事争议。行政司法是一种特殊的具体行政行为和典型的行政法律行为，是在行政过程中适用法律以裁决纠纷为宗旨、坚持司法公正原则的行政行为。对此有的学者将其描述为司法形式的行政行为，属于权力型审判外非诉讼纠纷解决方式。它是对传统行政权力行使方式的超越，在本质上依然属于行政行为。但在形式上采纳了司法的有效模式，融合了行政行为和司法行为的特点，通过引入第三方的机制来确保行政行为的效率和公平，所以合法性是对行政司法的基本要求。

按照行政法学的基本理论，行政机关的行政司法行为属于行政行为的性质。行政司法的产生是为了顺应社会发展过程中行政管理对象复杂化的趋势，以及在行政管理中贯彻司法程序的公正性的客观现实需要。当代社会生活的最大特点就是多元化，其间引发的各类矛盾和纠纷不仅数量庞大，而且带有浓厚的技术性、专业性特征，导致解决难度加大，对裁判者提出了不同于传统的更高要求：既要具备行政管理经验、知识和技能，也要掌握法律技巧。

对此,即使是法律专业出身的法官运用经由正当法律程序的司法权力进行处置也难以妥善解决。如何化解这一类纠纷并体现社会正义,行政权力以其技术性强和效率高的特点显现出其独到的优势,如合法民主、程序简便,更专业,并且费用低廉等。所以,行政司法能够成为现代国家行政管理职能中非常重要的方面,就在于它能够在严格并烦琐的司法程序之外,为人们提供新的解决冲突的方式。并且,这种方式同样具有体制内的、正式的权威足以令人心悦诚服。这也是为什么现代国家基本上都允许行政机关在一定条件下对不同主体之间的民事、经济纠纷作出裁决,以缓和社会矛盾的紧张状况。行政司法在一定意义上是作为司法的替代性纠纷解决机制而出现的,但在具体实践中却收获了良好效果,与民间仲裁、法院审判共同构成三位一体、多层次、多渠道的裁判制度体系。

在积极意义上,行政司法的出现表明公共权力内部通过体制内的权威转换来消弭社会成员之间紧张状态所作的努力,通过更为灵活多样的方式引导和矫正市场主体的行为。行政司法还在于它借助于司法的方式,特别是司法的正当化程序,来提高行政决策和具体行政行为的质量,以防止违反宪法和行政法的基本原则,改变了传统行政管理中的命令—服从模式,所以,它是具有行政性质的司法程序,融行政、司法程序为一体,同时兼容了行政程序的简易、高效和司法程序公平合理的特点。在另一方面,行政司法排除了行政程序的专断性和司法程序的烦琐性,成为一种新的、特殊的民事、行政纠纷解决法律程序。这也证明了为什么在当代各国,政府处理纠纷作为替代性纠纷解决方式越加受到青睐和广泛重视。

在中国行政司法的具体实践中,行政复议、行政裁决都在维护社会稳定,缓解社会矛盾方面发挥了重要的作用。但其中依然存在着一些需要完善的地方。例如,行政复议的功能着眼于行政机关系统内部的监督，强调复议组织对行政首长的依附性和程序上的简便高效，却忽视了权利救济的功能，表现为非司法化的特征。这个一直存在的缺陷直接影响了行政复议与行政诉讼之间的良性互动，导致整个争议解决系统的预后效果不佳，还有不规范的争议解决方式的膨胀，所以强化行政复议制度的独立性和公正性应该是中国未来行政复议制度改革的目标。近几年来因为地方政府强制拆迁而导致的上访、申诉案件，暴露出在行政救济、行政强制执行等方面依然存在着诸多问题。因此，能否借助于更为开放的行政权力决策系统，克服片面发展的法律形式理性对主体性的压抑①，促使行政机关的行政司法行为更加公平，更加规范化和程式化，既有助于树立政府的权威，也是实现宪政政治的必然要求。

四、行政主体方面

行政主体是行政法学理论中的概念，同时也是一个法律概念。由于行政主体在公共行政管理实践中的作用，各国都比较重视行政主体理论的研究，也是行政法学理论中的重要组成部分，但西方国家对于行政主体的研究总体上以行政分权为视角。按照中国行政法学理论的界定，行政主体包括行政机关、被授权的组织，以及具体执行职务的行政机关工作人员。这一概念是通过对实施行政管理活动的行政机关、法律法规授权的组织归纳而形成的。一般而言，行政主体应该具备三个基本的法律特征，(1)拥有国家的行政权力；(2)能够以自己的名义行使行政权力；(3)能够独立承担该行政行为所产生的法律后果和法律责任。

---

① 陈弘毅著：《法治、启蒙与现代法的精神》，中国政法大学出版社1998年版，第14页。

行政主体的确定具有理论与实践双重意义。借用古语"名不正则言不顺"所包含的意思来表明,行政主体是确立政府制度中其他内容的基础和前提,它与行政职权、行政优益权和行政责任紧密相关。如果行政主体地位不确定,就会导致行政职责不明、行政权限不清,以至于最后行政责任无承担。所以,确定行政主体资格是依法行政的首要条件,只有行政主体做出的行为才是行政行为,具有国家的强制力,并影响行政相对人之间的权利义务。行政主体资格既确定了行政主体与国家之间的关系,也确定了行政主体与当事人之间的关系,同时也明晰了行政主体自身在国家行政管理活动中的权力义务内容。

在行政管理实践中,行政主体是政府的"形象代言人"。社会舆论对于政府的评价往往以行政主体的具体执法活动为基础。行政机关及其工作人员能否在具体行政行为中,忠实于宪法、法律和规章的基本原则和精神,直接影响到法律实施和对社会秩序的规制效果。在现代法治国家中,随着社会生活的多元化、复杂化,国家立法机关往往更多地授予行政机关以自由裁量权,以更好地、更为妥善地处理社会问题和平衡不同利益群体之间的冲突,因此这也是对行政机关工作人员行政执法能力和素质的考验。在抽象的法律规范和现实的利益冲突之间,只有借助于行政机关工作人员的具体而严格的执法行为,才能够将法律法规的精神转化为实际有效的管理手段和措施。因此行政主体的综合素质与政府的形象、执法的成本、法律的尊严和信仰、社会秩序状态具有连带关系,直接影响社会公众对政府的认同程度。

由于在以往的政府过程中,基于对行政管理工作的认识水平并没有上升到行为科学、领导科学、行政管理、公共行政的高度,因此存在着人浮于事的现象,暴露出在用人机制方面、管理方面的不足。行政执法工作人员业务素质、综合素质相对而言比较差，不能够正确、准确地理解法律规范的实质精神和意图，不能够忠实地履行自己的工作职责，导致政府管理成本的提高，甚至危及公民的财产权、健康权和生命权。还有一个因素，就是在中国目前的一些法律法规中存在着比较多的"弹性"条款、"兜底"条款和可操作性不强的条款，也给行政机关工作人员执法工作的随意性提供了很大的空间。在中国近些年来接连不断发生的多起矿难事故中，探究其发生的深层背景原因其实大都与政府的职能管理部门直接相关，或监管不利，或渎职失职，使得中国在经济快速发展的同时背负着极其沉重的代价，甚至是无辜者生命的代价。更为可悲的是这些代价原本是可以避免的。

现代政府制度的构建必须首先实现行政机关工作人员观念的现代化，祛除中国政治传统中"官本位"、"行政权力本位"等陈腐观念的影响，替代以"以人为本"的宪政观念意识，并转化成为行政执法工作中工作人员的自觉意识。但是这种转变是一个艰难的过程，在政府实践过程中人们观察到的是行政主体的认知能力初级化，例如一讲到"小政府"，政府官员就推卸了责任，但行政权力依然难以限制；一提倡"大政府"，官员就扩大行政权力，但责任却仍旧难以追究。"右手"大动，公共资产就快速"流失"，但社会公众的私产并无多少保障；换上"左手"，社会公众的私产就受到侵犯，但公共财富仍然看守不住。[1] 多年来传统的政治体制和政治运行模式的反复熏陶，使得政府官员早已养就有一种思维惰性和工作简单化的特点。原本制度所具有的许多好品质就在这种情况

① 秦晖：《"中国奇迹"的形成与未来》，载《南方周末》2008 年 2 月 21 日第 22—24 版。

下被掩盖、被消磨。究其原因就是行政主体缺乏对政治权力和行政权力的宪政认知水平,以及驾驭和运行行政权力的宪政素质。现代政府制度也需要行政主体理论与实践的进一步发展,以确定的行政主体范畴,在制度上避免非行政主体非法行使行政职权的行为,保证国家行政活动的统一和规范。

第五章　构建中国现代政府制度的基本思路

制度的构建首先要考虑和分析的是宏观环境，就是制度置身于其间的社会背景，这一点对制度的运行有重要意义。制度运行的环境对于制度产生的影响是很大的，有些时候甚至是根本性的。不同的制度环境会使制度运行产生不同效果。同样一项制度规则，在其他国家是有效的，在中国未必会产生同样的制度效益。即使设计优良的制度在实际运行过程中也可能会出现偏离现象，从而违背了设计者的初衷。众所周知，中华传统文化同化异族文化的能力超乎人们的想象，即使是在全球化的今天，人们依然还能够感受到中华传统文化的超强生命力，而这种人文环境中包含的消极因素会在不经意间抵消现代政府制度的正向效应。

第一节　宏观环境与微观条件

一、中国政治与社会发展的现实

美国的立国之父杰弗逊曾经说过："正如我们长大成人以后，再不能穿儿时的衣服一样，那么我们国家的制度、政府的制度，也要不断地创新，才能符合时代发展的一个需要。"改革开放以来，中国社会的深刻变化体现在主导价值、社会结构、社会形态、民主政治等诸多方面。社会整体发生巨大变化,经济社会发展取得令人瞩目的成就。这些成就的取得得益于多方面因素的支持,其中政府推动的行政体制改革所带来的积极作用是一个重要的方面。尽管至今在执政党和官方公开的文件中没有直接明确现代政府制度的概念,但是,多年来的改革却使中国政府一直在朝着这个方向迈进。考察近几届中共全国代表会议报告可以发现,执政党和政府一直在致力于政府管理的现代化和法治化建设。

——中共第十四次全国代表大会报告明确提出,要从根本上改变束缚我国生产力发展的经济体制,建立充满生机和活力的社会主义新经济体制,同时相应地改革政治体制和其他方面的体制,以实现中国的社会主义现代化。

政治体制改革的目标是完善人民代表大会制度、共产党领导的多党合作和政治协商制度,发展社会主义民主政治。按照民主化和法制化紧密结合的要求,积极推进政治体制改革,使社会主义民主和法制建设有一个较大的发展,更好地同经济体制改革和经济发展相适应。建立市场经济涉及上层建筑许多领域,需要一系列相应的体制改革和政策调整。加快政府职能的转变,是上层建筑适应经济基础和促进经济发展的大问题,不在这方面取得实质性进展,改革难以深化,社会主义市场经济体制难以建立。因此,要下决心进行行政管理体制和机构改革,切实做到转变职能、理顺关系、精兵简政、提高效率,这既是政治体制改革的紧迫任务,也是深化经济改革、建立市场经济体制和加快现代化建设的重要条件,同时提出尽快推行国家公务员制度。

——中共第十五次全国代表大会报告进一步提出,要把改革作为推进建设有中国特色社会主义事业各项工作的动力,强调改革是全面的改革,是在坚持社会主义基本制度的前提下,自觉调整生产关系和上层建筑的各个方面和环节，来适应初级阶段生产力发展水平和实现现代化的历史要求。

政治体制改革的主要任务是：发展民主，加强法制，实行政企分开、精简机构，完善民主监督制度，维护安定团结。在实现民主的途径上，要坚持民主选举、民主决策、民主管理和民主监督，指出制度建设具有根本性、全面性、稳定性和长期性的意义。并且认识到阻碍改革深入和经济发展的主要问题就是，机构庞大，人员臃肿，政企不分，官僚主义严重。因此，要按照社会主义市场经济的要求，转变政府职能，实现政企分开，把企业生产经营管理的权力切实交给企业；根据精简、统一、效能的原则进行机构改革，建立办事高效、运转协调、行为规范的行政管理体系，培育和发展社会中介组织。进一步明确深化行政体制改革的具体内容，即实现国家机构组织、职能、编制、工作程序法定化。引入竞争激励机制，完善公务员制度，建立一支高素质的专业化国家行政管理干部队伍。完善监督法制，建立健全依法行使权力的制约机制。

——中共第十六次全国代表大会报告阐明，政治体制改革是社会主义政治制度的自我完善和发展。要着重加强制度建设，实现社会主义民主政治的制度化、规范化和程序化。要丰富民主形式，扩大公民有序的政治参与，扩大基层民主。强调进一步转变政府职能，改进管理方式，推行电子政务，提高行政效率，降低行政成本，形成行为规范、运转协调、公正透明、廉洁高效的行政管理体制。依法规范中央和地方的职能和权限，正确处理中央垂直管理部门与地方政府的关系。按照精简、统一、效力的原则和决策、执行、监督相协调的要求，继续推进政府机构改革，科学规范部门职能，合理设置机构，优化人员结构，实现机构和编制的法定化，切实解决层次过多、职能交叉、人员臃肿、权责脱节和多重多头执法等问题。同时提出按照政事分开原则,改革事业单位管理体制。以建立健全选拔任用和管理监督机制为重点,以科学化、民主化和制度化为目标,改革和完善干部人事制度,健全公务员制度。

此外,还提出了党政领导干部职务任期制度、辞职制度、用人失察失误责任追究制度、述职述廉制度、重大事项报告制度、质询制度、民主评议制度等制度建设问题。并通过建立结构合理、配置科学、程序严密、制约有效的权力运行机制,加强从决策到执行等环节的权力监督。

——中共第十七次全国代表大会报告指出,政治体制改革作为我国全面改革的重要组成部分,随着经济社会发展而不断深化,与人民政治参与积极性不断提高相适应。明确提出要加快行政管理体制的改革,建设服务型政府。行政管理体制改革是深化改革的重要环节,要抓紧制定行政管理体制改革总体方案,着力转变职能、理顺关系、优化结构、提高效能,形成权责一致、分工合理、决策科学、执行通畅、监督有力的行政管理体制。健全政府职责体系,完善公共服务体系,推进电子政务,深化社会管理和公共服务。加快推进政企分开、政资分开、政事分开、政府与市场中介组织分开,规范行政行为,加强行政执法部门建设,减少和规范行政审批,减少政府对微观经济运行的干预。规范垂直管理部门与地方政府的关系,加大机构整合力度,探索实行职能有机统一的大部门体制,健全部门间的协调配合机制。精简和规范各类议事协调机构及其办事机构,减少行政层次,降低行政成本,着力解决机构重叠、职责交叉、政出多门问题。统筹党委、政府和人大、政协的机构设置,减少领导职数,严格控制编制。

要坚持用制度管权、管事、管人,建立健全决策权、执行权、监督权既相互制约又相互协调的权力结构和运行机制,健全组织法和程序规则,保证国家机关按照法定权限和程序行使权力、履行职责,完善各类公开办事制度,提高政府工作透明度和公信力。

随着社会转型,建立和完善具有中国特色的行政管理体系是必然的制度选择。在行政管理体制深入改革之际,提出并系统研究现代政府制度具有十分重要的意义。众所周知,政府及其行政管理作为政治上层建筑,与经济基础密切相关。经济是基础,对上层建筑具有决定作用;反过来,上层建筑对经济基础又具有积极的反作用。恩格斯当年在分析政府对社会的作用时曾经表达,国家权力、政治权力对社会的作用从两个方向发展,一个方向就是国家的公权力朝着促进社会生产力的方向发展,带动社会整体进步;另一个方向就是国家公权力和政府制度朝着阻碍社会生产力的方向发展,那就必然成为社会政治经济发展的障碍。中共十四大提出了建设社会主义市场经济体制的改革目标,要求按照行业的性质和企业规模,分别采取不同的产权制度和与之相适应的企业制度。中共十五大报告进一步指出,坚持有中国特色社会主义的经济,就是在社会主义条件下发展市场经济,不断解放和发展生产力。这就要坚持和完善以社会主义公有制经济为主体、多种所有制经济共同发展的基本经济制度;坚持和完善社会主义市场经济体制,使市场在国家宏观调控下对资源配置起基础性作用。同时报告中还指出:“建立现代企业制度是国有企业改革的方向。要按照‘产权明晰、权责明确、政企分开、管理科学’的要求,对国有大中型企业实行规范的公司制改革,使企业成为适应市场的法人实体和竞争主体。”应当认识到,建立市场经济和现代企业制度是中国经济和企业改革的方向,而这一改革已见初步成效。

但是,经济领域的改革需要政府管理改革与之配套,彻底变革政府与企业的关系模式。由于历史与体制的原因,中国企业与政府之间的关系非常复杂。建立市场经济体制,完善现代企业制度,必须理顺政府与市场、政府与企业的关系。在市场经济和现代企业制度的实践过程中,由于行政管理体制改革不到位,不同主体之间的关系仍然存在许多问题。中共十七大报告再次提出加快推进政企分开,规范行政行为,减少和规范行政审批,减少政府对微观经济运行的干预。说明在多年行政改革之后,政府与市场、政府与企业之间的关系并没有完全理顺,确实需要从政治体制和行政管理体制方面进行不懈的努力。

尽管中国的行政管理体制改革历经30多年取得了很大成效,但是以往的改革往往是单方面、局部的,行政管理体系改革缺乏配套的整体方案。因此,改革所取得的成就还不足以为市场经济和现代企业制度提供强力支撑。十七大适时提出抓紧制定行政管理体制改革整体方案,它的制定和实施将导致现代政府制度的建立,而政府制度的现代化会推进市场经济和现代企业制度的进一步发展和完善。

二、社会基础性条件

构建现代政府制度必须具备相应的社会基础条件,包括政治环境、经济基础、宪政理念等诸多因素在内的契合,任何方面条件的欠缺都可能导致现代政府制度的先天不足,并影响到其日后的运行效果。

(一)市场经济体制的确立

从一定的分类标准来看,人类的历史发展经历了从前市场经济社会向市场经济社会的过渡。前市场经济社会包括古代的自然经济社会和社会主义国家的计划经济社会。自然经济的主要特征是农业和手工业的结合,社会成员以自给自足为生活方式,由于缺乏商品生产和商品交换，难以形成社会成员之间普遍化的社会交往。在这种情况下，没有市场作为社会资源配置的基础手段并作为社会生产的调节器，政府利用超经济的手段来控制社会成员的生产活动。因此，自然经济条件并不具备确立现代政府制度的经济基础。在计划经济社会中，由于崇尚政府这只“看得见的手”的自觉调节作用，完全无视市场这只“看不见的手”的自发调节功能，导致国家与社会的高度一体化，政府吸收和代表所有社会利益，政府权力侵蚀了社会成员全部权利空间，因而计划经济社会也不具备现代政府制度产生的土壤。

市场经济是以市场为资源配置基础性手段的经济模式，其基本特征是自由经济。这种经济使得社会成员摆脱了对政府的依附地位，能够独立追求自己认为是正当的利益。在市场经济社会，社会成员实现了原来被政府所吞噬的社会权利的回归，政府的权力受到限制，作为公民个体的正当利益通过立法被确认为属于不可侵犯的权利。市场经济的建立在政府管制和社会成员自主之间勾画出一条明显的界限，公共权力不得侵入私人的自主空间。正是在这种条件下，催生了具有现代意义的法治体系，现代政府制度也只有在市场经济社会环境中得以诞生并逐步完善。由于市场经济社会强调市场机制和契约机制在经济生活和社会生活中的作用，政府存在和发挥作用的目的旨在弥补市场失灵和社会不能，政府行使权力履行职能的范围是为社会提供公共管理和服务，这样就避免了政府权力对私人空间的过度挤压。所以，以市场为基础、以社会为取向是建立现代政府制度的先决条件，现代政府制度的基本构成要素正是由此推演出来并加以设定的。

社会主义市场经济的形成和发展，促进了当代中国的宪政实践和政治文明。1993 年 3 月 29 日第八届全国人民代表大会第一次会议通过的宪法修正案，把原来规定的计划经济改为“社会主义市场经济”；1999 年 3 月 15 日第九届全国人民代表大会通过的宪法修正案，增加了“发展社会主义市场经济”的内容。特别值得提出的是，这次修正案增加了“中华人民共和国实行依法治国，建立社会主义法治国家”的内容，表明中国的执政者在根本法的高度明确了市场经济与依法治国的内在联系，在积极推动市场经济建立的同时，努力构建和实现法治国家的目标。中国现行宪法所确立的社会主义市场经济体制、经济发展模式和新的治国方略，为现代政府制度的建立提供了坚实的法律基础。

第一，明确社会主义市场经济有利于限制政府作用的范围，确立和保障社会组织和公民的权利。市场经济的本质在于强调市场主体的平等、自由地位和独立自主性。如果说计划经济条件下公民的平等自由独立地位受到限制，那么，在市场经济条件下则是政府控制全部社会资源的权力受到严格约束。相对于公民而言，是权利与自由的进一步拓展。政府应当适应市场经济的要求逐步退出微观经济运行领域，依靠市场在资源配置方面的能力促进经济社会的发展。这样，市场化推动市场主体的自主化，进而促使政府职能的有限化，最终有利于以市场和社会为取向的现代政府制度的形成。

第二，明确依法治国方略有利于法治国家的形成和发展。法治国家实质上是通过完善以宪法为核心的法律制度，限制国家和政府的权力，保障行政机关依法行政，保护公民的权利不被非法侵犯。法治国家的真谛在于，在确认人民主权的前提下，充分弘扬公民的权利文化，用公民的权利文化来养育和滋润法律制度，最大限度地拓展和保护公民的权利。为了实现这一目的，就需要在宪政精神的指引下，通过立法有效约束国家和政府的权力及其范围，为公民让渡出更为广泛的权利空间。因此,市场经济所体现的公民自主和法律保障是一个事物的两个方面,二者共同构成了现代政府制度的现实基础。

（二）行政权的相对独立

人类社会迄今为止的历史发展证明,统治和治理社会的国家权力大致可以区分为规则制定、规则执行和规则审决三项基本权力。规则制定的功能在于通过制定规则体现统治阶级的意志,表达统治阶级对社会成员强制性的期待。它以国家暴力机关为后盾,并借助于威胁性的痛苦和制裁,为社会成员强加那些按照它所规定的方式行为的义务和责任。① 规则执行的功能则为将上升为法律的规则付诸实施,将抽象的法律规则适用于具体的人与事。通过对违法者进行制裁,对不履行法定义务者予以强制来保证权利的实现和义务的履行,以此保障社会稳定和秩序状态。而规则审决的功能则主要在于解决社会成员之间的各种矛盾冲突。人既然具有社会属性,因此,彼此间的矛盾和冲突就具有必然性。在人类进入文明社会之后,这种矛盾和冲突的解决不能采取自行正义的方式,而只能将其交由具有法定权威的第三方,由其按照规则制定机关所制定的规则予以审决,以此来化解争议,维持正常的社会秩序。

随着国家的形成,这三项权力同时产生并在人类社会发展的不同阶段具有不同的格局特点。在传统社会中,国家权力不作明确区分,承担不同国家职能的机关往往将其他权力兼容并蓄。在近代西方政治思想史上,一些学者对这种诸权合体现象进行了分

① 参见沈亚平著:《社会秩序及其转型研究》,河北大学出版社 2002 年版,第 126 页。

析,创建了以减少权力拥有者的独断专行和以权谋私现象为目的的权力分立和权力制衡理论。资产阶级革命胜利后,西方国家普遍按照立法权、司法权、行政权三权分立的宪法原则设计国家权力体系,于是行政权作为一项相对独立的国家权力分立开来。行政权不同于代议机关的以创制权和反对权为内容的立法权,也不同于法院以依据法律被动裁决纷争为特点的司法权,它具有主动行使权力的特征,是对国家意志的执行权。行政权不得涉足其他两权的运行范围,其他两权也不得替代行政权。行政权只能由国家行政机关行使,从而使得国家行政机关成为责权统一执行国家意志的专门机关。只有在国家行政机关及其权力获得独立地位的前提下,才能为现代政府制度的形成提供组织和职权的保证。

在实行计划经济的中国,虽然存在着国家权力的分工体系,但是,由于强调执政党的一元化领导和一体化的管理体制,致使党政不分并衍生出政企、政社、政事不分等现象,在政党、政府和社会实体组织、功能混杂一体的基础上难以建立现代政府制度。改革开放之后,随着经济逐渐市场化带来的社会转型,中国的社会发生了深刻变化,社会结构从原来的领域合一逐步转变为领域分离。在领域分离的背景下,又开始了党、政、企、事等组织功能的分离过程。早在1980年,邓小平在《党和国家领导制度的改革》一文中,就提出了着手解决党政不分、以党代政问题,认为这样做有利于加强和改善党的统一领导,有利于建立各级政府自上而下的强有力的工作系统,管好政府职权范围内的工作。的确,政党不是国家机关,既然不是国家机关就不能行使国家权力。因此,在执政党和政府之间要有明确的职能分工。对此,中共十七大明确指出,执政党要发挥“总揽全局、协调各方的领导核心作用”。据此,政府要在执政党的宏观总揽和利益协调的框架下,发挥其自身的“经济调节、市场监管、社会管理和公共服务”的职能。作为从事生产、运输、贸易等经济活动的企业组织和作为以增进社会福利,满足社会文化、教育、科学、卫生等方面的需要、提供各种社会服务为直接目的的事业单位也都不是国家机关,同样不能行使国家行政权力。按照建立现代政府制度的基本要求,政府是专门执掌国家行政权力的机关,未经法律授权,未经政府委托,任何单位都不得行使行政权,履行行政职能;反之,政府只能行使国家权力,不能干预企业事业单位的自主权。政府与企业事业单位的分离进行了多年,但仍不彻底。中共十七大再次提出要“加快推进政企分开、政资分开、政事分开、政府与市场中介组织分开,减少政府对微观经济运行的干预”。要按照市场经济的需要,全面梳理和规范政府管理和介入的事务范围。凡是公民、法人或者其他组织能够自主决定的,市场机制能够有效调节的,行业组织和中介机构能够自我管理的,政府就不要再管。要改变政府直接管理和介入微观经济活动的做法,从直接代替企业决定项目、招商引资,转到为企业发展创造好的制度环境、提供良好的服务。总之,只有改变以往党政不分、政企不分、政事不分、政社不分,以及后来出现的政资不分、政府和市场中介组织不分,以至于由此而产生的以党代政、政府权力与社会组织权利混杂一体的现象,保证行政权的相对独立性,才能为建立现代政府制度提供可能。

应当指出,改革开放以来,中国政府与政党、与社会组织关系的调整,较多的是以执政党的会议报告和政府政策形式出现的。比较集中的立法调整方式体现在中国立法机关颁行的《行政许可法》中。中国的改革已经进行了 30 多年,应当总结经验,加强理论和实证研究,以使政府与政党、与社会组织的关系得到更高法律层次,即宪法的规范和调整。宪法作为国家的根本大法和治国的总章程,要规范国家最为基本的政治关系、经济关系和社会关系,其中包括政府与政党、政府与各类社会组织之间的关系。因此,在宪法关系中调整这些重要关系,可以统摄和引导其他低位阶的立法和政策措施,既有利于巩固改革的成果,也有利于现代政府制度的建设,以及保证各类规范的内在协调和统一。

(三)政府观念的现代化

中国社会转型面临的首要问题就是观念的现代化问题。诺思认为,"社会价值的改变——即意识形态的变更——是制度变革的主要因素"。现代政府制度的设计必须首先具备观念的现代化。从广义的角度讲,社会制度在本质上是特定文化模式化的结果,制度变迁往往也是从文化结构的变化开始。文化结构模式是行为模式的潜在形式,它决定了行为模式的基本走向。

关于政府观念的现代化实际上就是如何正确认识和对待行政权力的问题。或许在其他国家这已经不是一个问题,但在中国则不同。由于几千年来"官本位"、"权力本位"政治文化传统的熏陶,生活在当代的人们不能够全然免除它的历史遗传。祛除"官本位"、"权力本位"传统思想的消极影响是中国构建现代政府制度必须要面对、也是必须要彻底清理的一个文化方面的障碍。政府观念的现代化,主要针对两类基本主体,普通公民的政府观和行政机关及其工作人员的政府观,尤其后者观念的更新与进步具有重要意义。

第一,确立以民为本、执政为民的理念作为构建现代政府制度的基础性价值。"本位"原本是经济学的概念。在经济学中有所谓"金本位"、"银本位",是指将"金"或者"银"作为货币制度的基础或者货币价值的计算标准。在中国人事制度改革研究中,有人将"本位"概念引入进来,形成了"官本位"概念,意指以"官"及其级别作为人们的社会地位、待遇等价值的“计算标准”。按照这一概念分析，中国历史上无疑是“官本位”氛围浓郁的社会。由于人们的社会地位和薪俸待遇等与“官”有着极为密切的联系，那么，追逐官职就成为许多人毕生的希冀，“学而优则仕”就是这种社会心理的真实写照。而人们一旦成功占据了一官半职，就成为这一职位的既得利益者。他们可能既无动力也无兴趣推动公共利益的发展，考虑的重心是如何获取更大的官和更高的职位。因此，“官本位”是与现代政府制度蕴涵的社会本位理念背道而驰的。建立现代政府制度，首先就要根除传统政府制度中的“官本位”传统观念及其政府体制的影响，从而实现政府观念的现代化。

第二，确立行政权力的公共利益价值取向。政府作为一个抽象主体不能直接掌握和运用政府权力，而将政府公共权力交由政府工作人员来具体行使。人民作为一个抽象的整体概念，也不可能直接掌握国家的权力，通过选派他们当中的精英分子代表人民去掌握和行使国家权力。在这个过程中，国家权力作为一种公共权力因为掌握在具体的个人手中，就存在着一种蜕变的潜在危险，即由于这些人员在道德素质上的不完善性，一旦有合适的机遇，他们手中的公共权力就有可能被演化为私权，成为为他们个人谋取私利的工具，从而侵害到社会公众的利益。而这种“权力本位”的观念，在当代中国并没有完全根除。考察近些年来发生的重大贪污腐败，就能够很好地说明这种观念对中国政治过程的影响，对国家权力的侵蚀，以及对政府形象的折损。

第三，确立有限政府的基本精神。宪政的基本精神就是确立有限政府，现代政府制度就是以有限政府为核心的规则体系。实现有限政府的前提就是对人民主权者地位的充分肯定，表明政府的权力来自于人民的授予，政府权力的运行要受到严格的监督和制约，其终极目的是为了更好地实现人民的权利和自由。有限政府的理念是对“官本位”传统的彻底颠覆。行政机关工作人员行使的政府权力属于公共资源，属于公权性质，是为全社会谋取福利的，任何对公共权力滥用的行为，包括作为和不作为的形式，都是对公民宪法地位、主体地位和合法权益的侵害。对此，人民有权利通过正当法律程序进行严格的监督和有效的控制，使政府成为真正意义上的人民的政府。

(四)规则的现代化

制度是由规则构成的，它的发展与完善，在一定程度上取决于规则的性质。规则是历史形成并得到统治者认可或者由统治者人为设计的，用做人际互动的约束条件，是一种被普遍接受的行为模式。规则是人类理性和智能的产物，但是人类的理性总是有局限性的，规则的缺陷正是源自人类思维应用系统的不完美。所以，人们不能否认，现实生活中存在的问题其实大多数都是规则问题，①而问题的关键在于，怎样才能够把人类理性的不完美和由此导致的规则的不完善降到可以接受的程度，使规则成为人们所享有的宪法权利和法律权利的真正守护者。一个相对发达和成熟的民主宪政国家必需的基础性条件，就是有一个良好的制度环境，即相对完善的规则体系。

现代政府制度意味着构成政府制度的各项规则——规范政府、政府权力及其运行机制的规则的不断更新。不同的社会发展环境、政治背景对于政府制度规则设计的具体要求存在差异。因此，现代政府制度更加强调规则的实效性，即有关政府制度的各项

---

① [美]布伦南、布坎南著：《宪政经济学》，冯克利等译，中国社会科学出版社2004年版，第5页。

规则能够反映时代的要求，反映社会公益，反映人类社会政治生活的基本规律。所以，在规则的制定机制上，首先确立规则之所以形成是因为存在着一些事先已经起作用的价值共识，以及规则制定的参与者们对于主体间承认之价值的取向。① 这种价值取向就是宪政理念对现代政府制度的约制，因为宪政理论能够为政府制度的设计引入一种新的文明意识，决定了拟订有关政府权力的架构和运行方式的具体规则的内在规定性。

规则的现代化还表现为这种规则本身能否更好地促进社会的发展与进步，促进人类社会与自然生态环境之间的和谐，能够更好地实现社会公平与正义，保证政府发挥协调高效的管理水平，使得整个社会能够如愿达成宪政政治秩序状态。

（五）公民社会的基础

关于公民社会的内涵和意义，自黑格尔和马克思对其进行了系统阐述以来，一直受到西方学术界的广泛关注和各国政治实践的重视。现代意义上的公民社会，其含义主要涉及社会与国家之间的关系。“公民社会与国家相对，并部分独立于国家。它包括了那些不能与国家相混淆或者不能为国家所湮没的社会生活领域。”②目前中国学术界普遍认同，公民社会是按照非强制性原则和契约观念进行自主活动，以实现物质利益和社会交往的、相对独立于国家的非政治生活领域。公民社会是在市场经济的建立和发展过程中确立的，也是市场经济发展的直接结果；反之，公民社会

① ［德］哈贝马斯著：《在事实与规范之间——关于法律和民主法治国的商谈理论》，童世骏译，生活·读书·新知三联书店2003年版，第81页。

② ［加］泰勒著：《市民社会的模式》，邓正来等编：《国家与市民社会》，中央编译出版社1999年版，第3页。

的建立，亦是市场经济获得充分发展的必要前提。因为公民社会运转的自律性在一定程度上为市场经济的秩序状态提供了必要的支持。

公民社会的存在对于政府职能的确立及其转变具有十分重要的意义。公民社会作为“包括一个公众的、但却不是根据政治予以架构的领域”，它所“界定的乃是公共社会生活的一种模式”。① 在这种公共生活中，人们除了进行商品生产和交换这样的经济活动之外，还从事文化的建构和对政治国家事务的参与等非经济活动。公民社会中的社会关系是建立在平等基础上的社会关系，这种社会关系排除了政府的强制性、政治国家与社会成员之间关系的不平等性，以及社会成员对政治国家的依附性，人们完全按照彼此之间预先设定的契约关系进行自主活动。所以，公民社会的存在要求政府改变以往的职能模式，为相互独立的社会个体让渡足够的活动空间。公民社会对公民个体性的肯定使得社会成员成为具有独立性和平等性的主体；民间性则使社会成员拥有比较充分的自由活动空间；自治性为社会成员维护自身的合法权益提供了组织保证，以免遭受来自于国家的有组织的侵害；契约性则提供了观念和制度上的保证，使社会成员的行为能够得到自我和制度的双重约束，其合法权益能够获得有效的法律保障和救济。

公民社会由于其自律性的内在品质，使社会成员能够在更为自觉的基础上参与政府过程，配合政府的职权行为，实现获得自由发展空间的愿望。

---

① ［加］泰勒著：《市民社会的模式》，邓正来等编：《国家与市民社会》，中央编译出版社 1999 年版，第 22—23 页。

第二节　中国现代政府制度的基本构想

现代政府制度的建设有两个路径:一个是管理体制的角度,一个是宪政体制的视角。管理体制的角度侧重于运用管理学的基本原理和最新理论研究成果指导政府制度进行重构,其价值取向是效率中心主义;宪政体制的视角则是通过运用法学和政治学的基本理论,探讨如何进行现代政府制度的发展与完善,其价值取向是法治中心主义。当然,效率与法治两个目标并非截然对立,一个有效率的社会同时也是一个法治的社会;而一个法治的社会自然就应该是有效率的社会。关键在于政府制度的设计,能否充分发挥人类的智识水平实现二者的有机统一。不同价值取向的取舍,会导致不同的制度设计思路,进而影响制度的终极实施效果。对比历史上集权国家在权力强制下激发出来的短暂效率状态,法治社会通过社会成员权利义务的合理配置,规范化权利义务的实现机制,能够更为长久和持续地保持社会生活的秩序状态,而且还能够通过制度规则强化人们进行社会交往的心理预期,降低交易成本,实现提高效率的目标。

但是,管理的视角和宪政的视角毕竟存有差别,在构建现代政府制度的思路方面有不同的考虑和侧重点。鉴于现代政府制度的主题,笔者主要从法学和政治学的视角启发现代政府制度构建的基本思路,即立足于从规范和功能方面的研究和阐释。对于当代中国来说,建设现代政府制度需要思考和解决的问题是多方面的,其中以政府职能定位、政府体制更新、政府权力重构、政府行为重塑和政府权力监控有力最为实际和关键。

一、政府职能定位

现代政府制度首先涉及的就是政府职能定位问题。政府职能定位具有多重意义,即政府对于自身角色的认识水平,政府对于社会生活干预的范围和程度,国家宪政体制对于政府角色及其作用的确认。如前所述,政府职能定位在人类历史发展的不同阶段有很大的变化。西方国家在经历市场经济初级阶段时,受亚当·斯密的思想影响,自由放任主义成为指导确定政府职能的主流意识,其所倡导的自由经营、自由竞争、自由对外贸易、自由对外扩张市场和拓展殖民地对早期资本主义经济发展的作用功不可没。亚当·斯密的主张不仅是一种经济理论,也是西方国家长期以来实践着的政治经济政策,并在相当长的历史时期内推动了西方国家经济的快速增长。20 世纪 30 年代之后,由于经济危机的冲击,才催生了政府干预的经济模式和政治主张,以至于在以后的发展中,自由放任主义和政府干预主义成为西方经济领域交织争斗并影响到政府职能定位的两股基本力量。

政府职能究竟应该如何定位,不仅是政治理论的表述,也是政治实践问题。早期的宪政理论对于政府的认识集中在将政府确认为是必要的“恶”。这种假定警示人们一定要严格限制政府的职能范围,限制政府权力的过度扩张,以保障公民的权利和自主精神。在自由主义思想家看来,对政府权力和政府职能的限制有助于实现个人自由。对个人自由最大的威胁来自于权力的集中,而要消除这种威胁就要克制政府职责的范围。弗里德曼是著名的自由主义者,他认为“政府的职责范围必须具有限度。它的主要作用必须是保护我们的自由以免受到来自大门外的敌人以及来自我们同胞们的侵犯,保护法律和秩序,保证私人契约的履行,扶植竞争市场。”①限制和分散政府权力只是保存自由的保护性原因,此外还有一个建设性原因,“不管是建筑还是绘画,科学还是文学,工业还是农业,文明的巨大进展从没有来自集权的政府。哥伦布并不是由于响应议会的指令才出发去找寻通往中国的道路,虽然他的部分资金来自具有绝对权威的王朝。牛顿和莱布尼茨,爱因斯坦和博尔,莎士比亚、米尔顿和帕斯特纳克,惠特尼、迈考密克、爱迪生和福特,简·亚当斯、弗洛伦斯、南丁格尔和爱伯特·施韦特,这些在人类知识和理解方面,在文学方面,在技术可能性方面,或在减轻人类痛苦方面开拓新领域的人中,没有一个是出自响应政府的指令。他们的成就是个人天才的产物,是强烈坚持少数观点的产物,是允许多样化和差异的一种社会风气的产物。”②弗里德曼引用具体事例阐明限制政府职能的做法确实难以证伪,并确实论证了坚持少数观点和允许多样化和差异的社会风气对于社会进步的积极作用。但是,现代社会的特殊性决定了单凭这些还不足以实现社会的进步与繁荣。历史与现实能够充分说明,现代社会在每一个阶段所取得的成就都与政府的积极有为是分割不开的。

对于当代中国,政府职能定位的总体方向应该朝着科学化、合理化和规范化的目标迈进。按照社会主义市场经济的运行规律,克服政府职能定位中的“越位”、“错位”和“缺位”现象,做到“越位”的有效回归,“错位”的及时矫正,“缺位”的充分弥补。要实现

① [美]弗里德曼著:《资本主义与自由》,张瑞玉译,商务印书馆1986年版,第4页。

② [美]弗里德曼著:《资本主义与自由》,张瑞玉译,商务印书馆1986年版,第5页。

上述目标,需要在以下几个方面着重思考。

第一,将政府职能定位的目标指向确定为"以人为本原则"。以人为本就是强调和肯定人民的主体地位,人民的利益至高无上,人民的现实需要才是政府职能定位围绕的核心。以人为本既符合宪政理论的精神实质,体现法治国家的发展目标,同时也能够契合科学发展观的基本要求。以人为本不是抽象的表述,它为政府职能定位确定了最高标准,并指导政府职能的具体设计,在总体上树立人民第一,人民需求第一,人民利益第一的指导思想。在政府过程中,就要把与人民切身利益联系最为紧密的职能纳入政府的重要职能范畴。例如,社会保障、促进竞争秩序、环境保护、经济和社会的可持续发展等职能,并且还要全力提供政府行使这些职能必需的便利条件。

第二,将政府职能定位的价值取向确定为"公共性原则"。体现并保持政府权力和职能的公共性品质,为公共利益服务,提供高质量的公共服务和公共产品,谋取公共福利最大化。政府职能的行使是基于公共利益的需要,通过开发基础设施、公用事业和教育设施等公共产品,满足社会不同层次和水平的需求。政府为各类社会主体提供公开、公平、公正和安全可靠的制度环境,确立基本的行为规范和游戏规则,保证既定制度的有效运行和实施,利用规范的法律手段和通过正当法律程序实现社会财富和利益的再分配,维护经济安全和社会公正。同时,还要通过有效的外交国防政策参与国际市场的经济循环,积极争取和充分实现国家利益。

第三,政府职能定位的设定范围为"有限政府原则",要求政府职能界限的严格化和清晰化。按照政治学原理和法治建设的基本要求,政府职能应该有特定的范畴,涉及政府与市场、社会之间的各自定位和活动空间。总体目标是政府宏观调控和引导,市场在资源配置方面发挥基础性和主导性作用,社会组织和个人则在私人领域通过自律展现其积极性、主动性和创造性。市场提供竞争机制促进经济发展,社会中介组织承担服务和监督保全自主空间,政府在宏观领域层次上进行整体规划、社会控制和市场监督。形成市场、社会和政府三位一体共同营造和谐稳定发展的局面。有限政府使政府从原先全能的角色中退出,与市场、社会各就其位,将工作重心转向宏观调控,加强经济立法,通过法律手段和技术手段促进和保障整体和谐。

中国与其他国家处于同时态的发展空间和世界环境。与发达国家相比,存在着政府之间的横向对比和竞争,以及转型带来的多重压力。而对政府职能定位的认识和调整是需要时间的,不可能在短时间内就完全到位。当然这并不是拖延政府职能调整的理由。在确定了发展目标后,政府就要将原先的职能进行分解,该放权的要下定决心放权,该管理的就要管住管好,不该管理的即使再有诱惑也不要再费思量。政府职能重新定位实质上也是对政府是否有决心成为有限政府的关键性考验。

二、政府体制更新

政府体制包括政府权力的分配、机构设置以及相互关系等具体内容。对于中国来说,目前政府体制更新的关键问题集中在政府体系的纵向结构和横向结构两个方面,纵向结构主要涉及分层问题,而横向结构则是分部事项。

从纵向分层来看,中国政府呈现出过多的层次结构特点,从中央到地方共有国务院、省级政府、地级市政府、县市政府和乡镇政府五个层次。应当指出,现有的纵向组织结构是计划经济时代的产物。因为,在计划经济条件下,经由政府制订国民经济发展计划，并通过层层的官僚机构下达经济指标，监督生产单位予以完成。在这种经济发展模式下，形成的是基于纵向多层次的尖塔形状的组织结构，中央政府可以通过中间管理层次的层级节制实现对社会的全面控制。改革开放以后，尤其是实行市场经济之后，原有的旨在对社会和经济活动进行严格控制的政府体制应当随之解除。但是，由于行政管理体制改革的滞后性，这一体制被延续至今。

应当看到，现有的政府体制存在以下几个方面的弊病。首先，纵向层次过多，导致政府机构臃肿、部门林立，不利于造就廉价政府。其次，纵向层次过多造成法律政策沟通迟滞，易于形成信息失真或者传输变形。再次，现有的政府体制与市场经济发生冲突，不利于市场经济的发展、健全和有效运行。因为市场经济要求经济主体的自主与自由，不同经济主体之间公正平等地进行竞争，并自由地进行交往。而现有的多重管理层次对市场仍然实施着严格的管理和控制，妨碍并压抑着社会成员自主自由精神和行为的实现。因此，在市场经济已经发展到一定程度的今天，应当对中国现行的纵向管理体制进行改革，变尖塔型体制为扁平型体制。这种改革势必要通过宪法规范和宪政体制的变革，以及借助于重新安排政府体制的纵向结构来加以实现。

从整个国家的管理体制来看，中国的政府管理体制必须进行约减。五级制的体制显然不适应市场经济和社会组织自主管理的需要。目前，应当积极推进省管县的试点，同时进行乡镇级政府改革。在未来的行政改革中，争取将中国政府体制压缩在三个层次，以减少管理层级，精简管理部门，造就廉价政府。关于这一任务的实现，同样需要在宪法和宪政体制层次上，进一步确认与市场经济相适应的公民的自主自由地位，并通过政府组织法的修订与完善建立起保障公民自由发展的政府层级体系。

从横向分布来看，在任何级别的管理层次都有划分部门的需要，按照机能一致的原则，相同的事务交由同一职能部门来管理，将纷繁复杂的事务化繁为简，以获取提高行政效率之结果。但是，在新中国成立以来，由于长期实行社会主义计划经济体制，政府中管理经济的部门众多，虽然经过了多次改革，但是政府机构的总体数量还是居高不下。从 1988 年开始，为了改变“精简——膨胀——再精简——再膨胀”的恶性循环现象，结合经济体制的改革，将机构改革与政府职能结合起来，从而在今后的机构改革中显现出逐步递增的成效。特别是中共十七大报告明确实行职能有机统一的大部门体制，揭开了行政机构改革的新的一幕。尽管实际效果还有待于进一步观察，但毕竟明晰了今后行政机构改革的方向，而这一改革也还需要通过健全宪法和政府组织法的相关规范来加以保障。

二、政府权力重构

政府权力是具有公共性质的支配性力量或者能力，对社会稳定、秩序状态和社会进步具有十分重要的意义。就行政机关来说，政府权力是一个有机统一的体系，被分解为不同行政职能的政府权力共同为实现政府目标提供支撑。在现代政府制度中，为了保证政府权力的实际效果，需要在纵向上按照层级节制体系进行权力的层层分配，在横向上按照职能分工的需要分解相关权力；而且政府权力结构也不仅限于其内部纵向与横向的分配与分解，还与其他外部力量——社会组织有着极为密切的关系，政府不仅可以通过立法授权或者经由委托转移部分原先属于政府的权力，还可以根据社会发展不同阶段的现实需要调整政府权力与社会权利之间的关系。

首先,就政府的纵向权力体系来看,中国现行宪法和政府组织法明确规定了中央政府和各级地方政府的权力格局。由于传统与文化的原因,中国以往实行的是高度集权的行政管理体系。对此改革开放以来一直处于调整进程中,但尚未得到根本性的改变。因此,需要根据新时期的特点改变中央政府和地方政府之间的关系。之所以强调这一问题是因为:第一,市场经济的发展与完善,需要限制政府作用的频率和空间,凡是市场能够自主解决的,就不要再依靠政府的"看得见的手"。因此,要严格限制政府尤其是中央政府对微观领域的管理活动,使其职能主要定位于宏观调控层面,而将一些必要的管制更多地交由地方政府去执行。第二,市场经济促成了更多的平等主体自由自主的诉求,经济主体和公民要求更多的"解制"。不破除原有的覆盖于全社会的行政权力的约束,就难以推进以自由经济为灵魂的市场经济的发展,以及公民社会的完善。这同样需要调整中央政府和地方政府的权力关系,不仅地方政府要努力实现社会权利的回归,中央政府也要在放松规制的同时,实现权力重心的适当下移。第三,中国幅员辽阔、人口众多,不同行政区域单位在局部的政治、经济和社会发展水平上差异很大,面临的实际问题也有所不同,不可能采取整齐划一的政策和手段。凡适宜于地方政府做的事情就交由地方政府去做,由地方政府根据本行政区域的具体特点,因地制宜地进行管理,在不违背国家整体的利益布局和发展趋势的前提下,中央政府不应对之进行干预。

其次,就政府横向权力结构来看,应当秉承机能一致和权责一致的原则,一要明确划分各个机关的职能,避免不同机关之间的职责交叉和冲突,防止因此可能带来的争功诿过现象;二要根据职能的实际需要，配置相应的权力，而且要保证职责与职权的统一，防止有权无责或者权大责小而导致滥用权力的行为，同时也要防止有责无权或者责大权小而造成的不能尽责的误时误事现象。通过权力在横向层面的合理分配，形成各安其位、各司其职、分工合作、内在协调的权力关系。

最后，就政府与社会的权力关系而言，在计划经济条件下，政府作为整个国民经济的直接管理者，企业的产、供、销，人、财、物等都由政府各部门直接进行管理和控制。使得本来应当成为企业经营管理的自主权利被政府职能吸收和抽空，演变为政府手中的行政管理权力。如今，市场经济的建立和发展要求实现包括企业自主管理权利在内的社会权利的回归。为了促进和保障这种回归，需要宪法和法律积极跟进，通过立法手段确认和保护由于实行市场经济而衍生的社会权利。政府与社会的权力关系还有另外一层含义，即通过法律法规授权和政府委托实现行政权力向社会的转移。被授权和委托的组织可以在授权和委托的范围内实施服务和管理。这样既减轻了政府自身的负担，也激发了社会组织的自立意识，锻炼了社会组织的管理能力，同时利用被授权和委托的社会组织熟悉业务的专业优势，通过不同的渠道更好地为社会提供充分的服务。

四、政府行为重塑

首先需要说明一点，在此论及的政府行为并非行政法学意义上的政治行为、高权行为或者国家行为，亦即政府代表国家所做出的国防和外交等行为，而是指行政机关依据行政权力在对社会公共事务进行管理的过程中实施的具体行政行为。由于行政机关管理的事务广泛，运用的手段多种多样，因此，现实的政府行为纷繁复杂。从宪政和法律的视角出发,在此更为重视的是具有法律意义、法律效力的政府行为。由于这类行政行为的实施与行政相对人合法权益的取得、丧失和变更密切相关,直接或者间接地影响行政相对人的权利与义务内容,因此在现代政府制度的构建中强调政府行为的重塑,表明规范政府行为的现实需要,对应于对公民利益的深切关照。

现代社会以民主法治为主要标志。民主法治精神亦应渗透到现代政府制度的建设中,以实现政府行为的民主化和法治化。民主化是现代政治的基本特征,也是公共行政的价值诉求。与传统专制行政的本质不同,现代行政以民主行政为其特色。宪政国家更加强调国事决于民意,政策决于民心。民主化要求为社会公众的行政参与提供健全和畅达的途径和渠道,特别是在行政立法和行政决策的过程中,要将"深入了解民情、充分反映民意、广泛集中民智、切实珍惜民力"落到实处。在行政决策问题上,应当贯彻胡锦涛总书记在中央政治局第 27 次集体学习时的讲话精神:要完善行政管理决策机制,坚持实行民主集中制,健全对涉及经济社会发展全局的重大事项的决策的协商和协调机制,健全对专业性、技术性较强的重大事项决策的专家论证、技术咨询、决策评估制度,健全对与群众利益密切相关的重大事项的决策的公示、听证制度,推进行政管理决策科学化、民主化。应当指出,民主化价值在政府的决策阶段和立法阶段尤为重要,但也并不以此为限。民主化行政不仅需要公民在政策的输入阶段参与,而且在政策的输出阶段即政策的执行阶段,以及在对政府行为的监督过程中都要有参与的保障。只有在宪法和法律中确立并真正实现公民参与国家管理的主体地位、具体途径和实现机制,才能使政府成为对社会负责任的政府,对社会成员的利益诉求能够积极给予回应的政府。

现代民主宪政国家以依法治国作为治国方略，强调法治在国家政治生活、经济生活和社会生活中的作用。具体到政府的行政管理领域，法治要求无论是政府的抽象行政行为，还是具体行政行为都要严格依法进行。首先，在抽象行政行为范围内，政府应当依据宪法和法律的授权进行行政立法，政府所制定的行政法规和行政规章必须符合民意代表机关所制定的宪法和法律的基本原则、精神和具体规定，从根本上保证政府的行政立法为“良法”，政府的行政管理活动是依“良法”之治，是体现社会正义的行为规范。否则，不当行政立法可能导致行政权力的错误延伸，政府依据这种缺乏宪法精神和法治理念的行政法规和规章而制定的规则来行使行政职权，就会导致对市场与社会的非法干预，甚至造成对公民权利的戕害，酿成难以挽回的社会危害后果。其次，法治要求政府依法行政，在执法过程中不仅要遵守宪法和法律所规定的实体性规则，也要遵守程序性规则。无论是违反实体性规则，还是违反程序性规则的行政行为，都要承担相应的法律责任，同时还要追究因为政治疏失而应该承担的政治责任。在中国的行政执法过程中，政府职能部门违反程序性规定的行为是一种比较典型和普遍的行政违法现象，政府执法过错往往是由于程序意识淡漠所导致的。所以，必须通过现代政府制度对政府行为及其相关程序全力进行重新塑造。

五、政府监控有力

宪政和法治理论中不变的主题就是有效控制政府权力，以及以此为基础不断开发的各种技术性控制手段和方法，保证更好地实现人人自由发展意义上的普遍人权。以新宪政理论为指导的现代政府制度是对古典宪政思想进步内核的继承和发扬，将政府行政权力的监控作为重点构建的内容。政府监控作为有限政府理论的体现之所以长期被坚持下来是因为它的确不可缺少，尤其在当今各国政治实践和政府过程中面对咄咄逼人不断扩张的行政权，公共权力之间的此消彼长使得传统分权制衡原则下所形成的三足鼎立局面早已失去原有的衡平状态。人们必须考虑采取更为有力的方式和手段维持公共权力内部的平衡。在坚持政府权力内部控制的同时，以外部更为严格化和系统化的监控方式作为辅助性手段弥补其内部机制的不足。政治发展的现实促成了政府监控体系朝着不断完善的方向演进。

政府权力监控有力，就是将政府权力监控作为现代政府制度中的一项重要制度安排，强化它的地位、作用和价值。这一点对中国未来的政治发展尤为重要，也是对中国政治传统中消极因素的强力矫正。众所周知，中国政治文化中向来存在着不注重对政府权力进行外在监督机制设计和实施的心理倾向。以至于在当下人们对此也很容易产生一种无意识的惰性，在制度设计、运行过程和结果中忽略了对政府权力监督的重要价值。如大家所看到的，中国的政府制度并非没有关于政府权力监控的规定，只不过是监控机制在政治实践中没有被激活。中国“人情社会”的人文环境，同时又受到来自于不同方面的牵制，监督规则的执行效果难以有效发挥和施展。所以，违法行政行为、滥用行政权力的行为屡屡发生。即使对已经出现的滥用权力行为，对相关责任人员的行为动机也往往给予宽容的解释，以为了社会秩序、公共利益等理由进行包庇和敷衍，不能够对其违法行政行为进行及时有力的责任追究和惩处，这在一定程度上助长了掌握公共权力者的特权意识，使其逃避法律的监督、逃避其应承担的法律责任和政治责任，其结果就是监督机制和效果的弱化，监督规则成为实际意义上的“软法”

(soft law)。

在现代政府制度的构想中，针对现实政治实践中监督力度的不足，重视并加强对监督规则的设计，在总体上形成内外兼修的监督体系，在坚持政府权力内部控制的基础上，纠正以往倚重内部控制的偏向，突出外部监督体制。传统的政治实践比较重视政府内部的监察和审计监督，但是由于享有监督、审计权力的主体与被监督对象往往是处在同一个权力资源共享的政治共同体内，彼此之间有较为密切的关联性，难以形成真正的监督制约关系，再加上监察机关和审计机关并不具备独立于行政权力体系的法律地位，监督的效果难以保证。因此，现代政府制度强调监察机关和审计机关相对独立的地位，以保证监督职能的积极效果。在此基础上，以外部监控为主要手段，其中特别强调社会监督和公民监督。借助于这种外部监督方式，既可以训练强化公民的主体意识，对政治生活的积极参与，也可以改变以往政府官员只对上级负责不对基层群众负责的局面，使政府权力成为真正意义上人民的权力，人民享有并有效行使监督权是公民享有宪法地位的真实体现。

政府权力监控有力还体现在政治责任和法律责任追究方面。现代政府制度应当进一步完善责任追究制度和官员问责制度，对触犯法律的政府机关及其工作人员不放纵、不姑息、不包庇。借助于法律责任和政治责任，加大官员进行违法行政行为、滥用权力、以权谋私的政治风险，增加官员腐败的成本，使他们感受到因此而付出的巨大代价，从而加重其心理上的负担起到预警作用。如果做不到这一点，就会反过来加重整个社会发展的成本，导致政治文明停滞，甚至阻碍社会进步。世界各国宪政与法治实践中对政府有效监督的成功经验也在不断地进行正面提示，作为人类社会共享的政治智慧，只要是有利于政府权力正常行使的制度和机制，都可以在本国的公共权力领域中借鉴和尝试。所以,要保证政府权力监控有力,中国应该采取比起其他国家更为严格和规范的手段和措施。

政府权力监控有力取决于制度化、法律化和规范化的监督制度。在某种意义上监督是比普通法律规范更高层次的规范,监督是为了使政府权力得到正确的行使,保证整个法律体系的实施效果,因此对监督机关和监督者具有更高的能力和素质要求。法治实践证明,发挥政府权力积极作用和提高政治文明的前提是,存在着政府权力监控的制度安排。法律制度的作用在于使人们能够明确了解、预先把握其行为的相应法律后果,其最大价值在于警示和防范潜在的违法者。所以通过立法,明确监督主体的法律地位、监督职能、监督对象、监督内容、监督行为应当遵循的法律程序,以保证监督者拥有充分行使监督职权、被监督者服从的法律依据,从而保证监督的权威和效果。

政府权力监控有力也是对现实人性的警觉。社会物质生活水平的提高并不表明人性恶的弱化,在各国都有监控制度的情况下,它还在改头换面以各种可能的方式表现出来。可想而知,当监控有所懈怠,或者失去有效监控,后果会是怎样。所以,这也是为什么时至今日宪政思想家们仍在提醒人们对于公共权力始终要保持应有的警惕。在全球化背景下,政府权力似乎也取得了更为广阔的活动空间。中国台湾地区陈水扁家族弊案牵涉到的几百亿海外资金足以提醒善良的人们,社会资源与政府权力结合后产生的巨大能量,其对人民利益的损害程度和后果都是难以估量的。在这种局面下,政府权力监控有力才能够使民主和自由不至于沦落为空泛的说辞,宪政和法治的目标才有希望。

第三节　构建中国现代政府制度的基本途径

宪政理论的视角对现代政府制度的研究实际上已经为其预先设定了内在规定性，即制度化的表现形式，法治化的内在精神价值，可操作性的规范设计，有效的运行机制。由此，使国家在现代化发展过程中所面临的诸多实际问题能够得到有效解决，政府的合法性地位也会因此而趋于加强和巩固。

一、从法治取向构建现代政府制度的意义

哈耶克曾经指出法治意味着政府除实施众所周知的规则以外不得对个人实施强制，其构成了对政府一切权力的限制。在法治理想缺失的情况下，社会便很快堕入专断暴政状态，而没有法治，对个人权利的任何程序性保障措施的价值也将不再存在，因此，要实行有限政府，必须先实行法治。① 法治是当代民主宪政国家普遍实行的治国方略，也是现代社会各项基本制度构建的重要根基。当中国在1999年的宪法修正案中明确依法治国，建设社会主义法治国家发展目标时，就已经表明法治取向成为当代中国制度（包括政府制度）建设的必然选择。

在总体上，法治取向使现代政府制度获得具有宪政性价值的理性基础（rational basis），宪政原则贯穿于全部政府规则之中，规制政府权力的具体规则内在协调、外在统一形成完整的法律规范体系，以保证现代政府制度所设定的宪政目标的实现。

---

① ［德］哈耶克著：《自由秩序原理》（下卷），邓正来译，生活·读书·新知三联书店1997年版，第260、262、277页。

首先,法治取向有助于实现法治政府的目标。构建现代政府制度的目标之一就是实现法治政府,法治取向是实现法治政府必须坚持的基本立场。法治政府意味着政府的存在具备合法性政治基础,即有充分的民意支持,政府的权力是人民授予的;政府的一切权力行为都有宪法和法律依据,是严格遵守正当法律程序的;政府带头遵守法律,是全社会遵守法律的典范;政府也是受法律约束的,一旦政府的行为超越了法律允许的限度,就要承担相应的责任。实现法治政府的目标首先要具备的基础性条件就是政府制度的法律化,以此保证政府的法律地位、职权范围、行使机制和有效监督。政府制度法治化程度不高的政府就不是严格意义上的法治政府,其权力就有可能被滥用,就会损害公民的合法权益。所以,坚持法治取向就是对政府制度建设的肯定,是不断提高政府法治规范化程度的过程。法治取向下的现代政府制度作为国家全部法律制度中的重要组成部分,不仅应该成为法律制度的典范,也应该具有执行和实施效果的示范性效应。

其次,法治取向有助于提升行政执法人员的法治意识。在中国构建现代政府制度的进程中,面临比较突出的问题就是法治观念和认识的淡漠问题,特别是各级政府机关执法人员的法治观念问题。在行政执法中,之所以经常出现政府权力行使不规范和违法的现象,究其原因多数是由于执法人员欠缺法治意识和人权意识造成的。现代政府制度建设要在法治观念上有所促进,就必须坚持法治取向,在全面法治建设的前提下,以现代政府制度建设带动其他制度建设,以政府执法人员法治意识的高水平,促进和影响公民法治意识的提高。坚持法治取向,有利于从法治观念上扭转长期以来在中国社会中存在着的消极因素,为现代政府制度的建设奠定良好的心理基础。

最后,法治取向有助于政府行为的科学化、合理化、规范化。具体来说,法治取向促使政府职能的合理化,根据社会发展的实际需要确定政府组织权能的范围,保证政府将其活动控制在法律规定的责任领域。通过立法可以授权政府做出某种行为,禁止政府做出某种行为,也可以避免其他部门对行使特定政府职能的干扰。因此,法治取向可以控制政府权力的任意发散,督促政府完善和改进政府组织及其行为。法治取向促进政府体制的优化,根据改革开放后社会成员活动的自主化,要求改变中国传统的旨在强化官职的政府体制,压缩纵向管理层次,减少对法律和政策执行过程中自上而下的信息渠道的堵塞或者扭曲,在保证社会秩序的前提下,为社会成员提供更为广泛的自主活动空间,因此,通过政府机构的整合确立有效的内部沟通和外部协调机制,以保证政府机能的一致性。法治取向更加强调对政府的监督与制约,政府的职权职责相统一,对违法的政府行为严格追究其政治责任和法律责任,以维护公民的合法权益,保持政府权力的公共性本质。

二、从法治取向构建现代政府制度的途径

在法治取向下,构建现代政府制度的重要途径就是与政府有关的法律规范的发展与完善。现有的政府制度是计划经济体制下的产物,许多内容不能够反映市场经济体制下对政府的基本要求;当政府存在的社会背景发生重大变化时,原先的政府制度必然要随之进行相应调整。法律是政府制度的重要表现形式,与其他制度形式比较,法律因其具有的规范性和强制性而拥有对政府进行有效控制的价值。所以,现代政府制度的构建应该是以法律为主要表现形式,并在整体上形成内在精神协调、外在形式规范、具有中国特色的法律规范体系。

（一）组织立法与现代政府制度建设

这里的组织法是指国家机关制定的行政组织法，取广义内涵，包括行政机关组织法、行政编制法和公务员法，涉及行政机关的性质和法律地位、行政机关的组成及其结构、行政机关的职权、行政机关设立、变更和撤销的程序，以及行政机关的基本活动原则和制度等。

完善各级行政组织立法，明确行政机关相对独立的法律地位，保证行政行为的执行力。在中国，各级国家行政机关是国家权力机关的执行机关，由权力机关产生、对权力机关负责，向权力机关报告工作。因此国家行政机关的性质在于它的执行性。执行权力是国家行政机关独占性的权力，其他国家机关不得行使执行权，也不得非法干涉执行权的行使；企事业单位和社会团体如无法律法规授权和行政机关委托，亦不得行使具有执行性质的行政权。只有这样才能保障行政机关相对独立的法律地位，保证行政权力的专属性质，保证行政权力的执行力，使其成为权责相符的国家机关体系，为现代政府制度奠定基础。目前中国在组织立法方面只有《国务院组织法》和《地方各级人民代表大会和各级地方政府组织法》。国务院各部委曾经在20世纪50年代制定相应的组织规范，但是，历经时代变迁和多次机构改革，当时制定的组织规范大都已经失效，形成了中央政府的部委机构、直属机构和办事机构缺乏相应组织规范的局面。在地方除了地方组织法之外，省、市、县、乡镇均没有相应的组织法规范。就行政机关的执行力看，基层政府行政机关因为与群众的密切联系，对于法律法规和政策的执行最为直接，需要组织立法对其法律地位、行政职权和运行机制的严格规范。为建立现代政府制度起见，必须加快完善组织立法，特别是地方各级政府组织立法的步伐。

行政机构以依法设置为原则，在立法上由概括式改为列举式，以便有效控制行政机构的数量。行政组织立法以依法设置为原则，由于行政机关不是营利性组织，其所需各种费用来自于征收，这样在经费使用上天然缺乏效率和成本意识，导致其在机构设置上难以像营利组织，尤其是私营营利组织那样拥有强有力的自我节制能力。如果没有相关立法加以规范，行政机关就会不适当、不自觉地膨胀。这不仅是主观上的逻辑推论，也是政府机构设置历史发展的现实。在新中国历史上，曾经进行过多次行政机构改革，但是，截至20世纪90年代，一直没有取得突出成效。这固然与中国社会长期实行计划经济和改革开放后的社会转型有关，但主要是因为行政组织法制不健全。中国的行政机关组织法弹性大，而且对于行政机构改革成果保障的立法跟进相对滞后，以至于在一定时期内行政机构的数量一直居高不下，极大地延缓了打造廉价政府的发展过程。所以，在现代政府制度建设中必须强调行政机构依法设置原则。在立法技术上，将行政机关组成由概括式规定改为列举式规定，以便有效控制行政机构的数量，避免出现过度膨胀的现象。如果说在市场经济确立初期和社会转型启动之际，难以用列举方式规范行政机关的设置，那么，在社会关系基本定型，社会结构基本稳定时就要适时采取列举方式，以实现对行政机关设置的严格控制。行政机构数量直接涉及政府的规模大小和工作效率，机构精干和高效才是现代政府制度的追求。

行政系统内部管理层次的改革，以纵向层次的改革优先，然后再横向推进。行政系统的内部结构涉及纵向结构与横向结构两个方向，关于这两类结构的改革前文已有阐述，在此主要论及二者改革的先后次序问题。自中共十七大提出要实行职能有机统一的大部门体制以来，中央政府在不久前进行了尝试，大部制一时成为理论界聚焦的热点话题，一些学者也积极追随研讨。但是，中国目前在行政组织结构方面最突出的问题不是机构数量问题，而是管理层次问题。现今中央政府机构的数量与以往比较已经有了明显下降，1982 年中央政府的机构设置曾经高达 100 个，而在本次机构改革之前不过 28 个。而中国政府的纵向层级为 5 级，因此将中国政府描述为当今世界层次最多、运转最为复杂的政府并不夸张。通过上述分析，从纵横两向的现实状况，确定管理层次改革的次序，应当以减少纵向层次为先，例如积极推行市管县，然后再推进大部门制。如果先在中央实行大部门制，那么按照中国行政机构设置上下对口的传统，省级及以下的地方政府必然也要跟进，在横向机构改革完成之后，又要实行纵向行政层次削减，无形中等于多动了一次手术。这样不仅增加了行政体制改革的成本，而且也会因纵横两个不同方向的改革加剧局部动荡，导致不稳定因素的出现。

以服务政府为目标，重新进行行政职权的合理配置。行政职权是行政机关组织法中重要内容之一，也是现代政府制度重点构思的内容，涉及政府的整体定位。行政职权一经组织法规定，就明确了政府职能的范围，划分了政府从事公共活动的空间，限定了政府权力涉及的领域。行政职权的设定分为两个基本指向，一是职权范围的大小，二是职权的分配。关于职权范围的大小问题，中央政府和地方政府的职权范围是在 1982 年制定的现行宪法中加以规定的（1982 年现行宪法第三章第三节第 85 条、第 86 条，以及第五节的第 105 条至第 110 条，是关于中央政府与地方政府的性质、地位和职权范围的条款），迄今已经 26 年。在此期间，中国社会在政治体制和经济体制改革的推动下发生了翻天覆地的变化，社会结构的变迁、政府与社会关系的调整、治国方略的转变、政府职能重心的位移，这些都需要不断重新审视26年前经由宪法所确定的行政职权范围，与中央政府和地方政府行政职权相关的法律条文都历经过若干次调整。在市场经济体制下，现代政府的公共行政职能集中在调整国民经济运行、提供公共产品、维护市场秩序、调节收入分配和外交国防等公共领域，所以政府的行政职权应该围绕着这些内容进行具体的设置。对于职权的分配，主要涉及行政权力在纵向上即在中央政府和地方政府之间的分配。在行政体制改革以中央政府下放相应权力的基础上，笔者认为比较合理的分配方式是划分出三类职权，即中央政府的专有职权、地方政府的专有职权、中央政府和地方政府共有的职权，同时以禁止性规范分别列出中央政府和地方政府不得行使的职权，给社会留有足够的自治空间。通过在立法上明确中央与地方政府的权力范围，使得权有所属、责有所归，权责统一，建立起通畅的权力运行体系。

（二）程序立法与现代政府制度建设

在行政体制改革中，重视行政程序的制度建设，并不断提高政府的民主化水平。现代政府制度要求行政权力公正行使，要实现这一目标必须借助于行政程序制度加以规范和引导，当代法治国家的控权模式早已从实体法转移到程序法，是基于正当程序的控权模式。以此为目标，中国还需要在行政程序的建设上下工夫。以较早在行政程序中引入的听证程序为例，中国一共有五部法律规定了听证制度，即《行政处罚法》、《环境影响评价法》、《价格法》、《立法法》和《治安管理处罚法》，涵盖了立法听证、司法听证和行政听证。就行政听证的具体实践来看，在总体效果上还存在着许多需要改进的地方。在中国目前行政一体化的模式下，不能完全排除听证组织者是与作出具体行政行为的行政机关是同一单位、同一科室的工作人员的可能，这就有行政机关成为自己的法官的嫌疑;现有的这些法律也没有规定听证笔录在最后的行政决策中的地位和作用,根据实证观察,实践中大多为“仅供参考”性质,这就使得听证效果大打折扣,因为将听证笔录视为“重要依据”、“唯一依据”或者“依据之一”的法律后果是有很大区别的;法律中听证事项的列举不全面,仅局限在很小的范围;听证不是行政机关的法定义务,行政机关承担的只是告知公民有听证权的义务等程序性“失范”,成为听证制度的致命伤,导致听证程序的形式化、过程化,制约了听证制度的积极效果。

确定行政程序立法的统一性,改变目前行政程序规则的分散性,严格规制行政程序,实现程序正义。关于程序的价值与功能,在法学界和政治实践领域已经取得了比较普遍的共识。在法学的视角看来,程序法在国家的法律体系中占据重要的法律地位,一般都被视为基本法律的范畴,以突出程序正义的价值。从法治取向,健全行政程序立法,明确规范政府的工作程序则是在权力过程上控制政府职权及其运行行为。在中国以往的立法实践中,重实体轻程序是个普遍的现实,以至于难以在政府过程及其结果中对政府权力进行有力的控制。由于中国目前并没有一部统一的行政程序法①,行政程序的规则除分布在不同的法律之中,还有各个政府职能部门依据本部门的实际情况制定有相应的行政程序规范,程序规则的数量多,种类多,程序作业方式也多。由于各地方和职能部门的行政程序以地方和部门实际情况为本位,因形势而变化,随意性比较强,而且程序规则在总体上不统一,各有特色,有些内容

① 在笔者修改书稿的过程中,通过浏览网上的相关信息,得知中国已经基本确立了行政程序法的初稿。由此可见,制定统一的行政程序法是必然的趋势。

不仅重复，而且相互牵制，甚至相互冲突，从而影响行政管理的效率和行政管制的合理性，不利于实现行政法治。从法治取向出发，规范化、制度化、法律化的行政程序更加符合当代民主政治的基本要求，因此，就要借助于统一完整的行政程序立法，通过立法明确赋予行政相对人程序性权利，享有程序上的抗辩权或程序防卫权，以防御和对抗行政权力的侵害，使行政程序的规定更好地衔接和协调保持一致性，保持对行政活动关注的连续性。通过统一立法为行政程序设定最低标准，提供"程序样本"，起到良好的示范作用，从而避免行政程序的随意性和低效率。

强化程序意识，完善违反行政程序法律责任的规定。针对中国法律传统中重实体轻程序的倾向，在行政管理实践中要强调程序意识，特别是行政执法人员的程序意识。当代行政法理论认为，"程序法是执行，而法律的生命在于执行，从实际的观点来看，程序法的重要性超过了实体法。一个健全的法律，如果使用武断的专横的程序去执行，不能发生良好的效果；一个不良的法律，如果用一个健全的程序去执行，可以限制或削弱法律的不良效果。"①同时在行政程序构架内设置反思机制以保证行政行为的效果。哈贝马斯认为："在法规框架中运行的行政所服从的是它自己的合理性标准；从行政权力之运用的视角出发，行政权力所考虑的不是规范之运用的实践理性，而是既定纲领之执行的效率。这样行政系统对法律的处理主要是一种工具性的处理；用法律的语言为所选择的政策和所制定的规范提供辩护的那些规范性理由，在行政权力的语言中被当作是附加在事先引

① 王名扬著：《英国行政法》，中国政法大学出版社 1995 年版，第 11 页。

入的决定上的自圆其说。”①行政程序意识不是口头意义上的，而是与问责制度、国家赔偿制度相连接，程序违法也要同实体违法一样承担相应的法律责任或政治责任。中国法律传统中另外一个弱项就是关于法律责任追究机制的弱化，因此，在行政程序立法以及相关的制度中还要加强对于违反行政程序行为的处罚力度，通过反向机制督促行政机关及其工作人员提高程序意识。

现代行政程序除了在目标和手段方面要受到宪法程序性条款和基本原则的严格条件限制以外，在构成上都力图实践行政机关内部的沟通机制和外部环境的反馈机制的再整合，用严密的程序机制来调整行政决定和补充措施之间的关系。在商谈的方式下，使行政决定的接受者能够采取同意和合作的立场。随着行政权的膨胀和扩张，行政机关拥有广泛的自由裁量权，因此，“在具体的行政事务中，官吏们俨然成为政策的决定者，这种活动方式势必反映到权力结构之中，使反思机制的启动变得十分困难。在权力高度集中的社会，这种情形尤其普遍。结果，局部的失策立即演变成整体的责任问题。为了防止由此引发的沉重政治代价，行政机构内部和外部的监督机制必须强化。因此行政程序的条件导向在很大程度上取决于事后追究责任的程序安排。”②以体现整个行政程序的协调和统一。

（三）监督立法与现代政府制度建设

强化监督是发展民主政治、实施依法治国基本方略的需要，也是保障行政体制改革、经济发展和社会稳定各项工作、维护社会公

① ［德］哈贝马斯著：《在事实与规范之间：关于法律与民主法治国的商谈理论》，童世骏译，生活·读书·新知三联书店2003年版，第643页。

② 季卫东著：《宪政的理念与机制》，山东人民出版社2004年版，第391页。

众利益、构建和谐社会的必然要求，同时也是促进依法行政、维护社会公众根本利益的重要制度建设。基于监督制度的重要性，各国一般都有专门的监督立法。中国在 2007 年 1 月 1 日起正式实施的《中华人民共和国监督法》对监督机关、监督权和监督程序等问题作出了系统规范的规定，以弥补传统政治实践中缺乏监督制约机制之不足。为配合实现构建现代政府制度的目标，根据中国当前的监督立法与实践，应该进一步推动以下几个方面的工作。

逐步实现监督制度法律化，监督机关的专门化和独立化。民主宪政国家的制度安排有一个共同的特点，拥有比较完善的监督法律规范体系，并由专门享有监督权力的主体和社会机构对政府实施督导、检查，以保证政府机关和政府官员在宪法和法律允许的职权范围内进行活动，在实质上体现对公权力的严格制约。相对完善的监督立法能够体现在国家制度设计中所遵循的政治理念或政治原则，这就使得监督制度与国家的政治目标紧密结合。所以，监督既是一种法律行为，也是一种政治行为。监督不仅要符合法治的要求，还要促进公共利益的实现，保障人民享有的主权者的地位。监督立法也是对宪政理论和宪法文本中相关规定的具体实践。根据宪政理论，权力必须受到监督。在根本意义上，只有让人民监督政府，政府才不敢松懈。所以加强对政府权力的监督，根本目的是保证国家机关及其工作人员能够始终坚持全心全意为人民服务的宗旨，做到“权为民所用、情为民所系、利为民所谋”。监督立法可以保证权力的行使效果，有利于遏止权力腐败现象，特别是对于行政权力腐败现象的有效控制。众所周知，当代各国政府面临的一个普遍现象就是公权力的腐败，而要从根本上解决腐败行为带来的困扰，关键在于制度，特别是监督制度的建设。把监督机制纳入制度化、法律化的轨道，用整体权力格局的设置与运作，制约行政权力的行使,用整体利益格局的设置与运作,制约特定利益的取得。

中国监督立法的实施仅仅是迈出了第一步,还要通过实践检验才能够显现出监督制度的积极效果。在制度设计上,中国向来习惯于多头管理或者多头监督,监督权分别由不同机构行使,如执政党的各级党委、中央纪律检查委员会;国家机构体系中的权力机关、司法机关、监察部门和审计机关;以及更广泛意义上的人民监督和社会舆论,都是监督主体的范畴。即使在如此众多的监督主体监督之下,总体的监督效果并不十分理想,近几年的贪污腐败案件呈现出的标的额大、官员级别高的特点,证明监督机构的工作没有完全到位,让人质疑监督立法的法律效力。专门的监督立法和专门化的监督机构设计不失为可供考虑的方案,通过赋予监督机构独立的法律地位、监督权力和责任的专属性,强化监督机构的责任意识和监督权威。但是,中国的监督法在确定监督主体时主要强调的是人大常委会的监督地位,以人大常委会的性质和地位,在承担监督职责方面似乎有先天之不足。①

进行必要的政治体制改革,对各级党委和党组织施行有效的监督。与其他国家不同,中国政治体制中存在着执政党的法律定位和政府并行的特殊政治结构,将执政党纳入国家的监督体制中,这也是政治体制改革中面临的关键性问题。在中国的长期政治实践中,执政党及各级组织在国家的政治经济和社会生活中发挥着极其重要的作用,但是也确实存在着党员领导干部违法乱纪的现象,如何规范党的各级组织和党员领导干部的行为是需要解决的

---

① 参见姜明安:《〈监督法〉对完善权力监督机制的作用与不足》,http://blog.gmw.cn/u/37451/archives/2009/4452.html.2009/1/28/11:51:00。

实际问题。党的组织也要接受宪法和法律的监督,这是中国宪法明确规定的。在性质上,党组织的权力并不等同于政府权力,它不能代替政府行使由宪法和法律授予政府的权力,党的意志要通过正当法律程序转化成为国家意志才具有执行力,党的领导干部则可以通过到国家机关任职发挥其相应的作用。

在坚持行政机关内部监督的前提下,加强对行政权力的外部监督,特别是社会监督和公民监督的作用。行政监督是对国家行政机关及其工作人员行政行为的监督,是对政府过程中行政决策是否正确、是否依法行政、是否履行职责等全方位的监督。具体来说包括对行政立法、行政行为和行政人员的监督。但是仅仅依靠行政机关内部的监督机制是不够的,因为自体监督在严格程度上总是有所欠缺,不似体外监督手段更具有实际效果和力度。在现代社会,新闻权被列为立法权、执法权和司法权之外的“第四权”,足以证明社会舆论监督的效力。但中国目前还没有新闻立法,所以,舆论监督的作用难以充分实现。其他社会组织的监督也由于缺乏必要的法律保障而显现出分散和乏力的特点。借助于现代政府制度的建设,实现对行政监督的法律监督,形成从立法、司法到社会和公民全面监督体系。

监督机制的整体效应以事先预防为主,事后救济弥补。针对中国政府过程中存在着“重立法、轻执行、忽视监督”的现象,从预防着手,到有效的事后救济,有意识地强化监督机制的整体效应。监督制度的最好效果在于能够事先防范腐败行为的发生,这取决于监督法律制度首先是设计良好的法律规范,权力与责任统一,如果权力缺乏对应的责任,就容易导致权力的滥用和权力的腐败。监督制度能够得到很好的贯彻和执行,出现问题则严格按照法律规定和程序追究相关责任人员的法律责任。在行政监督的基本手段上与行政执法责任考评制度、过错责任追究制度和行政官员问责制度紧密衔接，以事后的政治责任和法律责任对行政权力进行有效的救济，以弥补因行政疏失而给公民权利带来的损害。

(四)法律文化与现代政府制度建设

法律文化是人类历史上的一种人文力量，具有深厚的社会基础，存在于社会公众的法律意识、心理、习惯、行为方式以及生活过程之中，甚至成为社会成员信仰或认同的载体。法律文化有其生成的社会政治经济背景，有其难以割舍的历史渊源。在人类社会的法治实践中，任何一个国家的法律文化都面临着从传统到现代、不断被注入新内容的历程。法律文化的动态发展就是对法律文化的建设，它不仅是法治建设中的重要内容，也对社会发展和政治文明带来多重影响。在确立现代政府制度方面，法律文化具有凝聚、规范和评价的功能，这些功能作为文化的积淀被虔诚地保留在人们的观念之中，成为现代人们法律生活与实践的有机组成部分。政府制度的现代化，实际上就是对传统政府制度在文化方面所包含的积极因素的继承，对消极因素的历史性否定和超越。

法律文化建设有助于更新人们的法律观念，包括有关政府的法律意识，形成符合社会发展趋势的法律心理和法律思维，使个体在法律实践中从内心崇尚法律，行动上自觉遵守法律，从而对法律和制度的实施效果具有积极的促进意义。法律文化建设应该是开放性的，不仅有对本国传统法律文化的续接，也包括对其他国家先进法律文化的吸收，以形成更加具有先进性并占据社会主流意识地位的法律文化体系。中国几千年来社会发展过程中逐步形成的具有浓郁特色的伦理、道德和习惯，其中有很多内容展现了中华民族传统法律文化的特色，在法律实践和制度设计中，如何实现传统与现代的有机结合，需要借助于法律文化的建设完成具体内容的扬弃。其难度在于对传统心理结构的解构，以及在此基础上的重建，因为心理层面的东西单纯依靠强制性手段是不能从根本上解决问题的，只有通过法律制度实践的有益效果不断地给人们输送新的观念，通过条件反射机制强化积极影响，让人们从心理上认同，成为心理定式，直至最终改变人们头脑中原先固有的思维和看法。

法律文化建设在很大程度上意味着民族法治精神的重新塑造，一方面是因为中国传统法律文化与西方法律文化存在差异，另一方面现代民主法治精神和宪政理论以西方法治实践为模本，中国本土并不存在实行法治建设的人文精神和传统。要在中国实践法治和宪政，就要以现代法治精神来覆盖中国传统法律文化的内涵，即实现从“人治”思维向“法治”社会的转型，从重视群体价值向重视个人价值的转型，从官本位向民本位的转型，从强调公民义务向保障公民权利的转型。在与政府制度相关的法律文化建设方面，仍然要坚持贯彻依法行政和以法治政府的理念指导现代政府制度的建立，使国家行政机关自觉依照法律管理社会，有效整合各种社会资源、社会利益和社会关系，保障社会的公平正义，从而激发社会的发展活力。

法律文化建设以培养公民的法律信仰为重心。只有公民具备发自内心的法律信仰，才能使人们产生对法律的依恋感和对国家宪政体制的归属感，在对法律产生由衷的信任和尊重的前提下，人们也就会对公共事务予以更多的关注，投入更多的激情，国家整体的法治建设也会因此而获得更多的心理认同和支持。所以，法律信仰是成就现代法治国家的心理基础，也是构建现代政府制度的重要心理基础。法律文化建设的具体途径包括，依靠国民教育体系将现在的法律常识普及改革为公民教育；借助于国家五年普法规划,进行全面、广泛、深入和系统的普法教育,有明确的普法目标和效果评价;国家机关及其工作人员在遵守法律、执行法律方面为全社会树立很好的榜样示范。

三、宪政理论视野下的社会取向型政府

现代政府制度是在新宪政理念指导下的制度设计,作为现代政府制度的核心内容——政府的角色定位,笔者认为应该定位为社会取向型政府,即有限的、负责任的和服务型的政府,以此作为公共权力配置和现代政府制度设计的基点。

有限政府确立了现代政府制度中公共权力的合法性基础,意味着政府是“在公共权力、职能和规模上都受严格的宪法和法律约束和限制的政府”。① 政府的有限性表现在职能的有限性和权力的有限性等方面,政府行使的公共权力来自于宪法的明确授权,公共权力的行使范围有严格而清晰的界限,而且代表人民行使公共权力的国家公职人员的任职期间不是无限的和终身的。有限政府表明在价值层面上否定了全能政府,政府作为一种政治组织其本身存在着难以克服的缺陷以及在组织和功能上的局限性,对政府权力的限定也是人民和社会自我保全的一种方式。在社会主义市场经济体制下,政府的管理要实现从微观到宏观、从直接到间接、从管制到服务的全面转型,只有在市场失灵、社会难以自律的情况下,才能够发挥政府的比较优势,通过政府职能的有效实施保证整体的秩序状态。

责任政府则通过人民控制公共权力行使者的可能性和政府执

---

① 潘小娟著:《当代西方政治学新词典》,吉林人民出版社 2001 年版,第 404 页。

政资格的可替换性，表明执政机关最终和直接对人民负责，并以此实现政府的民主价值。责任政府的设计体现了政府对人民负责的制度性选择，责任机制迫使政府必须及时回应社会和人民的正当要求并加以满足，积极履行政府的社会义务和职责，政府的继续执政必须以人民的信任和支持为基础，从而将政府的积极作用最大化。在政府不能很好地履行职责时，就要对因此而带来的不利后果承担政治责任、行政责任、法律责任和道德责任，人民可以根据自己的意愿重新进行选择，以更好的政府来替代，责任成为人民评价政府的标准。责任政府是借助于事后的救济机制，通过立法监督、司法监督、社会舆论监督和公民监督，强化对公共权力及其运行的监督和制约，把公共权力限制在合法的范围之内，使其保持作为公共资源的本质属性。当代民主宪政国家基本上实行代议民主制加责任政府的模式，表明政府必须是负责的，现代政府制度就是要经由严格的政府责任，确保人民主权原则的实现。

服务政府是在"公民本位、社会本位理念的指导下，在整个社会民主秩序的框架下，通过法定程序，按照公民意志建立起来的以为公民服务为宗旨并承担着服务责任的政府"。[①] 服务政府确立了政府存在的价值目标，政府应该是有效作为的积极政府、有为政府形象，将政治资源广泛地应用于为社会、公众提供更为充分的公共物品和公共服务的目标上，以保证作为国家主权的所有者——人民合法权益和自由的实现。作为服务政府还要实现公共服务的市场化，通过引入竞争机制，使政府不至于垄断公共物品的生产和供给，将服务行政的弊端降到最低程度，以获得最大化的社会效

① 沈亚平：《现代政府制度研究：行政发展的新视角》，载《中国行政管理》2008 年第 5 期。

益。服务政府的定位既符合市场经济体制的基本要求,也符合当代民主宪政国家在行政体制改革方面的共同发展方向,即逐步实现为公民提供高品质服务的现代公共行政。

一个好的政府并不是人民要求什么,就提供什么,而是让人民学会如何管理自己的事务。公共事务的有效治理建立在政府与社会充分理解和合作的基础上,政府应该成为社会秩序和安全的维护者,社会利益的协调者,社会矛盾和冲突的调节者,社会组织发展的引导者、规范者。这样的政府才是真正意义上代表最广大人民利益的政府,也是最具政治合法性的政府。

结　语

在本书的最后部分，笔者想概括性地表达关于现代政府制度的几个基本观点。

第一，制度固然重要，但制度不是万能的。人们自始至终也不可能完全被制度塑造成为程式化的机器，因为人的心灵和智识是极为丰富的，除了基于利益的算计服从既定的制度之外，人们也会追求善、尊严与自由，具有某种道德感，正是这种心灵上的自然趋向，制度也就具有了随着时代的发展与变迁被不断创新的可能性。因此，任何国家的政府制度都不存在一个终极的形态。即使现有的发达国家的政府制度，也并不意味着就是最好的政府制度的形态，只不过是适应了当前的状态而已，并非就此可以获得一劳永逸的政治统治效果，所以政府制度的现代化是一个不会间断的过程。

第二，制度的设计过程以理性思考为基础，制度运行的过程同样需要人们的智慧。可以说，良好的制度运行机制在一定程度上可以弥补制度本身的一些缺陷，一个制定很好的制度，如果运行机制欠佳的话，也会折损制定相对完好的制度的实际效果。当然最理想的莫过于合理科学的制度设计加上良好的运行机制，最能够保证制度的最大化社会效益。制度及其实施还取决于整体的制度环境、制度结构。现代政府制度不是独立于其他制度而存在的，关于政府的制度安排必定连接着其他的制度安排，其效率取决于其他制度安排的,并与这些制度共同构成完整的制度体系,发挥协同效应。

第三,现代政府制度的核心是政府。构建现代政府制度的过程是不断寻找适合人类更好生存和发展的政府组织模式的过程,也是一个不断试错的过程。在政治上能够审慎地进行选择是一个民族和国家政治成熟的标志,需要有理论与现实的依据,选择机遇的把握,以及把这种选择的性质转换成为现实宪法政治的能力。从传统政治文明向现代政治文明的转型实质上是各种社会关系的转型,这种转型必然对政府管制理念和机制产生冲击。在中国现代政府制度构建过程中,将尊重个体价值作为最高社会原则和构建社会价值观的基础理念是必须要坚持的。中国的社会转型表明全新现代政府制度创设的开端,在这个过程中必然要借鉴国外相对比较成熟的政府制度和相关的政治经验。对此,一个基本的立场就是要善于在借鉴其他国家的政治经验中有所创见,使这种制度、策略和手段能够有效地解决中国面临的实际问题,而不是一味地照搬照抄、偏执地强调所谓大政府或者小政府的概念,只有适合自己国情的政府制度才是好的政府制度。

第四,现代政府制度的确立并不意味着仅仅是政府内部机构组织的调整,而是一个系统工程,即从设计政府制度的宪政理念,到政府职能的重新定位、组织结构,以及各职能部门之间的政治法律关系、价值目标的实现机制等诸多方面的系统活动。单纯一个方面的改革不足以获得整体效果,而任何一个方面的欠缺都会影响政府整体功能的发挥,所以在设计现代政府制度的时候必须具有整体意识,考虑到方方面面的实际情况,才不会使现代政府制度顾此失彼,不会使正在进行的政府体制改革流于形式。而且人们期待政府制度的改革能够超越以往的政治实践,避免陷入各国都曾经经历过的不良的政府体制改革的循环，即政府机构膨胀——裁减——再膨胀——再裁减，周而复始，没有尽头。

第五，充分认识影响现代政府制度的人的因素。现代政府制度的积极效果需要诸多因素的配合，其中最重要的因素就是人的因素。制度的设计者、制度的实践者，以及相对人等不同主体对于制度的认知水平、转化能力，以及自觉服从的理性，都会对制度的运行效果产生实际影响。制度的设计和运行是以人为核心的，而且能够影响制度积极效应的也还是人。“世界上每一个政府都带有人类弱点的某种痕迹，带有腐化堕落的某种胚芽，运用狡智便能发现，居心叵测便去发掘、培植和助长。任何政府如果单纯托付给人民的统治者，就一定蜕化，所以只有人民本身才是政府的惟一可靠的保护人。”①从开始就带着这种警觉设计政府制度可以免除一些不必要的失误。

如果没有有效的宪政体制，没有充满理性的现代政府制度，没有相对完善和体现社会正义的制度体系，肤浅的当代自由也就失去了古典的品位和和谐生活下的从容。所以，关注于制度的理性构建是长期的工作和艰巨的任务，当国家制度体系中确实存在缺欠的时候，人们在构建现代政府制度上付出多一些的思量和精力是值得的。

① 徐秀义、韩大元主编：《现代宪法学基本原理》，中国人民公安大学出版社2003年版，第199页。

主要参考文献

1.《马克思恩格斯选集》第一卷,人民出版社 1995 年版。

2.《马克思恩格斯选集》第二卷,人民出版社 1995 年版。

3.《马克思恩格斯选集》第四卷,人民出版社 1995 年版。

4.《列宁全集》第十二卷,人民出版社 1963 年版。

5.《毛泽东选集》第三卷,人民出版社 1991 年版。

6.《毛泽东文选》第六卷,人民出版社 1999 年版。

7. [古希腊]亚里士多德著:《政治学》,吴寿彭译,商务印书馆 1965 年版。

8. [法]孟德斯鸠著:《论法的精神》,张雁深译,商务印书馆 1961 年版。

9. [法]卢梭著:《社会契约论》,何兆武译,商务印书馆 1980 年版。

10. [美]博登海默著:《法理学—法哲学及其方法》,邓正来、姬敬武译,华夏出版社 1987 年版。

11. [英]洛克林著:《公法与政治理论》,郑戈译,商务印书馆 2002 年版。

12. [德]哈贝马斯著:《在事实与规范之间——关于法律和民主法治国的商谈理论》,童世骏译,生活 · 读书 · 新知三联书店 2003 年版。

13. [美]罗尔斯著:《正义论》,姚大志译,生活·读书·新知三联书店2002年版。

14. [英]哈耶克著:《法律、立法与自由》(第1卷),邓正来等译,中国大百科全书出版社2000年版。

15. [法]昂格尔著:《现代社会中的法律》,吴玉章、周汉华译,译林出版社2001年版。

16. [美]戈登著:《控制国家——西方宪政的历史》,应奇译,江苏人民出版社2001年版。

17. [美]麦基文著:《宪政古今》,翟小波译,贵州人民出版社2004年版。

18. [美]奥斯特罗姆著:《复合共和制的宪政理论》,毛寿龙译,生活·读书·新知三联书店1999年版。

19. [美]罗森鲍姆著:《宪政的哲学之维》,郑戈、刘茂林译,生活·读书·新知三联书店2001年版。

20. [美]布伦南、布坎南著:《宪政经济学》,冯克立等译,中国社会科学出版社2004年版。

21. [英]丹提兹、佩兹著:《宪制中的行政机关——结构、自治与内部控制》,刘刚等译,高等教育出版社2006年版。

22. [英]休谟著:《人性论》,关文运译,商务印书馆1980年版。

23. [英]米尔恩著:《人的权利与人的多样性》,夏勇、张志铭译,中国大百科全书出版社1995年版。

24. [法]福柯著:《规训与惩罚》,刘北成、杨远婴译,生活·读书·新知三联书店1999年版。

25. 亨金等编:《宪政与权利》,郑戈等译,生活·读书·新知三联书店1996年版。

26. [德]毛雷尔著:《行政法学总论》,高家伟译,法律出版社2000年版。

27. [美]弗里德曼著:《法律制度——从社会科学角度视察》,李琼英、林欣译,中国政法大学出版社2004年版。

28. [美]佛雷德里克森著:《公共行政的精神》,张成福等译,中国人民大学出版社2003年版。

29. [美]休斯著:《公共管理导论》,彭和平等译,中国人民大学出版社2001年版。

30. [美]格林斯坦等编:《政治制度与程序》,朱云汉译,幼狮文化事业公司1983年版。

31. [美]庞德著:《法理学》(第1卷),邓正来译,中国政法大学出版社2003年版。

32. 朱光磊著:《当代中国政府过程》,天津人民出版社2002年版。

33. 沈亚平著:《社会秩序及其转型研究》,河北大学出版社2002年版。

34. 秦德君著:《政治设计研究》,上海社会科学院出版社2000年版。

35. 杨龙著:《政府经济学》,天津大学出版社2004年版。

36. 谢庆奎著:《政府学概论》,中国社会科学出版社2005年版。

37.《自由与社群》(公共论丛),生活·读书·新知三联书店1998年版。

38.《经济民主与经济自由》(公共论丛),生活·读书·新知三联书店1998年版。

39.《宪政主义与现代国家》(公共论丛),生活·读书·新知三联书店 1998 年版。

40.《直接民主与间接民主》(公共论丛),生活·读书·新知三联书店 1998 年版。

41. 许纪霖著:《共和、社群与公民》,江苏人民出版社 2004 年版。

42. 季卫东著:《宪政的理念与机制》,山东人民出版社 2004 年版。

43. 张千帆著:《西方宪政体系》(上册·美国宪法),中国政法大学出版社 2000 年版。

44. 刘思达著:《政治的可能性——孟德斯鸠不同政体中的民情》,《法律书评》(第 3 辑),法律出版社 2005 年版。

45. 潘伟杰著:《现代政治的宪法基础》,华东师范大学出版社 2001 年版。

46. 陈泉生、张梓太著:《宪法与行政法的生态化》,法律出版社 2001 年版。

47. 应克复著:《西方民主史》,中国社会科学出版社 1997 年版。

48. 刘军宁著:《共和、民主、宪政》,上海人民出版社 1998 年版。

49. 董炯著:《国家、公民与行政法——一个国家—社会的视角》,北京大学出版社 2001 年版。

50. 莫纪宏著:《现代宪法的逻辑基础》,法律出版社 2001 年版。

51. 沈亚平:《现代政府制度研究:行政发展的新视角》,载《中国行政管理》2008 年第 5 期。

52. 陈世香:《论西方行政研究中的宪政主义公共利益观》,载

《武汉大学学报(哲学社会科学版)》2008 年第 5 期。

53. 巩建华、赵新宇:《从概念、问题到思路:建设服务型政府的理论思考——基于行政管理的体制、机制和制度的分析角度》,载《行政与法》2008 年第 10 期。

54. 程光泉:《试析现代社会发展的若干悖论》,载《天津社会科学》2008 年第 5 期。

55. 袁祖社:《"现代性社会"价值本体确立与认同的困惑》,载《北京大学学报(哲学社会科学版)》2008 年第 5 期。

56. 沈亚平、舒博:《当代中国行政发展:逻辑的与历史的统一》,载《南开学报(哲学社会科学版)》2008 年第 5 期。

57. 陈晋文:《政府行为与近代中国经济发展》,载《北京工商大学学报(社会科学版)》2008 年第 5 期。

58. 王万山:《庇古与科斯的规制理论比较》,载《贵州财经学院学报》2007 年第 3 期。

59. 邓大才:《论制度变迁的速率与选择》,载《财经问题研究》2006 年第 4 期。

60. 贠杰:《有限政府论:思想渊源与现实诉求》,载《政治学研究》2005 年第 1 期。

61. 曾峻:《环境、职能、体制与行为:关于加强行政体制改革的总体性思考》,载《理论探讨》2008 年第 4 期。

62. 季金华:《政治法学的基本范畴初探》,载《政治与法律》2008 年第 10 期。

63. 马长山:《法治的平衡主义取向与渐进主义法治道路》,载《法学研究》2008 年第 4 期。

64. 柯岚:《"自然"与"自然法"概念的古今之异》,载《法律科学》2008 年第 5 期。

65. 王伟:《政府制度创新:政府改革的目标和路径选择》,载《公共行政》2007 年第 2 期。

66. 乔耀章:《政府行政改革与现代政府制度——1978 年以来我国政府行政改革的回顾与展望》,载《管理世界》2003 年第 2 期。

67. 李景治:《从政治领导到政治管理》,载《中国人民大学学报》2008 年第 5 期。

68. 谢晓娟:《民主政府的制度环境与制度精神》,载《中国特色社会主义研究》2008 年第 2 期。

69. 郑明珠:《我国可持续发展视角下政府的制度创新研究》,载《辽宁行政学院学报》2007 年第 1 期。

70. 曹艳:《创新型国家建设过程中政府的制度供给与维度》,载《经济问题探索》2007 年第 2 期。

71. 周天勇、张占斌:《论新时期中国行政体制改革战略》,载《财经问题研究》2008 年第 1 期。

72. 石佑启、杨治坤:《法治视野下行政体制改革探索》,载《宁波大学学报(人文科学版)》2008 年第 7 期。

73. 吴凡:《对西方国家制度供给理论的反思》,载《经济问题研究》2005 年第 6 期。

74. 路月玲:《英法中央政府制度比较初探》,载《辽宁行政学院学报》2007 年第 5 期。

75. 高晓红、韩沛伦:《论政府制度正义》,载《河北学刊》2007 年第 6 期。

76. 吴毅君、赵丹:《社会主义政治文明视野中的政府制度伦理》,载《湖南科技大学学报(社会科学版)》2007 年第 4 期。

77. 蔡益群:《构建和谐社会进程中的政府缺陷与模式选择》,

载《武汉电力职业技术学院学报》2007 年第 9 期。

78. 杨生贤:《政治体制改革滞后原因分析》,载《济宁师范专科学校学报》2006 年第 1 期。

79. 沈亚平:《转型社会中的行政发展》,载《南开学报(哲学社会科学版)》2004 年第 4 期。

80. 朱鸿亮:《论政治体制改革滞后成为中国经济发展的头号制约因素》,载《经济问题探索》2001 年第 6 期。

81. 张成福:《变革时代的中国政府改革与创新》,载《中国人民大学学报》2008 年第 5 期。

82. H. W. R. Wade, Administrative Law, Oxford, 1989.

83. Martin. Shapiro, Who Guards the Guardians? Judicial Control of Administration, The University of Georgia Press Athens and London.

84. Joel D. Aberbach, Bert A. Rockman, Mandates or Mandarins? Control and discretion in the Modern Administrative State.

85. Stewart. The Reformation of American Administrative Law, The Harverd University Press.

86. Jaffe, The Illusion of the Ideal Administration, The Harverd University Press.

后　记

本书是在我的博士论文的基础上不断补充修改完成的。

自1985年从中国政法大学毕业以来，我一直在南开大学法学院从事宪法学的教学与科研工作，迄今已是第二十六个年头。伴随着这期间所经历的转折与艰辛，我在学术上也在不断地成长。

本书的写作得益于在攻读博士期间的学习成果和体会。选择政治学理论作为我的博士专业方向，主要考虑的是，自己是从事宪法学及公法理论研究的，而政治学与公法理论的联系最为密切，因为就法学理论而言，宪法在一定意义上就是关于政治的法，宪法与国家政治过程息息相关。因此，掌握政治学的基本理论和最新发展，对于宪法学教学和理论研究具有极大的促进作用。

首先要感谢我的博士生导师沈亚平教授。在写作过程中，导师的学术观点和指导都对我有很大的启发。并且，在研究思路和框架设计上都提出了很好的建议。

还要感谢南开大学周恩来政府管理学院的朱光磊教授、杨龙教授、孙晓春教授、常健教授、王骚教授、金东日教授。各位博士生导师传授的丰富而系统的政治学理论学术研究成果，以及最新的理论与实证研究的发展动态，还有为本书所做的非常具有价值的建设性意见，无疑帮助我开阔视野，激发灵感，为本书的写作奠定了坚实的基础。

南开大学不仅是我工作的地方，也是培育我的地方。我的人生最美好的时段就是在南开度过的，我所取得的成绩也都是与南开紧密相连的，在这里，我想借用周总理的那句话来表达对南开的感情：我是爱南开的。

魏健馨

2011 年 11 月

于南开大学

责任编辑:姜冬红
责任校对:吕　飞

图书在版编目(CIP)数据

宪政理论视野下现代政府制度研究/魏健馨 著.
-北京:人民出版社,2012.3
ISBN 978-7-01-010690-8

Ⅰ.①宪…　Ⅱ.①魏…　Ⅲ.①国家行政机关-行政管理-研究-中国
Ⅳ.①D630.1

中国版本图书馆 CIP 数据核字(2012)第 026641 号

宪政理论视野下现代政府制度研究

XIANZHENG LILUN SHIYE XIA XIANDAI ZHENGFU ZHIDU YANJIU

魏健馨　著

人民出版社 出版发行
(100706　北京朝阳门内大街 166 号)

北京市文林印务有限公司印刷　新华书店经销

2012 年 3 月第 1 版　2012 年 3 月北京第 1 次印刷
开本:880 毫米×1230 毫米 1/32　印张:9.25
字数:210 千字　印数:0,001-3,000 册

ISBN 978-7-01-010690-8　定价:21.00 元

邮购地址 100706　北京朝阳门内大街 166 号
人民东方图书销售中心　电话 (010)65250042　65289539